# Os deveres fiduciários dos administradores de S.A.
## EM OPERAÇÕES DE FUSÕES E AQUISIÇÕES

*Conselho Editorial*
André Luís Callegari
Carlos Alberto Molinaro
Daniel Francisco Mitidiero
Darci Guimarães Ribeiro
Draiton Gonzaga de Souza
Elaine Harzheim Macedo
Eugênio Facchini Neto
Giovani Agostini Saavedra
Ingo Wolfgang Sarlet
Jose Luis Bolzan de Morais
José Maria Rosa Tesheiner
Leandro Paulsen
Lenio Luiz Streck
Paulo Antônio Caliendo Velloso da Silveira

---

Dados Internacionais de Catalogação na Publicação (CIP)

R291d    Rebelo, Nikolai Sosa.
          Os deveres fiduciários dos administradores de S. A.: em operações de fusões e aquisições / Nikolai Sosa Rebelo. – Porto Alegre: Livraria do Advogado Editora, 2015.
          180 p. ; 23 cm.
          Inclui bibliografia.
          ISBN 978-85-7348-969-9

          1. Sociedades comerciais - Brasil. 2. Direito societário - Brasil - Legislação. 3. Empresas - fusão e incorporação. 4. Direito empresarial. 5. Administradores - Deveres fiduciários. I. Título.

                                                CDU 347.725(81)
                                                CDD 346.81066

          Índice para catálogo sistemático:
          1. Sociedades comerciais: Brasil     347.725(81)


(Bibliotecária responsável: Sabrina Leal Araujo – CRB 10/1507)

**Nikolai Sosa Rebelo**

# Os deveres fiduciários dos administradores de S.A.
## EM OPERAÇÕES DE FUSÕES E AQUISIÇÕES

Porto Alegre, 2015

© Nikolai Sosa Rebelo, 2015

*Capa, projeto gráfico e diagramação*
Livraria do Advogado Editora

*Revisão*
Rosane Marques Borba

*Imagem da capa*
Stockphoto.com

*Direitos desta edição reservados por*
**Livraria do Advogado Editora Ltda**.
Rua Riachuelo, 1300
90010-273 Porto Alegre RS
Fone/fax: 0800-51-7522
editora@livrariadoadvogado.com.br
www.doadvogado.com.br

Impresso no Brasil / Printed in Brazil

Como sempre, não poderia de deixar de agradecer à minha esposa Marceli, por ser uma pessoa que sempre me incentiva a buscar o constante aperfeiçoamento pessoal e profissional.

Gostaria de dedicar este livro à memória de um grande amigo que prematuramente deixou a todos amigos e familiares, no ano de 2014. À memória de Leonardo Ferreira.

# Sumário

**1. Introdução**................................................................11

**2. Sociedades anônimas**................................................17
   2.1. Conceitos básicos de direito empresarial e origem histórica da sociedade anônima..............................................17
   2.2. O poder de controle da S.A...................................23
      2.2.1. O poder de controle no artigo 116 da Lei nº 6.404/76........................24
      2.2.2. O poder de controle interno...........................24
      2.2.3. O poder de controle externo..........................28
      2.2.4. A separação do poder de controle da propriedade acionária............30
      2.2.5. A administração da Sociedade Anônima..............31
      2.2.6. Comparação com as "corporations" norte-americanas...............43
   3.1. Os deveres dos administradores.............................45
      3.1.1. A origem romana dos deveres dos administradores em sociedades......45
      3.1.2. Parte Geral – Deveres dos administradores das S.A..............45
      3.1.3. Dever de diligência...........................................51
      3.1.4. Dever de lealdade............................................62
      3.1.5. O dever de informar........................................69
      3.1.6. O dever de boa-fé............................................73
      3.1.7. A responsabilidade do administrador perante os acionistas...............75
      3.1.8. Consideração final sobre a "business judgment rule" no direito brasileiro...............76
   3.2. Conclusão do capítulo..........................................77

**4. As operações societárias**..........................................79
   4.1. Introdução – sobre as nomenclaturas.....................79
   4.2. Os tipos de operações societárias............................79
      4.2.1. Contrato de trespasse – transferência do estabelecimento (ou venda de unidade produtiva)..............80
      4.2.2. Alienação do controle acionário – venda das ações do bloco de controle..............83
      4.2.3. Incorporação...................................................93
      4.2.4. Fusão..............................................................94
      4.2.5. Cisão..............................................................94
      4.2.6. Incorporação de ações....................................96

    4.3. Procedimento para realização das operações societárias............................97
        4.3.1. Etapas comuns...................................................................................97
        4.3.2. Etapas específicas de acordo com cada operação............................100
            4.3.2.1. No contrato de trespasse......................................................100
            4.3.2.2. Na alienação do controle acionário......................................101
            4.3.2.3. Nas operações de fusão, incorporação, cisão e incorporação de ações....................................................................................103
    4.4. Aspectos tributários das operações societárias.........................................105
    4.5. A comparação com as operações societárias do direito norte-americano......117
    4.6. Conclusão..................................................................................................119

**5. Os deveres dos administradores nas operações societárias** ...........................121
    5.1. Introdução................................................................................................121
    5.2. A atuação dos administradores nas operações societárias.........................122
    5.3. Motivações estratégicas de operações societárias......................................124
    5.4. As operações realizadas em *private equity* e *venture capital*........................127
    5.5. As diferentes culturas das sociedades empresárias e a percepção dos trabalhadores.............................................................................................129
    5.6. A adoção de meios alternativos à solução de conflitos..............................131
    5.7. Dever de obter o melhor resultado para os acionistas – aspectos dos deveres fiduciários em *M&A*.....................................................................137
    5.8. O direito de retirada..................................................................................147
    5.9. A defesa contra tomadas de controle hostis..............................................154
    5.10. O cuidado com as atividades econômicas reguladas e com a interferência estatal..................................................................................160
    5.11. O mecanismo processual para responsabilização dos administradores......169

**Conclusão**............................................................................................................173

**Bibliografia**.........................................................................................................175

# 1. Introdução

O tipo societário sociedade anônima é o segundo tipo legal mais usado no mercado brasileiro para a organização de negócios empresariais.[1] É considerada a melhor forma de organizar grandes empreendimentos, comportando a criação de complexa estrutura jurídica que atende a diferentes interesses dos variados tipos de acionistas, sejam eles investidores ou empreendedores.

Além disso, a estrutura administrativa dessas sociedades também comporta a criação de grande e especializada organização, surgindo a separação entre propriedade e controle.[2] A administração da companhia pode chegar a configurar o poder gerencial sem propriedade, situação ainda inexistente entre as companhias nacionais, mas realidade consagrada em mercados caracterizados pela extrema pulverização acionária (e.g. Inglaterra e Estados Unidos da América). Mesmo no Brasil, onde ainda existe concentração acionária, reconhece-se o poder de controle como um direito dever,[3] pois os acionistas minoritários que também detêm propriedade acionária ficam submetidos à vontade do controlador, servindo o direito societário como limitador da vontade do majoritário, a fim de evitar abusos de direito e danos injustos aos demais "proprietários" (acionistas) da sociedade anônima.

Nos últimos anos, com a estabilização da economia brasileira a partir do plano real, houve o crescimento das companhias brasileiras, em razão do aumento dos investimentos no país. Durante a década de 1990, o mercado de ações brasileiro viveu grave crise, mas a Bolsa de Valores de São Paulo ressurgiu a partir dos anos 2000, com várias sociedades anônimas abrindo o seu capital para negociação na bolsa.

---

[1] Departamento Nacional de Registro do Comércio – DNRC. Estatísticas CONSTITUIÇÃO DE EMPRESAS POR TIPO JURÍDICO – BRASIL – 1985-2005, disponível em <http://www.dnrc.gov.br/>, acessado em 14 de maio de 2013.

[2] BERLE, Adolf A.; MEANS, Gardiner C. *A Moderna Sociedade Anônima e A propriedade Privada*. Trad. Dinah de Abreu Azevedo. São Paulo: Abril Cutural, 1986.

[3] COMPARATO, Fábio Konder. *O poder de controle na sociedade anônima*, 4ª ed. (com revisão e notas de Calixto Salomão Filho). Rio de Janeiro: Forense, 2005, p. 131.

A estabilização da economia conquistada pela política monetária do Plano Real conseguiu controlar a inflação desenfreada vivida no Brasil até meados dos anos 1990, facilitando o planejamento de investimentos no país, diminuindo o risco de investir no mercado brasileiro. Os relatórios de estabilidade econômica emitidos semestralmente pelo Banco Central do Brasil[4] constatam a evolução do mercado acionário brasileiro, registrando a presença de investimentos estrangeiros em muitos anos da década de 2000, mesmo no período após a crise instaurada em 2008, pois já em 2009, registrou-se grande presença de capital estrangeiro na Bolsa de Valores de São Paulo. O primeiro relatório do Banco Central de 2013, no entanto, demonstra a saída dos investidores internacionais, mas o índice de negociações na BOVESPA manteve-se em alta.

O direito societário brasileiro tem influência também na retomada da Bolsa de Valores de São Paulo – BMF-BOVESPA –, pois suas regras de proteção aos investidores previstas na Lei n° 6.404/76, somadas ao papel fiscalizador da Comissão de Valores Mobiliários – CVM –, agência reguladora do mercado criada pela Lei n° 6.385/76, contribuem para a confiabilidade do mercado acionário aberto brasileiro.

A Comissão de Valores Mobiliários – CVM – é pessoa jurídica de direito público, criada na forma de autarquia, tem natureza jurídica de agência reguladora, nos moldes desenvolvidos originariamente nas *agencies* americanas. Ela tem papel fiscalizador, com objetivo de proteger o investidor de práticas não equitativas pelas companhias emissoras de valores mobiliários do mercado aberto. Nesse sentido, a CVM é encarregada de registrar todos os lançamentos das companhias abertas, desde a abertura do capital até as posteriores emissões secundárias, assegurando a ampla informação aos investidores e o cumprimento das normas leis. Conforme informa a própria página de internet oficial da Agência, são os objetivos da Comissão:[5]

- assegurar o funcionamento eficiente e regular dos mercados de bolsa e de balcão;
- proteger os titulares de valores mobiliários contra emissões irregulares e atos ilegais de administradores e acionistas controladores de companhias ou de administradores de carteira de valores mobiliários;
- evitar ou coibir modalidades de fraude ou manipulação destinadas a criar condições artificiais de demanda, oferta ou preço de valores mobiliários negociados no mercado;

---

[4] BACEN – Banco Central do Brasil. Relatório de Estabilidade Financeira disponível em <http://www.bcb.gov.br/?relestab>, acessado em 7 de maio de 2013.

[5] Disponível em <http://www.cvm.gov.br/>, acessado em 9 de maio de 2013.

- assegurar o acesso do público a informações sobre valores mobiliários negociados e as companhias que os tenham emitido;
- assegurar a observância de práticas comerciais equitativas no mercado de valores mobiliários;
- estimular a formação de poupança e sua aplicação em valores mobiliários;
- promover a expansão e o funcionamento eficiente e regular do mercado de ações e estimular as aplicações permanentes em ações do capital social das companhias abertas.

Além disso, a autorregulação do Mercado, com as normas criadas pela própria BM&F – BOVESPA, criou novos níveis de governança coorporativa, prevendo deveres de informações e de divulgações ao mercado investidor mais elevados do que as exigências legais. A autorregulação é criação de normas privadas. Por outro lado, sendo a BM&F-BOVESPA o mercado aberto de ações, as normas assumem feições públicas, pois, embora pessoa jurídica de natureza privada, sendo ela própria sociedade anônima de capital aberto,[6] opera o mercado público de ações sob a supervisão da CVM (Lei nº 6.385/76, art. 17). Além do mais, a regulação "privada" da Bolsa de Valores é tão efetiva quanto Leis de origem no Poder Legislativo ou de normas infralegais dos órgãos oficiais, pois as companhias somente acessam este mercado se concordarem com ditas normas. Submetem-se, portanto, a este tipo de "poder regulador privado" da BM&F-BOVESPA.

Nos níveis mais elevados de governança, as companhias listadas são obrigadas a manter aqueles padrões previstos nos regulamentos. A governança corporativa é o conjunto de boas práticas de relação da companhia e seus acionistas investidores. Trata-se de clara regulamentação das relações envolvendo acionistas majoritários, minoritários e a administração das sociedades empresárias. A BM&F – BOVESPA separou os níveis de governança corporativa em "nível 1", "nível 2" e "Novo Mercado". Para atingir estes diferentes níveis do Mercado criados pela Bolsa de Valores, as companhias com autorização da Comissão de Valores Mobiliários para negociar seus títulos em mercado aberto deverão adequar seus estatutos, adotando as cláusulas mínimas exigidas pela BM&F-BOVESPA, além de manter determinados níveis de *free-float*, ou seja, de ações em circulação no mercado. A cada nível se exigem mais regras de governança corporativa, cuja ideia é clara: a proteção do investidor. Pode-se afirmar estar-se diante de normas de proteção extra aos minoritários, devendo os administradores e controladores ser mais transparentes com os demais acionistas da

---
[6] BANCO CENTRAL DO BRASIL, Resolução 2690/2000, Regulamento, art. 1º, Disponível em <http://www.bcb.gov.br/pre/normativos/busca/normativo.asp?tipo=Res&ano=2000&numero=2690>, acessado em 14 de maio de 2013.

companhia. A resposta do mercado é de valorização dos títulos dessas sociedades anônimas, demonstrando a importância dessas regras de proteção e transparência perante aos acionistas minoritários.

Segundo o Instituto Brasileiro de Governança Corporativa – IBGC, a origem das medidas de boa governança surgiram para "superar o 'conflito de agência', decorrente da separação entre a propriedade e a gestão empresarial".[7] Essas normas têm o objetivo de ampliar ou hipertrofiar os deveres de administradores e controladores já previstos na lei, que serão estudados em detalhes nos próximos capítulos. As boas práticas de governança são formas de concretizar os deveres dos administradores em sua atuação à frente da sociedade anônima, respeitando os interesses dos sócios e da companhia.

Também faz parte da nova realidade de economia estável do país e da confiabilidade institucional, o aumento de operações societárias de *fusões e aquisições*, também conhecidas pela denominação na língua inglesa *Mergers and Acquisitions*, podendo ser concretizadas em diferentes tipos de negócios previstos no direito societário brasileiro. Não se pode negar a relevância de estudar estas operações societárias, diante do enorme volume de capitais que o mercado de fusões e aquisições movimenta. Em relatório anual da PricewaterhouseCoopers, é possível constatar que a partir da segunda metade de década de 2000, a atividade de Fusões e Aquisições teve um grande salto e tornou-se realidade no mercado brasileiro.

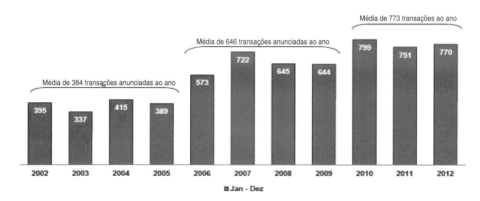

Fonte: Estudo disponível no sítio eletrônico <http://www.pwc.com.br/pt/publicacoes/servicos/assets/fusoes-aquisicoes/relatorio-mea-dezembro-2012.pdf>, acessado em 6 de fevereiro de 2013.

---

[7] INSTITUTO BRASILEIRO DE GOVERNANÇA CORPORATIVA – IBGC. Origem da Boa Governança. Disponível em: <http://www.ibgc.org.br/Secao.aspx?CodSecao=18>, acessado em 14 de maio de 2013.

Destarte, chega-se ao objeto do presente estudo. Todas as situações envolvendo sociedades anônimas, especialmente as de capital aberto, com negociação em bolsa de valores junto ao público em geral, necessitam de detalhado estudo a respeito das atribuições dos administradores e suas responsabilidades nessas operações societárias de "fusões e aquisições".

Como se verá adiante, as sociedades empresárias são motivadas por diferentes fatores a realizar reestruturação societária pela união de esforços, aquisição ou incorporação de outras sociedades, expansão etc. São operações complexas que envolvem vários tipos de negócios jurídicos, devendo ser realizado com observância de diversos deveres por parte dos administradores e controladores das sociedades empresárias envolvidas.

Motiva o presente estudo, além da importância do assunto, a escassez de obras sobre o tema. O direito societário, de forma geral, não é dos assuntos mais comentados na doutrina brasileira. As obras nacionais que existem, por outro lado, são de grande qualidade e serão consideradas na análise do problema que se buscará responder ao final. Também se fundamentarão os posicionamentos deste trabalho com pesquisas em direito estrangeiro, especialmente no direito norte americano, onde o direito societário é bastante estudado pelos autores e pelos diferentes tribunais daquele país.

O problema central do estudo indaga se o direito brasileiro está apto a oferecer soluções aos casos complexos, envolvendo os deveres dos administradores das companhias e suas responsabilidades perante os acionistas, especialmente em relação às proteções aos minoritários nas operações de *fusões e aquisições*.

A investigação passa por respostas aos seguintes questionamentos:

Qual é a natureza jurídica da sociedade anônima?

Na sua evolução histórica, qual o objetivo a ser atingido com a constituição das sociedades anônimas?

Quais são os diferentes tipos de acionistas?

Quais são os direitos dos acionistas a serem protegidos?

O que é o poder de controle da sociedade anônima?

Como se qualifica o poder de controle?

Como é a administração da sociedade anônima?

Quais são os deveres dos administradores?

Qual é a natureza da relação entre administradores e sociedade?

Qual é a relação entre administração e controle?

O que são as operações de *fusões e aquisições*?

Por que as sociedades entram em processos de *fusões e aquisições*?

Como são os processos de *fusões e aquisições*?

Quando a operação de fusão ou de aquisição é ilícita ou lícita?

Quando existirá responsabilidade do administrador por danos aos minoritários nos processos de *fusões e aquisições*?

Qual o tipo de responsabilidade do administrador pela legislação societária brasileira?

## 2. Sociedades anônimas

### 2.1. Conceitos básicos de direito empresarial e origem histórica da sociedade anônima

Importante mencionar brevemente os conceitos básicos de direito empresarial, no sentido de manter presente a precisão dos termos jurídicos da matéria a ser analisada, tendo em vista que, cotidianamente, os termos de direito empresarial são usados de maneira não técnica. As leis empresariais, por outro lado, mantêm, em certa medida, a fidelidade aos termos jurídicos desenvolvidos pela doutrina, mas percebe-se que, em alguns casos, leis de outras matérias que se relacionam com o direito empresarial também causam a confusão de termos, dificultando, em vários casos, a interpretação adequada da norma.

Definir os conceitos básicos é fundamental em qualquer pesquisa jurídica. Assim, primeiro, deve-se analisar a sociedade empresária, seus conceitos e seus elementos. O conceito de sociedade empresária parte de compreensão do conceito de empresário e do conceito de empresa, este último, utilizado, popularmente e de maneira equivocada, como se fosse a própria sociedade empresária.

O direito empresarial passou recentemente por significativa modificação de regulamentação legal a partir da entrada em vigor do atual Código Civil, no ano de 2003. Antes dessa lei, existia uma separação de sistemas legais muito clara no direito privado nacional entre o direito civil e o direito comercial. O direito comercial tinha legislação integralmente voltada para si, e o direito civil tratava das demais relações privadas.

Antes de 2003, portanto, existiam duas grandes áreas do direito privado, o direito comercial e o direito civil. O Código Comercial foi criado no século XIX, influenciado pelo Código Comercial francês. Essa legislação influenciada pelo Código Comercial Napoleônico acolhia a teoria dos atos de comércio. Comerciante era aquele que fazia da mercancia a sua profissão habitual, e os atos de comércio eram previstos nas normas legais. Vale dizer, somente aquele que praticava os atos previstos na legislação como atos de comércio era considerado comerciante.

Na história do direito comercial, foram criadas as teorias subjetiva e objetiva para identificar o comerciante. A diferença entre elas consistia na necessidade de filiação a uma dessas instituições de comerciantes, sendo somente regulados pelas normas de comércio (teoria subjetiva)[8] aqueles cadastrados nessas instituições. O direito brasileiro adotou essa teoria, pois, desde a época do Código Comercial de 1850, os comerciantes eram obrigados a cadastrar-se nos chamados Tribunais de Comércio, embora a origem da teoria dos atos de comércio francesa, também adotada na Lei pátria, era objetiva, no sentido de que se considera comerciante aquele que pratica os atos de comércio e a mercancia como profissão. A evolução social e econômica do país passou a trazer alguns problemas práticos. Pela legislação comercial da época, nenhuma sociedade que tinha por objeto a prestação de serviços era considerada sociedade comercial. Enorme quantidade dessas sociedades foi constituída, sendo esta uma realidade não pensada na época da criação do Código Comercial. A Lei nº 6.404, de 1976, reguladora das sociedades por ações, previu que todas as sociedades anônimas, segundo seu artigo 2º, § 1º, são consideradas comerciais, independentemente do seu objeto. Esse dispositivo, de certa forma, acolheu a teoria da empresa no direito brasileiro, em razão da organização da atividade econômica que toda a sociedade anônima pressupõe, porém, somente aplicável às sociedades por ações.

O Código Civil de 2002, que entrou em vigor em 1º de janeiro de 2003, se inspirou no modelo italiano de direito privado. A legislação italiana unificou o direito civil e o direito empresarial na década de 1940. Neste ponto, é importante citar as ideias desenvolvidas por Asquini, que, ao estudar a legislação italiana, percebeu a ausência de um conceito de empresa, ideias que, posteriormente, influenciaram a redação do próprio Código Civil brasileiro de 2002. Asquini definiu em sua obra os "perfis da empresa": subjetivo, objetivo, funcional e corporativo ou institucional. Este jurista entendia que a empresa correspondia, ao mesmo tempo, àquele que desempenha a atividade, o empresário (perfil subjetivo); ao conjunto de bens, hoje chamado de estabelecimento (perfil objetivo); à própria atividade desenvolvida

---

[8] NERILO, Lucíola Fabrete Lopes. *O Direito Empresarial Superando o Arcaico Sistema dos Atos de Comércio*. Disponível em <http://www.jurisdoctor.adv.br/revista/rev-01/art14-01.htm>, acessado em 19 de junho de 2013.

(perfil funcional); e, por fim, à reunião de fatores, ou seja, reunião organizada do empresário e colaboradores para desenvolver a atividade econômica (perfil corporativo).

A teoria de Asquini já é superada em parte, pois o conceito jurídico de empresa adotado no Código Civil em vigor corresponde ao perfil funcional elaborado por este jurista, ou seja, "a atividade econômica organizada para a produção ou a circulação de bens ou de serviços" (Código Civil, art. 966).

A teoria da empresa tem cunho objetivista, vale dizer, o sujeito deve praticar a atividade econômica organizada para ser considerado empresário. No Brasil, pode-se dizer que há, na legislação, um pouco da teoria subjetiva como da teoria objetiva, pois o atual Código Civil determina que o empresário e a sociedade empresária se inscrevam nas Juntas Comerciais de seus respectivos Estados (Código Civil, art. 967).

A empresa, então, é a atividade econômica organizada, desenvolvida pelo empresário e pela sociedade empresária. Vale dizer, o centro desse conceito está no fator organização da atividade por aquele que a desempenha. Já empresário é aquele que desenvolve a empresa, ou seja, o sujeito da ação; a sociedade empresária, da mesma forma, é a sociedade cujo objeto seja o desenvolvimento e prática da empresa.

As sociedades empresárias são pessoas jurídicas de direito privado. O direito brasileiro já superou a antiga discussão doutrinária sobre a existência da pessoa jurídica, pois ela é amplamente reconhecida pela legislação, doutrina e jurisprudência nacionais. Na doutrina estrangeira, Karl Larenz afirma que o direito adota, em verdade, o "conceito formal de pessoa", e não o conceito em seu sentido ético,[9] pois é pessoa quem é capaz de direitos e deveres.[10] Isso explica a existência da pessoa jurídica. O mestre brasileiro Pontes de Miranda solucionava o problema, dizendo que o debate, sobre ser real ou não a pessoa jurídica, é um falso problema, pois a pessoa jurídica é um conceito do mundo do direito que não está no plano real, mas, sim, no plano jurídico.[11]

---

[9] O conceito ético, de outro lado, é de enorme importância para a ciência do direito, pois é partir dele que se asseguram diversos direitos fundamentais ao cidadão, como por exemplo, a dignidade da pessoa humana. Não é este, porém, o foco do presente estudo.

[10] LARENZ, Karl. *Derecho Civil* – Parte General. Tradução para o espanhol de Miguel Izquierdo e Macías-Picavea. Madrid: Editoriales de Derecho Reunidas, 1978, p. 57.

[11] MIRANDA, Francisco Cavalcanti Pontes de. *Tratado de Direito Privado*, Tomo I, Rio de Janeiro: Borsoi, 1954, p. 280.

As pessoas jurídicas de direito privado reconhecidas no direito nacional estão elencadas no Código Civil:

Art. 44. São pessoas jurídicas de direito privado:
I – as associações;
II – as sociedades;
III – as fundações.
IV – as organizações religiosas; (Incluído pela Lei nº 10.825, de 22.12.2003)
V – os partidos políticos. (Incluído pela Lei nº 10.825, de 22.12.2003)

Desse rol criado pelo Código Civil, apenas as sociedades são destinadas ao desenvolvimento de atividades econômicas com fins lucrativos, enquanto todas as demais não se destinam a distribuir riquezas para os seus participantes, tendo função de defender algum outro tipo interesse comum de seus associados. Por exemplo, as associações são muito usadas para lazer, esportes, defesa de interesses de moradores de um bairro, entre outras atividades não econômicas ou não lucrativas.

Existe, ainda, diferença entre sociedades empresárias e as sociedades civis. A distinção reside justamente na empresa. Empresa é, conforme citado acima, a atividade econômica organizada. A sociedade será empresária quando tiver por objeto a empresa (Código Civil, art. 982). A sociedade simples carece do requisito da organização, pois não explora a mão de obra de terceiros para desenvolver sua atividade principal. Os próprios sócios ficam encarregados da atividade econômica. A sociedade empresária é mais complexa, pois usa mão de obra alheia, por meio de seus empregados e colaboradores para realizar a sua atividade-fim.

As sociedades podem ser constituídas em diferentes tipos societários. O direito brasileiro adota os seguintes tipos: sociedade em comum, sociedade em conta de participação, sociedade simples, sociedade em nome coletivo, sociedade em comandita simples, sociedade em comandita por ações, sociedade limitada e sociedade anônima.

Os dois primeiros tipos societários citados no parágrafo anterior são classificados no Código Civil como sociedades não personificadas. A sociedade em comum (Código Civil, arts. 986 a 990) é aquela não registrada no período previsto pela lei. Todas as sociedades devem ser registradas, a simples, no registro civil de pessoas jurídicas e a empresária, na Junta Comercial do Estado onde tiver sua sede. A consequência do não registro é a responsabilidade solidária e ilimitada dos sócios por todas as obrigações sociais (Código Civil, art. 990). Outra sociedade sem personalidade é a sociedade em conta de participação. Esse tipo societário tem por característica principal a diferenciação de dois tipos de sócio: o ostensivo e o participante.[12] O sócio ostensivo é quem realiza a atividade social e aparece perante os terceiros, tendo os sócios dessa classe responsabilidade ilimitada e solidária pelas obrigações da sociedade; de outro lado, o sócio participante não aparece nos negócios praticados pela sociedade, limitando-se a dar sua contribuição financeira e ter a participação nos resultados, sendo responsabilizado somente perante o sócio ostensivo nos termos do contrato social (Código Civil, arts. 991 a 996).

Os demais tipos societários são sociedades personificadas. As principais diferenças entre elas são os níveis de limitação da responsabilidade dos sócios e a complexidade de suas administrações. Pela escolha de um ou outro tipo societário, o sócio terá sua responsabilidade mais ou menos limitada, variando também a complexidade da estrutura administrativa, podendo chegar a ter um complexo mecanismo com diferentes órgãos de administração dentro de uma estrutura hierarquizada de governança.

As sociedades simples podem adotar os tipos societários simples e todos os demais com exceção da sociedade anônima que será sempre sociedade empresária. As sociedades cooperativas sempre serão sociedades simples. De outro lado, as sociedades empresárias podem adotar todas as formas societárias menos as formas simples e cooperativas.

O tema deste estudo é relacionado à sociedade anônima. O capital social da sociedade anônima (também chamada de companhia) é dividido em ações. Sobre este aspecto, os doutrinadores fazem a distinção entre sociedades de pessoas e sociedades de capital, sendo a sociedade anônima o principal exemplo de sociedade de capital. Vale dizer, trata-se de tipo societário em que a pessoa individualizada dos sócios, também chamados de acionistas, não é o elemento mais importante, mas, sim, a contribuição econômica ou financeira dada à sociedade, por isso, dita de capital.

A natureza de sociedade de capital tem raízes nas origens históricas das sociedades anônimas. Juristas e historiadores descobriram algumas organizações que podem ser entendidas como verdadeiro embrião das sociedades anônimas. Em Roma, embora não existisse regulamentação clara separando sociedades civis e empresariais, existia organização privada com algumas características semelhantes às

---

[12] Na doutrina, encontra-se a denominação *sócio oculto*, no lugar da denominação *sócio participante*, pois ele não aparece perante terceiros.

da sociedade anônima[13] que recebia do Estado Romano a delegação para a cobrança de tributos.

Posteriormente, têm-se notícias de outras organizações também com características da sociedade anônima na França Medieval, bem como, em outras partes da Europa, para a fabricação de navios.[14] Outros historiadores do direito ainda comentam o "Banco de São Jorge", como outro precedente histórico de fenômeno associativo próximo à sociedade anônima. Levin Goldschmidr, citado por Waldemar Ferreira, porém, explica que estas associações patrimoniais não são a verdadeira origem da sociedade anônima.[15]

As verdadeiras companhias surgiram da necessidade de os Estados europeus realizarem as expedições marítimas para ocupação e colonização do continente americano e do continente asiático. Assim, surgiriam como instrumentos dos Estados Absolutos com finalidade primordial de expansão geográfica, sem ter necessariamente caráter mercantil.[16]

As expedições coloniais eram extremamente custosas. As expectativas de lucros, porém, eram elevadas. Destarte, os Estados da Europa criaram mecanismos jurídicos para captar recursos do público em geral para financiar as excursões marítimas, sob a promessa de pagamento de altas taxas de lucros, com os resultados da exploração das novas terras. Criaram-se as companhias, fase embrionária das sociedades anônimas. Os "acionistas" eram o público em geral, que adquiria sua participação em papéis da companhia, que deram origem aos atuais valores mobiliários. Por outro lado, a administração não era acessível aos investidores. Quem comandava as explorações eram os próprios Governos Europeus, sendo desconhecido o direito individual de voto do acionista, verificando-se grande separação entre administração e "propriedade", exacerbada ainda pela possibilidade da criação de espécie de sócio de segunda classe, que eram pessoas associadas aos acionistas.[17] A desigualdade de direitos sociais entre os acionistas é característica essencial das companhias coloniais, conforme aponta Garrigues.[18]

---

[13] FERREIRA, Waldemar. *Tratado de Direito Comercial*, 4º vol – O Estatuto da sociedade por ações, São Paulo: Saraiva, 1961, p. 5.

[14] FERREIRA, Waldemar. *Op. cit.*, p. 8.

[15] FERREIRA, Waldemar. *Op. cit.*, p. 11.

[16] GARRIGUES, Joaquín. *Problemas Atuais das Sociedades Anônimas*. Tradução, prefácio e notas do Prof. Roberto da Costa Caruso MacDonald. Porto Alegre: Fabris, 1982, p. 11.

[17] ASCARELLI, Tullio. *Problemas das Sociedades Anônimas e Direito Comparado*, São Paulo: Saraiva, 1969, p. 316.

[18] GARRIGUES, Joaquín. *Op. cit.*, p. 12.

Desde o início, eram criadas estruturas organizativas que possibilitavam a transferência da condição associativa, semelhante à transferibilidade da ação. O capital sempre foi considerado o elemento mais importante, independente da pessoa do sócio.

Após o período colonial, quando as sociedades anônimas somente poderiam ser criadas por autorização estatal e para atividades coloniais, o tipo societário passou a ser possível para empreendimentos mercantis, tornando-se a ferramenta essencial do alto capitalismo do século XIX.[19] Atualmente, a sociedade anônima segue sendo o tipo societário de maior separação entre "propriedade" e poder. Por ser sociedade de capital, alguns sócios sequer têm a intenção de comandar a companhia, buscando apenas o melhor retorno para os seus investimentos. A *affectio societatis* é elemento secundário, pois o objetivo fundamental do acionista é receber os dividendos, a partir da atividade empresarial da companhia.

Obviamente que surgirão os diferentes tipos de acionistas, já há muito tempo percebidos pela doutrina. Pode-se dizer que os acionistas se dividem em grupos de acordo com os seus interesses dentro da sociedade anônima. Existe o acionista que participa da sociedade ativamente, votando nas assembleias, eventualmente ocupando cargo de administração, seja no Conselho ou até mesmo na Diretoria, podendo ser classificado como acionista empreendedor ou, como prefere Requião, acionista empresário.[20] Outros acionistas são investidores, denominadas também de "rendeiros"[21] e se preocupam tão somente com o resultado, com a obtenção de lucro e com a distribuição dos dividendos. Ainda existem aqueles investidores especuladores, que aparecem na existência do mercado acionário os quais, em verdade, não possuem qualquer tipo de interesse na companhia, obtendo seus lucros na compra e venda especulativa de ações em bolsa, em negócios realizados no que se chama de *day trade* (ou seja, compra e venda de ações no mesmo dia).

## 2.2. O poder de controle da S.A.

A definição do poder de controle é importante para o objeto desta pesquisa, pois a administração da companhia tem relação com o

---

[19] GARRIGUES, Joaquín. *Op. cit.*, p. 13.

[20] REQUIÃO, Rubens. *Curso de Direito Comercial*, 2º v. (edição Atualizada por Rubens Edmundo Requião). São Paulo: Saraiva, 2005, p. 140.

[21] *Ibidem*.

fato de controlar a atividade da sociedade empresária. Mesmo que não exista o chamado controle gerencial nas companhias brasileiras, a relação administração e controle permanece, pois os grupos que controlam as companhias em decorrência da sua posição acionária costumam participar ativamente da administração ou tem relação muito próxima aos administradores.

### 2.2.1. O poder de controle no artigo 116 da Lei nº 6.404/76

A Lei nº 6.404, de 1976, traz uma definição de acionista controlador no artigo 116. Assim, é considerado controlador o acionista que possui direitos de acionistas que lhe assegurem de modo permanente a maioria nas deliberações em assembleia geral, possibilitando-lhe a eleição da maioria dos administradores e efetivamente usar de tais direitos para dirigir as atividades sociais e orientar o funcionamento dos órgãos da companhia.

Este artigo reconhece também o controle exercido em conjunto, ou seja, por meio de acordo de acionistas, o que é uma realidade no sistema empresarial brasileiro. A norma é dirigida ao controle concentrado, ou seja, o controle majoritário, pois é a única forma de ter assegurada sempre a posição de maioria nas deliberações assembleares. Segundo Calixto Salomão Filho, que faz uma leitura moderna desse dispositivo, o alíne *a* do artigo 116 se dirige ao controle majoritário, e o alínea *b* reconhece o controle minoritário, temas que serão tratados a seguir.[22]

### 2.2.2. O poder de controle interno

O poder de controle interno é o controle exercido, como a própria denominação deixa evidente, de forma interna pelos próprios acionistas. Ele se manifesta de diferentes formas. Como ensina Fábio Konder Comparato, o poder de controle da sociedade anônima emana dos poderes que se têm perante a assembleia geral, que é o órgão "supremo" da companhia, que investe todos os demais e constitui a última instância decisória.[23]

---

[22] SALOMÃO FILHO, Calixto. *O Novo Direito Societário*. São Paulo: Malheiros, 2011, p. 144.

[23] COMPARATO, Fábio Konder. *O Poder de controle na sociedade anônima*. Rio de Janeiro: Forense, 1983, p. 36.

O poder de controle interno, num primeiro momento, parece derivar da "propriedade acionária" e majoritária. Essa, no entanto, não é verdade absoluta, pois desde há muito tempo tem-se verificado a possibilidade de controlar a companhia com participações substancialmente minoritárias e, até mesmo, de um controle gerencial. Esse fenômeno era analisado por Karl Marx, sobre a separação da propriedade e do controle, sendo depois constatado o fenômeno, nos Estados Unidos, por Berle e Means. Assim, podem-se constatar as seguintes formas de controle: o totalitário, o majoritário, o minoritário e o gerencial (Berle e Means ainda mencionam o uso de expedientes legais, como as complexas estruturas piramidais, com criação de *holdings* mistas ou puras).

Nesta análise do controle interno, percebe-se que ele se manifestará com diferentes configurações, dependendo de cada caso concreto e de como se organiza cada companhia.

O controle totalitário é aquele exercido nas sociedades unipessoais. No direito brasileiro, na Lei nº 6.404, de 1976, existe a possibilidade da constituição de sociedade subsidiária integral de companhia brasileira (art. 251). Recentemente, também foi aprovada a Lei que autoriza uma espécie semelhante à sociedade unipessoal de responsabilidade limitada, denominada Empresa Individual de Responsabilidade Limitada – EIRELI –, que vem sendo bastante debatida, principalmente sobre algumas questões teóricas e sobre a nomenclatura utilizada. Reconhece-se, também, como controle totalitário aquele exercido por uma família sobre a companhia, onde sempre há deliberações unânimes,[24] porém, bastará um acionista com posição diferente para não ser considerado controle totalitário.

O controle majoritário é o controle exercido por acionistas que detenham mais de 50% das ações com direito de voto. Trata-se do tipo de controle de companhias comumente encontrado no Brasil e no mundo, à exceção de Estados Unidos e Reino Unido.[25]

Existe a possibilidade de se dominar uma companhia pela participação minoritária. Essa é uma realidade existente há muito tempo nos Estados Unidos da América que, aos poucos, está chegando ao Brasil. Já existem companhias brasileiras (por exemplo, a Lojas Renner S.A.) que têm o capital diluído, sendo dominadas minoritariamente.

---

[24] COELHO, Fábio Ulhoa. *Curso de Direito Comercial* – Direito de Empresa – v. 2. São Paulo: Saraiva, 2007, p. 278.

[25] GORGA, Erica. Changing the Paradigm of Stock Ownership: From Concentrated Towards Dispersed Ownership? Evidence from Brazil and Consequences for Emerging Countries, Disponível em <http://papers.ssrn.com/sol3/papers.cfm?abstract_id=1121037>, consultado em 24 de fevereiro de 2013.

Trata-se de fenômeno ocorrido em companhias de capital pulverizado. As ações estão dispersamente distribuídas, sendo propriedade de milhares de acionistas espalhados pelo país. Assim, diante da pouca frequência da grande maioria dos acionistas, o controle acaba sendo exercido, na prática, pelos detentores de ações representantes de menos de 50% do capital social votante. Importante perceber, como já o percebera o professor Fábio Konder Comparato, que a lei implicitamente reconhece o controle minoritário. A Lei nº 6.404/76 autoriza a instalação da assembleia geral com qualquer número em segunda chamada, e as deliberações, em regra, podem ser tomadas pelos proprietários da maioria das ações presentes. Além disso, mesmo nos casos de *quorum* qualificado, para as S.As. abertas, a lei acionária possibilitou que seja requerido à CVM a diminuição do *quorum* legal se demonstrado que nas últimas três assembleias não se atingiu tal presença desse *quorum* de acionistas (art. 136, § 2º).

Normalmente, o fenômeno da dispersão acionária vem acompanhado de outro grande tema que está sendo debatido pela doutrina especializada. Trata-se dos mecanismos de proteção da diluição do capital social, o mais comum é a medida defensiva batizada de *poison pills* (outras defesas são chamadas de *shark repellents*). O controle minoritário possibilita que se adquira o controle de uma companhia sem negociar com os atuais controladores ou atuais gestores. Esse movimento já ocorreu no mercado norte-americano, mas ainda não ocorre com tanta frequência no Brasil. O caso mais noticiado no mercado pátrio foi das duas grandes companhias do setor alimentício (Perdigão e Sadia), que terminou com a negociação de *M&A*[26] entre ambas. Essa tentativa de aquisição do controle sem consentimento dos atuais controladores e dos atuais administradores tem sido denominada de tentativas de aquisição hostil (por influencia do termo americano *hostile takeover*).

No Brasil, as grandes companhias já começaram a adotar as citadas cláusulas estatutárias protetivas da dispersão acionária. A *poison pill brasileira* consiste na obrigatoriedade de oferta para aquisição de todas as ações da companhia para aquele que pretende adquirir um determinado percentual de participação acionária. O grande problema constatado pelos juristas nacionais, questionando a legalidade dessas cláusulas em muitas sociedades brasileiras, é o "entrincheiramento" do poder. A maioria das companhias que adota as *poison pills* tem controle concentrado, ou seja, existe um bloco definido de controle

---

[26] Sigla usada para designar operações de fusões e aquisições, em inglês, *Mergers and Acquisitions*.

e não o controle minoritário. Assim, tal medida, no lugar de proteger a diluição acionária e os minoritários (como foi desenvolvido em sua origem), tem se prestado para aumentar o poder do controlador majoritário que, agora, não pode sequer ser ameaçado, pois dificulta a aquisição de participação acionária relevante, sendo praticamente impossível fazer-lhe oposição dentro da companhia. Isso é agravado pelas cláusulas criadas nesses estatutos que protegem as *poison pills*, como, por exemplo, aquela que determina a realização da mesma oferta de aquisição para o acionista que votar pela extinção da *poison pill* do estatuto social (também é considerado ilegal pela doutrina pátria e também em manifestação da CVM). Entre os que condenam tal pratica pode-se citar o posicionamento de Carlos Klein Zanini,[27] em artigo doutrinário a esse respeito.

Por fim, a última manifestação do controle interno é o controle gerencial ou administrativo. O controle é exercido pela administração, um controle de fato, em razão de extrema diluição do capital social, onde não se consegue instaurar nem mesmo o controle minoritário. Trata-se de total separação da propriedade e do controle.

Esta situação é ainda inexistente na realidade brasileira, mas que certamente se tornará, em breve, a realidade de algumas grandes companhias brasileiras. Prova a favor desta tendência, reside no fato de que, recentemente, foi promovida alteração na Lei n° 6.404/76, no sentido de permitir que o Conselho de Administração seja integrado por não acionistas,[28] um passo importante para a instauração do controle gerencial nas companhias brasileiras que atingirem a dispersão acionária necessária para tal fenômeno.

Importante destacar ainda, que, segundo o professor Calixto Salomão Filho, o controle gerencial pode ser de também direito. A forma para se instituir esse poder nos administradores se concretiza através de uma das modalidades de *golden share* previstas na lei societária. Através da criação de um tipo de ação privilegiada, com as chamadas vantagens políticas (art. 18 da Lei n° 6.404/76), é possível criar o controle gerencial pela previsão estatutária da composição da Diretoria e do Conselho de Administração, inserindo ainda no estatuto todas as matérias virtualmente relevantes para os negócios sociais, concedendo substanciais poderes de direção aos órgãos sociais. Com essa classe

---

[27] ZANINI, Carlos Klein. A *poison pill* brasileira: desvirtuamento, antijuridicidade e ineficiência, in *Temas de Direito Societário e Empresarial Contemporâneos – Liber Amicorum Prof. Dr. Erasmo Valladão Azevedo e Novaes França*. São Paulo: Malheiros, 2011.

[28] Nova redação do artigo 146 da Lei n° 6.404/76: "Art. 146. Poderão ser eleitas para membros dos órgãos de administração pessoas naturais, devendo os diretores ser residentes no País. (Redação dada pela Lei n° 12.431, de 2011)".

de ações, pode-se estabelecer um tipo de poder de veto para aprovação de alterações do estatuto social (art. 18, parágrafo único), ficando a administração claramente com os principais poderes da companhia.[29]

Na contramão da posição doutrinária majoritária, pode-se destacar a opinião de um importante jurista brasileiro, Modesto Carvalhosa.[30] Este autor não admite as modalidades de controle que não sejam exercidas pela forma majoritária, adotando interpretação restritiva da legislação. Apesar do renome desse jurista, respeitosamente discorda-se desse posicionamento, concordando com as observações da maioria, em razão do que foi mencionado acima.

Estas são as formas de controle interno, ou seja, exercidos por aqueles que atuam dentro da organização da companhia. Essa denominação é utilizada na já citada obra de Fábio Konder Comparato, como contraponto ao controle externo, que passa a ser analisado a seguir.

*2.2.3. O poder de controle externo*

O poder de controle externo é uma forma de domínio da sociedade anônima por influências dominantes de agentes externos. Isso foi reconhecido primeiramente na jurisprudência norte-americana e, posteriormente, em diversas legislações pelo mundo. Trata-se de controle exercido por não acionistas e não administradores da sociedade, portanto, sem nenhum vínculo interno com a companhia.

A relação de controle externo ocorre normalmente em caso de dependência da companhia a certos credores ou fornecedores. Isso ocorre também na formação de grupos econômicos, também por meio de contratos, quando uma sociedade domina a outra mesmo sem ter participação alguma no capital social.

Sobre a formação de grupos econômicos, a Lei nº 6.404/76 não chama de controle externo, mas reconhece a situação de coligação de sociedades quando houver influência significativa, afirmando que há tal influência quando uma companhia "detém ou exerce o poder de participar nas decisões das políticas financeira ou operacional da investida, sem controlá-la." (art. 243, § 4º). Apesar de o dispositivo utili-

---

[29] SALOMÃO FILHO, Calixto. *O novo direito societário*. São Paulo: Malheiros, 2011, p. 146.

[30] CARVALHOSA, Modesto. O desaparecimento do controlador nas companhias com ações dispersas, in *Temas de Direito Societário e Empresarial Contemporâneos – Liber Amicorum Prof. Dr. Erasmo Valladão Azevedo e Novaes França*. São Paulo: Malheiros, 2011, p. 516 a 521.

zar a expressão "sem controlá-la", aqui se está diante da possibilidade de existência de controle externo.

As outras tantas hipóteses de controle externo têm grande relação com a questão de endividamento da sociedade. A primeira dessas situações que pode dar origem a legítimo controle externo ocorre quando a dívida é assegurada pelo penhor de ações. Algumas instituições financeiras tomam como garantia o penhor das ações do bloco de controle, o que não impede o acionista de votar, mas pode ser estabelecido que este se abstenha de votar em certas situações ou somente vote com a prévia anuência do credor (Lei nº 6.404/76, art. 113). Os empréstimos obtidos pelas companhias através da emissão de debêntures também podem criar uma situação de controle externo. Embora não se tenha uma ampla proteção legal dos debenturistas, como em algumas legislações estrangeiras, a Lei nº 6.404/76 protege aqueles títulos conversíveis em ações, dentro do prazo de conversão, no caso de a companhia pretender alterar o seu objeto e lançar novas ações preferenciais ou novas debêntures. Diz a lei que essas deliberações devem ser aprovadas pelos portadores de debêntures, em assembleia especial (art. 57, § 3º, "a" e "b"). Essa é uma contribuição da lei ao controle externo dos debenturistas. De outro lado, mesmo sem os títulos serem conversíveis em ações, em alguns casos, devido ao montante captado, certamente existirá influência considerável da massa de credores sobre a companhia.

Outras situações são reguladas em legislação esparsa, como por exemplo, a regulamentação da crise econômico-financeira das instituições financeiras, que não são submetidas de imediato à lei falimentar, pois se subordinam a regimes especiais de liquidação extrajudicial ou de administração especial. Nesses casos, é retirado aos membros da instituição em dificuldade o poder de administração e de controle, dado a algum controlador externo. A própria norma falimentar, nos casos de falência e de recuperação judicial, possibilita a interferência dos credores na administração e controle da companhia, podendo muitas vezes tal controle se transformar em controle interno, se a forma de realização do ativo (na falência) ou o plano de recuperação envolver o seguimento da atividade por meio de sociedade de credores (Lei nº 11.101/2005, arts. 50, V, e 145).

Além desses casos, vale referir que a legislação brasileira prevê casos especiais de intervenção estatal em empresas privadas (ex. descumprimento de obrigações por parte de concessionário em concessão de serviços públicos, Lei nº 8.987/95), configurando mais uma espécie de poder de controle externo.

Por fim, como exemplo de controles externos por influência contratual, podem-se citar os casos dos contratos de franquias ou de concessões empresariais, bem como os contratos de distribuição e muitos outros.

### 2.2.4. A separação do poder de controle da propriedade acionária

Há muito tempo que os teóricos já reconhecem a diferença entre o poder de controle e a propriedade acionária. Mesmo sendo conceitos separados, propriedade e controle eram confundidos devido à concentração da propriedade acionária, situação que concedia aos acionistas majoritários a possibilidade de controlar a companhia.

Mesmo diante do poder majoritário, é possível sustentar a separação poder de controle e propriedade. Analisando a questão com maior profundidade, o majoritário que exerce este poder na verdade tem poder sobre um patrimônio que não é seu. A sociedade empresária é pessoa jurídica, ou seja, tem sua personalidade separada daquela dos seus sócios. Destarte, em relação ao patrimônio social, o controle majoritário também não é exercido sobre os próprios bens do controlador, mas, sim, da sociedade. Em relação à propriedade acionária, também há de se perceber que os minoritários também são proprietários, mas não exercem o poder, assim, o controlador exerce poder também sobre a propriedade acionária dos minoritários. Faz-se importante, novamente, lembrar os ensinamentos de Fábio Konder Comparato que classifica o controle não como um bem, mas um poder a ser exercido sobre o conjunto de bens da sociedade e da própria atividade,[31] reforçando a tese da separação entre propriedade e controle.

Com base nestas constatações, surgem deveres diferenciados para os controladores, deveres que podem ser caracterizados como fiduciários em relação aos minoritários. Os controladores devem votar a favor da sociedade e não com base em interesses próprios. Por isso são responsáveis pelo abuso de poder em relação aos sócios minoritários, aos trabalhadores da companhia e à comunidade na qual desenvolvem a atividade (Lei n° 6.404/76, art. 116, parágrafo único).

Diante da realidade que aos poucos vai se instalando no sistema brasileiro, as grandes companhias estão passando a ter seu controle cada vez mais diluído. Ainda não se está próximo à realidade norte-americana, mas já é possível encontrar algumas sociedades anônimas

---

[31] COMPARATO, Fábio Konder. *O poder de controle na sociedade anônima*. Rio de Janeiro: Forense, 1983, p. 88.

com o capital pulverizado. Este fenômeno é mais um passo para a completa separação entre controle e propriedade, que atinge seu ápice diante do controle gerencial ou administrativo. Aliás, esse é o ideal defendido pelo Professor Calixto, que compara o sistema da sociedade anônima como o sistema de um Estado soberano, dividindo a companhia nos três poderes de forma semelhante a um estado democrático. Na sociedade anônima, a assembleia geral seria o legislativo; a administração, o executivo; e o poder de controle e de julgamento seria competência do Conselho fiscal por uma auditoria independente[32] (muitos comercialistas não gostam de comparações com o direito constitucional e, de fato, é importante não aprofundar muito este tipo de análise, dado que o direito empresarial se desenvolve de maneira diferente se comparado com as demais áreas jurídicas).

*2.2.5. A administração da Sociedade Anônima*

O direito societário, como regra de direito organizativo, tem o papel de passar confiabilidade aos terceiros e aos próprios acionistas, prescrevendo as formas legítimas de se criar uma estrutura de atuação das pessoas jurídicas que a vincule efetivamente pelos atos praticados. Além do mais, graças ao direito societário, é possível estabelecer a separação patrimonial necessária para a confiança dos negócios operados pelas sociedades. Não se trata somente das vantagens presentes na limitação de responsabilidade dos sócios pelas dívidas da sociedade, mas, também a situação inversa. Vale dizer, especialmente no caso de sociedade anônima aberta, com grande separação entre propriedade e poder, o direito societário serve para assegurar a limitação da responsabilidade da companhia pelas dívidas do sócio. Esta função do direito organizativo (concretizado pelo direito societário) é pouco discutida em doutrina, mas trata-se de característica essencial e principal, na medida em que a relação de terceiros com a companhia parte da análise da situação patrimonial da pessoa jurídica e da segurança de que os acionistas não podem esvaziar o patrimônio da sociedade para pagar suas dívidas pessoais. Hansmann e Kraakman entendem nesse sentido, ensinando que:

> O direito organizacional permite a formação de garantia flutuante sobre os ativos associados à companhia, e permite também a atribuição dessa garantia ao grupo de credores que muda constantemente, os quais transacionam com a companhia, enquanto

---

[32] SALOMÃO FILHO, Calixto. *O novo direito societário*. São Paulo: Malheiros, 2011, p. 86.

protegem estes ativos dos credores pessoais dos administradores da sociedade e dos próprios sócios.[33] [34]

De outro estudo atualizado desses autores, extrai-se a lição de que o direito societário diminui os custos de organização de negócios, diminuindo as chances de atos danosos por oportunismos ilícitos das partes envolvidas em negócios empresariais.[35]

Assim, pelo direito societário, a sociedade anônima é a organização societária que desempenha a atividade econômica organizada estabelecida em seu estatuto social, por opção de seus fundadores, podendo ser alterada por seus acionistas, de acordo com as regras para mudança do estatuto social previstos na Legislação. O desenvolvimento da atividade é concretizado pela atuação das pessoas que atuam na sociedade, e, por isso, criou-se a estrutura jurídica de administração da companhia, diante da necessidade de as sociedades anônimas relacionarem-se com o mundo externo. Reproduzindo as palavras de Pedro A. Labariega Villanueva, diz-se que:

> (...) a S.A. se cria e se organiza para cumprir um objetivo acordado pelos seus fundadores. Na tentativa de realizar este propósito, a S.A. tem que se relacionar com seus associados e com terceiros. Ela deve atuar como *pessoa*, vale dizer, como sujeito capaz de adquirir direitos e de contrair obrigações. Contudo, sua atuação deve ser através de órgãos compostos por pessoas físicas, que no fim das contas, deverão obrar por ela.[36]

No direito brasileiro, a sociedade como pessoa jurídica se faz presente no mundo dos fatos pelos seus diferentes órgãos. Os órgãos da sociedade anônima são a assembleia geral, Conselho de Administração, Diretoria e Conselho fiscal.

A assembleia geral é integrada por todos os acionistas. Apesar de todos terem direitos de voz na assembleia, é possível que determinadas classes de acionistas não detenham direito de voto. Vale ressaltar que a Lei n° 6.404/76 prevê a possibilidade de dividir o capital social em ações ordinárias e preferenciais, podendo estas últimas não terem

---

[33] Tradução Livre do Original: "organizational law permits the formation of a floating lien on the pool of assets associated with a firm, and permits as well the assignment of that lien to the constantly changing group of creditors who transact with the firm, while shielding those assets from creditors of the firm's managers and owners".

[34] HANSMANN, Henry; KRAAKMAM, Reinier. The Essential Role of Organizational Law, em The Yale Law Journal, Vol. 110, 2000, p. 440, disponível em <http://www.yalelawjournal.org/pdf/110-3/hansmann-kraakman%20final.pdf>, acessado em 17 de maio de 2013.

[35] HANSMANN, Henry; KRAAKMAM, Reinier; *et al. The anatomy of Corporate Law: A comparative And Functional Aproach.* New York: OUP Oxford, Kindle Edition (e-Book), 2009, posição 319.

[36] VILLANUEVA, Pedro A. Labariega. Os Administradores das Sociedades Anônimas. "Os Executivos": Verdadeiros Capitães das Empresas, traduzido por Nikolai Sosa Rebelo, Publicado na *Revista Síntese de Direito Empresarial* n. 22, São Paulo: Síntese, p. 98–113, set./out., 2011, p. 99;

direito de voto em troca de algum benefício financeiro (art. 111). O direito de voto não é direito essencial dos acionistas, tanto é verdade que não está no rol previsto no artigo 109 da Lei das S.As.[37]

A assembleia geral é o órgão supremo das sociedades anônimas, no direito brasileiro. O artigo 122 da Lei nº 6.404/76 prevê as competências exclusivas:

> Art. 122. Compete privativamente à assembleia geral: (Redação dada pela Lei nº 12.431, de 2011)
> I – reformar o estatuto social;(Redação dada pela Lei nº 10.303, de 2001)
> II – eleger ou destituir, a qualquer tempo, os administradores e fiscais da companhia, ressalvado o disposto no inciso II do art. 142;(Redação dada pela Lei nº 10.303, de 2001)
> III – tomar, anualmente, as contas dos administradores e deliberar sobre as demonstrações financeiras por eles apresentadas;(Redação dada pela Lei nº 10.303, de 2001)
> IV – autorizar a emissão de debêntures, ressalvado o disposto nos §§ 1º, 2º e 4º do art. 59; (Redação dada pela Lei nº 12.431, de 2011).
> V – suspender o exercício dos direitos do acionista (art. 120);(Redação dada pela Lei nº 10.303, de 2001)
> VI – deliberar sobre a avaliação de bens com que o acionista concorrer para a formação do capital social;(Redação dada pela Lei nº 10.303, de 2001)
> VII – autorizar a emissão de partes beneficiárias;(Redação dada pela Lei nº 10.303, de 2001)
> VIII – deliberar sobre transformação, fusão, incorporação e cisão da companhia, sua dissolução e liquidação, eleger e destituir liquidantes e julgar-lhes as contas; e (Redação dada pela Lei nº 10.303, de 2001)
> IX – autorizar os administradores a confessar falência e pedir concordata.(Redação dada pela Lei nº 10.303, de 2001)
> Parágrafo único. Em caso de urgência, a confissão de falência ou o pedido de concordata poderá ser formulado pelos administradores, com a concordância do acionista controlador, se houver, convocando-se imediatamente a assembléia-geral, para manifestar-se sobre a matéria. (Redação dada pela Lei nº 10.303, de 2001)

Note-se que a regra do inciso I do artigo acima reproduzido confere importante poder aos acionistas a respeito da alteração do estatuto social. Desta forma, o direito brasileiro impede a total desvinculação entre poder e a propriedade acionária. No direito norte americano, que será usado como ferramenta de estudo de direito comparado, existe maior liberdade na atuação do denominado *Board of Directors*, órgão equivalente ao Conselho de Administração das companhias brasileiras.

Importante mencionar, ainda, os chamados *proxy solicitations*, ou, simplesmente, a possibilidade de os administradores atuais requere-

---

[37] MULLER, Sérgio. *Direitos Essenciais dos Acionistas*: interpretação sistemática da proteção aos minoritários,. Porto Alegre: Livraria do Advogado, 2003, p. 71.

rem procurações aos acionistas para agir em seu nome na assembleia geral com o objetivo de escolha do Conselho. Trata-se de típico mecanismo prático de separação entre "propriedade" e controle. O requerimento de procurações dos acionistas ocorre como forma de aumentar o percentual acionário presente nas assembleias gerais, normalmente diminuído em razão do absenteísmo dos acionistas, decorrente de diversas situações fáticas. Em 2008, dados da Bolsa de Valores informavam participação relevante de pessoas físicas no mercado acionário brasileiro, sendo justamente estes os principais sócios ausentes nas assembleias.[38]

No direito brasileiro, existem limites para a outorga de mandato para fins de participação em assembleias gerais de acionistas. A lei autoriza a outorga de poderes a determinadas pessoas, que são: o administrador da própria sociedade, possibilitando o surgimento do controle gerencial ou administrativo; o advogado; outro acionista; bem como, no caso de companhias abertas, a instituição financeira, representada por seu administrador ou procurador; a pessoa do administrador do fundo de investimentos, em nome dos condôminos. Tudo conforme a Lei das S.As., artigo 126, § 1º.

O Conselho de Administração e a Diretoria são os órgãos da administração propriamente dita. Segundo doutrinador mexicano Pedro Labariega, são características do órgão de administração:[39]

> A. É um mecanismo de atuação interna e externa, diferente da assembleia geral, que só tem atuação interna, já que a administração implica a representação da pessoa moral frente a terceiros.
> B. É um órgão necessário, como a assembleia geral, mas, diferentemente desta, se trata de um instrumento permanente.[40] Com efeito, a representação orgânica é uma representação indispensável sem a qual o ente coletivo não pode atuar, pois se os titulares do órgão emprestam sua vontade para dotar a pessoa jurídica de um querer psíquico, haverá de entender-se que os indivíduos que exercem as funções do órgão gozam de um poder de apreciação e discernimento, embasamento natural apoiado na própria autonomia. Com base nessa virtude, o administrador pode interpretar e apreciar qual é o interesse da pessoa moral e como deverá desempenhar sua atividade, dentro da esfera de sua competência, sua decisão vale como vontade do órgão; a esse grau que se equiparam os titulares da função do órgão ao próprio órgão.[41]
> C. É um órgão autônomo, mesmo quando tiver de levar em consideração as orientações da assembleia, para formar seu próprio juízo e atuar com diligência em benefício dos interesses da pessoa moral.

---

[38] REGO, Marcelo Lamy. Pedido de Procuração para Votar *in Direito Societário – Desafios Atuais*. Rodrigo R. M. de Castro e Leandro S. de Aragão (Coord.). São Paulo: Quartier Latin, 2009, p. 320.

[39] VILLANUEVA, Pedro A. Labariega. *Op. cit.*, p. 102

[40] VIVANTE, *Trattato di diritto commerciale*. Milão: F. Vallardi, 1924, p. 529.

[41] FRÉ, G. *L'organo amministrativo nelle società anonima*. Roma: 1938, p. 34-36.

D. Exerce três tipos de competência (*uffizi*) governo, gestão e representação da sociedade.
E. As faculdades orgânicas são outorgadas aos administradores, as quais devem ser exercidas com precisão, respeitando a estrutura do órgão de administração (único ou colegiado), faculdades individuais, de informação e controle do andamento da empresa e de oposição dos demais administradores, particularmente relevantes nos órgãos coletivos; atribuições estas que se entendem implícitas, posto que são indispensáveis para o oportuno exercício das daquelas primeiras.
F. Na medida em que atuam através de pessoas físicas, aporta-se o elemento psicológico e humano à sociedade, sanando esta imperfeição da pessoa jurídica.

A administração da sociedade anônima, no direito brasileiro, se baseia na teoria organicista, no sentido de que os administradores não têm relação contratual com a companhia, sendo o ato de eleição da administração negócio jurídico puramente societário.[42] Trata-se do que Pontes de Miranda chamou de presentação da sociedade,[43] ou seja, a pessoa jurídica é "presentada" pelo administrador e não representada, como se costuma dizer. Sempre que o conselheiro ou o diretor da companhia se manifesta na condição de administrador, ele estará fazendo presente a pessoa jurídica, obrigando-a e não obrigando-se pessoalmente.

Importante relatar a clássica lição de J. X. Carvalho de Mendonça, diferenciando o papel do administrador da S.A. do mandatário na relação contratual de mandato, ressaltando a importância das regras sobre a extensão dos poderes dos administradores:[44]

O mandato é livremente conferido pelo mandante, o qual também livremente fixa a extensão dos poderes. Aqui não existe esta dupla liberdade. A sociedade é obrigada a nomear os seus administradores e há um mínimo de poderes dos quais êstes (*sic*) não podem ser privados.

Conforme já foi mencionado, a administração da sociedade é dividida em dois órgãos: o Conselho de Administração e a Diretoria. Além destes, como órgão auxiliar dos acionistas, com intuito fiscalizatório, pode-se instaurar o Conselho Fiscal.

A sociedade anônima é uma organização hierárquica, sendo a assembleia geral seu órgão soberano. O nível imediatamente abaixo da Assembleia é o Conselho de Administração e por fim, o terceiro nível é o da Diretoria. Abaixo da Diretoria estão todos os demais cola-

---

[42] EIZIRIK, Nelson. *A Lei das S/A Comentada*, Volume II – Artigos 121 a 188. São Paulo: Quartier Latin, 2011, p. 256.

[43] MIRANDA, Francisco Cavalcanti Pontes de. *Tratado de Direito Privado*, Tomo I, Rio de Janeiro: Borsoi, 1954, p. 286.

[44] MENDONÇA, J. X. Carvalho de. *Tratado de Direito Comercial Brasileiro* – Volume IV, Livro II – Dos comerciantes e seus auxiliares – Parte III Das sociedades Comerciais. São Pualo: Freitas Bastos, 1959, p. 40

boradores e empregados da companhia que agem com menor poder decisório.

Antes da Lei nº 12.431, de 2011, o Conselho de Administração somente podia ser integrado por acionistas. Com a alteração promovida por esta lei, dando nova redação ao artigo 146, tanto o Conselho como a Diretoria podem ter acionistas ou não acionistas em seu quadro, exigindo que os diretores sejam residentes no Brasil.

Essa alteração promovida na regulação legal é um passo em direção à maior separação entre propriedade acionária e controle. Com a exigência de o Conselho de Administração ser integrado somente por acionistas, a administração estava sempre vinculada à participação do sócio, estreitando a relação propriedade e controle.

A escolha dos membros desse órgão é atribuição da Assembleia Geral. O Conselho de Administração é um órgão que pode ter representação de diferentes grupos de acionistas, podendo, inclusive, os sócios sem direito a voto que representem 5% do capital social, bem como os acionistas com 15% do capital votante, escolher, cada qual, separadamente, um membro deste órgão administrativo, no caso de companhia aberta (Lei das S.A., art. 141, § 4º). Nesse mecanismo, conforme leciona Nelson Eizirik, "há 2 (dois) colégios eleitorais apartados, um dos minoritários com direito de voto, outro dos preferencialistas com ações sem direito de voto ou com voto restrito, dos quais o controlador está excluído".[45]

Outra proteção aos minoritários, a fim de assegurar sua representação na administração, é a possibilidade de:

> Art. 141 (...) acionistas que representem, no mínimo, 0,1 (um décimo) do capital social com direito a voto, esteja ou não previsto no estatuto, requerer a adoção do processo de voto múltiplo, atribuindo-se a cada ação tantos votos quantos sejam os membros do Conselho, e reconhecido ao acionista o direito de cumular os votos num só candidato ou distribuí-los entre vários.

Nas palavras de Borba:[46]

> O voto múltiplo é uma espécie de voto repartido, uma vez que cada ação, por esse processo, passa a dispor de tantos votos quantos sejam os cargos a preencher, correspondendo, porém, cada voto a um só cargo e não a uma chapa (todos os cargos), como no processo normal. Faculta-se, então, ao acionista a prerrogativa de concentrar todos os seus votos em um só candidato ou de dispersá-los entre vários.

Quando a eleição do Conselho de Administração ocorrer pelo procedimento do voto múltiplo, a mesa coordenadora da Assembleia

---

[45] EIZIRIK, Nelson. *Op. cit.*, p. 284.
[46] BORBA, José Edwaldo Tavares. *Direito Societário*. Rio de Janeiro: Renovar, 2010, p. 400.

Geral deve, informar a quantidade de votos necessária para a eleição dos membros, sendo que, em caso de empate, proceder-se-á à nova votação pela mesma fórmula. Além do mais, a destituição de qualquer membro implica destituição de todo o Conselho (Lei nº 6.404/76, art. 141, § 3º), como forma de evitar o abuso por parte do controlador de excluir o membro eleito pelos minoritários nesse procedimento eleitoral.

Com tais normas, o direito assegura participação de acionistas com menor participação societária na administração da companhia. Ocorre, por outro lado, que, em determinadas S.As. abertas, é bastante improvável que os minoritários consigam reunir-se dentro daqueles percentuais para poder eleger membros da administração, sendo facilitada a dominação da companhia pelo acionista majoritário.

De outra banda, afigura-se necessário esclarecer que a legislação societária brasileira veda o voto plural (Lei das S.As., art. 110, § 2º), sendo conceito diverso do voto múltiplo tratado anteriormente. Em razão dessa vedação, o acionista não pode participar com as mesmas ações de forma concomitante, na eleição do Conselho de Administração pela regra do voto múltiplo cumulativo e pela eleição em separado dos minoritários.[47]

O Conselho de Administração é órgão colegiado, os membros não têm poderes para agir isoladamente, sendo as deliberações por maioria de votos, podendo o estatuto estabelecer matérias com *quorum* qualificado. No mínimo três conselheiros devem integrar o órgão administrativo, sendo um deles o presidente do Conselho, escolhidos pela Assembleia Geral e por ela destituíveis a qualquer tempo, podendo o estatuto social prever a forma de eleição do presidente pela Assembleia ou pelo próprio Conselho, na forma do artigo 140, *infra*:

> Art. 140. O Conselho de Administração será composto por, no mínimo, 3 (três) membros, eleitos pela assembleia-geral e por ela destituíveis a qualquer tempo, devendo o estatuto estabelecer:
> I – o número de conselheiros, ou o máximo e mínimo permitidos, e o processo de escolha e substituição do presidente do Conselho pela assembleia ou pelo próprio Conselho; (Redação dada pela Lei nº 10.303, de 2001)
> II – o modo de substituição dos conselheiros;
> III – o prazo de gestão, que não poderá ser superior a 3 (três) anos, permitida a reeleição;
> IV – as normas sobre convocação, instalação e funcionamento do Conselho, que deliberará por maioria de votos, podendo o estatuto estabelecer *quorum* qualificado para certas deliberações, desde que especifique as matérias. (Redação dada pela Lei nº 10.303, de 2001)

---

[47] EIZIRIK, Nelson. *Op. cit.*, p. 286.

Parágrafo único. O estatuto poderá prever a participação no Conselho de representantes dos empregados, escolhidos pelo voto destes, em eleição direta, organizada pela empresa, em conjunto com as entidades sindicais que os representem. (Incluído pela Lei nº 10.303, de 2001)

Merece destaque o parágrafo único do artigo acima transcrito, prevendo a participação dos trabalhadores na administração da companhia. Trata-se de tímida alteração da Lei promovida em 2001, buscando adotar legalmente a teoria institucionalista do interesse social, tratada com mais detalhes adiante neste texto. Conforme a decisão da CVM no Processo Administrativo RJ2006/059, existindo a previsão estatutária de eleição de representante dos trabalhadores, a norma se aplica da mesma forma à destituição do conselheiro, não podendo a assembleia geral de acionistas remover o representante dos trabalhadores do cargo.[48]

Essa regra é de influência alemã, e busca reconhecer a presença de interesses externos aos acionistas como integrantes do interesse social. Ocorre que, no direito alemão, a representação dos trabalhadores da companhia no órgão equivalente ao Conselho de Administração é quase paritária aos acionistas, pois ocupam 50% dos cargos no Conselho de Administração, perdendo apenas, em razão do poder de desempate do presidente, que será sempre representante dos acionistas.[49]

Em contrapartida a essas normas a favor do minoritário, vale ressaltar que a lei garantiu o direito de o majoritário em eleger a maioria do Conselho de Administração, nos termos do § 7º do artigo 141 suprarreproduzido,[50] respeitando, dessa forma o princípio de conceder mais poderes àquele que arrisca mais, bem como o direito de controlar a companhia na forma do artigo 116 da Lei das S.A.

O Conselho de Administração é órgão obrigatório em sociedades anônimas abertas e naquelas com capital autorizado, sendo opcional nas companhias fechadas (Lei nº 6.404/76, art. 138, § 2º). Trata-se de órgão intermediário, com poderes de planejamento, mas não tem poderes de representação (presentação), pois esta atividade é privativa da Diretoria. Pode-se dizer que o Conselho de Administração é órgão de planejamento, definindo políticas gerais da sociedade. Especificamente, o artigo 142 da Lei das S.As. prescreve suas atribuições:

Art. 142. Compete ao Conselho de Administração:
I – fixar a orientação geral dos negócios da companhia;

---

[48] EIZIRIK, Nelson. *Op. cit.*, p. 275.
[49] SALOMÃO FILHO, Calixto. *Op. cit.*, p. 115 (nota de rodapé 19) e 165 (nota de rodapé 32).
[50] EIZIRIK, Nelson. *Op. cit.*, p. 278.

II – eleger e destituir os diretores da companhia e fixar-lhes as atribuições, observado o que a respeito dispuser o estatuto;
III – fiscalizar a gestão dos diretores, examinar, a qualquer tempo, os livros e papéis da companhia, solicitar informações sobre contratos celebrados ou em via de celebração, e quaisquer outros atos;
IV – convocar a assembléia-geral quando julgar conveniente, ou no caso do artigo 132;
V – manifestar-se sobre o relatório da administração e as contas da Diretoria;
VI – manifestar-se previamente sobre atos ou contratos, quando o estatuto assim o exigir;
VII – deliberar, quando autorizado pelo estatuto, sobre a emissão de ações ou de bônus de subscrição;
VIII – autorizar, se o estatuto não dispuser em contrário, a alienação de bens do ativo não circulante, a constituição de ônus reais e a prestação de garantias a obrigações de terceiros; (Redação dada pela Lei nº 11.941, de 2009)
IX – escolher e destituir os auditores independentes, se houver.
§ 1º Serão arquivadas no registro do comércio e publicadas as atas das reuniões do Conselho de Administração que contiverem deliberação destinada a produzir efeitos perante terceiros. (Redação dada pela Lei nº 10.303, de 2001)
§ 2º A escolha e a destituição do auditor independente ficará sujeita a veto, devidamente fundamentado, dos conselheiros eleitos na forma do art. 141, § 4º, se houver. (Incluído pela Lei nº 10.303, de 2001)

Além dessas atribuições, pode o Conselho de Administração, em sociedades de capital autorizado, ter poderes para emitir as ações correspondentes à autorização, podendo emitir também títulos conversíveis em ação (Lei das S.A., art. 59, § 2º). Ainda, nas companhias abertas, este órgão pode emitir debêntures simples não conversíveis (Lei nº 6.404/76, art. 59, § 1º). Cabe ao Conselho de Administração, também, aprovar contratos de consórcios, na forma do artigo 279 da Lei nº 6.404/76.

Quanto à exaustividade das competências legalmente previstas, notabilizam-se duas opiniões divergentes. Modesto Carvalhosa, ao comentar o artigo 142 entende que: "Em face do princípio da indelegabilidade de poderes (139), o elenco de matérias atribuídas pela lei ao Conselho de Administração é exaustivo e não exemplificativo".[51] Parece ser mais adequada, porém, a interpretação de Eizirik, nos seus comentários ao mesmo artigo, no sentido de que outras matérias podem ser atribuídas ao estatuto desde que não seja competência privativa de outro órgão, compatibilizando-se assim, com o princípio da indelegabilidade de poderes.[52] Esta última interpretação também é compatível com o Princípio Constitucional da Legalidade, que nin-

---

[51] CARVALHOSA, Modesto. *Comentários à lei de sociedades anônimas*: Lei nº 6.404, de 15 de dezembro de 1976, com as modificações das Leis nº 9.457, de 5 de maio de 1997 e 10.303, de 31 de outubro de 2001 – 3º Volume – Artigos 138 a 205. São Paulo: Saraiva, 2002, p. 138.
[52] EIZIRIK, Nelson. *Op. cit.*, p. 289.

guém poderá ser obrigado a fazer ou não fazer se não em virtude de lei (Constituição Federal, art. 5°, II). Destarte, outras funções que a lei não previu explicitamente nas atribuições de nenhum órgão poderão ser previstas estatutariamente, pois a vedação do artigo 139 da Lei das S.As. diz respeito às "atribuições e poderes conferidos por lei aos órgãos de administração".

Para Nelson Eizirik, o "Conselho de Administração é considerado o principal componente do sistema de governança corporativa, tendo como missão proteger e valorizar a organização".[53] Modesto Carvalhosa faz análise do Conselho de Administração sob outra perspectiva, no sentido de que, com a Lei n° 6.404/76, a criação desse órgão intermediário, no direito brasileiro, restringiu poderes da assembleia e da própria Diretoria.[54] Há de se concordar com a posição deste último, constatando-se, ainda, ser o Conselho mais uma ferramenta da sociedade anônima para separação entre propriedade acionária e o poder de controle. A existência do Conselho não significa boas práticas de governança corporativa; mesmo sociedades com Conselho de Administração podem ter políticas fracas de governança, não evitando abusos dos controladores majoritários.

Observa-se que alguns dispositivos da Lei n° 6.404/76, a respeito das competências do Conselho, condicionam àquelas atribuições a não previsão em contrário do estatuto social (por exemplo, o caso de excluir a competência de eleição e destituição dos diretores é significativo, diminuindo a efetividade do poder fiscalizatório do Conselho de Administração sobre os negócios praticados pela Diretoria). Nesse sentido, o Conselho de Administração pode ter suas competências reduzidas pelo Estatuto Social, restando poucos poderes deliberativos e definitivos para este órgão societário.

A Diretoria é o órgão executivo da sociedade anônima. São os diretores que, na forma do estatuto, terão os poderes para firmar compromissos perante terceiros e fazer, na sua pessoa, a companhia presente nas negociações do dia a dia. Hierarquicamente, são submetidos aos planos estratégicos definidos pelo Conselho de Administração que tem competência para escolher os diretores e destituí-los (conforme o inciso II do artigo 142, acima transcrito), assim como definir a sua remuneração.

Conforme já explicado, os diretores são as únicas pessoas com poderes de atuar em nome da companhia. Vale ressaltar que este poder é indelegável, não podem os diretores outorgar poderes por procuração

---

[53] EIZIRIK, Nelson. *Op. cit.*, p. 289.
[54] CARVALHOSA, Modesto. *Op. cit.*, p. 130.

a terceiros a fim de indicar outras pessoas para a administração da companhia. Os atos praticados nestas condições são anuláveis, pois é vedado outorgar procuração genérica e com amplos poderes para delegação do poder de presentar a companhia. Não existe mais a figura do "delegado" (sendo aquele que recebe todos ou quase todos os poderes do delegante) no direito societário brasileiro, que terminou sendo banido com o Código Civil de 2002.[55] Em algumas ocasiões, podem os diretores outorgar procurações com poderes específicos e definidos, devendo-se prever o prazo determinado da validade do instrumento de mandato. Somente em procurações *ad judicia* é admitido o prazo indeterminado.[56] Impõe-se concordar com a vedação do direito brasileiro à delegação integral da condição de administrador a terceiros, pois está de acordo com a lógica do direito societário, tendo em vista o fato de os administradores serem eleitos por processos previstos na lei, que seria burlado diante da possibilidade de delegação integral de administrador eleito em assembleia ou pelo Conselho de Administração.

O órgão executivo é composto por 2 ou mais membros, conforme previsão do artigo 143 da Lei das S.A., sendo que, apenas um terço do Conselho pode ser eleito ao mesmo tempo conselheiro e diretor. De outro lado, o texto legal não impõe limite de cargos na Diretoria, podendo ser composto integralmente por conselheiros.[57]

Existe posição crítica de parcela da doutrina quanto à participação concomitante de pessoas como membro do Conselho e da Diretoria. Nesse sentido, cita-se a lição de Anna Beatriz Alves Margoni e Suzana Amaral Silveira:[58]

> Embora a pouca efetividade da atuação do Conselho de Administração nas companhias seja observada pela doutrina nas mais diversas jurisdições, alguns ordenamentos parecem ter soluções mais interessantes que a do modelo brasileiro no que diz respeito à composição do Conselho de Administração.
> Na Alemanha e na Holanda, por exemplo, os membros da Diretoria e outros empregados são proibidos de integrar o Conselho de Supervisão (*Aufsichtsrat*). Na França, até 1/3 do *Conseil de Surveillence* pode ser composto por empregados e até mesmo por executivos, mas nunca pelos membros da Diretoria.

Em grandes sociedades empresárias, é comum a criação de complexa estrutura administrativa com separação de determinadas

---

[55] BORBA, José Edwaldo Tavares. *Op. cit.*, p. 130.

[56] *Idem*, p. 406.

[57] *Ibidem*.

[58] MARGONI, Anna Beatriz Alves; SILVEIRA, Susana Amaral. A Administração das Sociedades Anônimas, *in Direito Societário Contemporâneo I*. Erasmo Valladão Azevedo e Novaes França (coord.). São Paulo: Quartier Latin, 2009, p. 345.

competências entre diretores especializados (por exemplo, diretor de operação, diretor financeiro etc.). De outro lado, sociedades médias ou menores, de capital fechado, podem optar por não ter em sua composição administrativa o Conselho de Administração, sendo a Diretoria o único órgão de administração.

Por fim, vale fazer referência ao regime jurídico da relação entre administrador e companhia. Segundo o direito brasileiro, podem surgir dois tipos de relação jurídica na indicação de membros para os órgãos da administração: uma de natureza puramente societária e outra de natureza trabalhista. O assunto não é pacífico, havendo debates doutrinários sobre o assunto, pois envolve a possibilidade de incidência de normas do direito do trabalho, extremamente protetiva ao trabalhador. A questão é posta por Fábio Ulhoa Coelho,[59] dizendo que os dois regimes podem ser aplicados, dependendo da forma como é estabelecido o vínculo entre o administrador e a sociedade. Existem diretores contratados pelo regime trabalhista, incidindo todas as normas reguladoras da relação de trabalho. Por outro lado, o próprio Tribunal Superior do Trabalho entende a possibilidade de vinculo puramente societário, conforme se verifica ao interpretar o Enunciado 269 dessa Corte, no sentido de a nomeação para cargo de administração implicar suspensão do contrato de trabalho. Vale ressaltar que em sociedades de maior porte, raramente será verificada a subordinação no sentido pregado pelo direito trabalhista. Certamente que existe algum nível de hierarquia entre os órgãos administrativos e a assembleia geral de acionistas, mas raramente haverá fiscalização de jornada de trabalho e orientação rígida e específica sobre a atuação dos administradores. Além do mais, a doutrina que entende ser possível existir relação de trabalho entre administradores e a companhia contraria a teoria organicista, no sentido de que através dos administradores, a pessoa jurídica se faz presente (presentação). Por isso, embora conhecendo a realidade do direito brasileiro, em que eventualmente poderá ser reconhecido vínculo de trabalho entre administrador e a companhia, em razão do caráter exatamente protetivo do direito trabalhista, o presente estudo se posiciona no sentido de que o vínculo será de natureza unicamente societária, pois o administrador integra um órgão da companhia e não tem um contrato com a companhia. Suas obrigações decorrem das normas de direito societário, como se verá a seguir sobre os deveres dos administradores.

Por fim, cabe mencionar a existência do Conselho Fiscal, órgão interno de fiscalização da companhia, tendo como atribuições àquelas previstas no artigo, abaixo transcrito:

---

[59] COELHO, Fábio Ulhoa. *Op. cit.*, p. 241 a 244.

Art. 163. Compete ao Conselho fiscal:
I – fiscalizar, por qualquer de seus membros, os atos dos administradores e verificar o cumprimento dos seus deveres legais e estatutários; (Redação dada pela Lei nº 10.303, de 2001)
II – opinar sobre o relatório anual da administração, fazendo constar do seu parecer as informações complementares que julgar necessárias ou úteis à deliberação da assembléia-geral;
III – opinar sobre as propostas dos órgãos da administração, a serem submetidas à assembléia-geral, relativas a modificação do capital social, emissão de debêntures ou bônus de subscrição, planos de investimento ou orçamentos de capital, distribuição de dividendos, transformação, incorporação, fusão ou cisão;
IV – denunciar, por qualquer de seus membros, aos órgãos de administração e, se estes não tomarem as providências necessárias para a proteção dos interesses da companhia, à assembléia-geral, os erros, fraudes ou crimes que descobrirem, e sugerir providências úteis à companhia; (Redação dada pela Lei nº 10.303, de 2001)
V – convocar a assembléia-geral ordinária, se os órgãos da administração retardarem por mais de 1 (um) mês essa convocação, e a extraordinária, sempre que ocorrerem motivos graves ou urgentes, incluindo na agenda das assembléias as matérias que considerarem necessárias;
VI – analisar, ao menos trimestralmente, o balancete e demais demonstrações financeiras elaboradas periodicamente pela companhia;
VII – examinar as demonstrações financeiras do exercício social e sobre elas opinar;
VIII – exercer essas atribuições, durante a liquidação, tendo em vista as disposições especiais que a regulam.

### 2.2.6. Comparação com as "corporations" norte-americanas

No direito norte-americano, a estrutura administrativa em pirâmide é semelhante, sendo o *Shareholder Meeting* o equivalente à Assembleia Geral; o *Board of Directors*, ao Conselho de Administração; e o *Management*, à Diretoria. A grande diferença, por outro lado, reside nos poderes que possui o *Board of Directors* nas *Companies* americanas, sendo muito mais amplos que os poderes do Conselho de Administração brasileiro.

Vale lembrar que o direito norte-americano é dividido em vários sistemas estaduais, sendo os Estados competentes para legislar qualquer matéria, enquanto não existir Lei Federal sobre o tema. A lei federal prevalece sobre a estadual.[60] Outro aspecto importante é a maior valorização dos precedentes, pois sendo sistema jurídico de *Common Law*, a decisão judicial é a fonte principal do direito, mais importante que a Lei escrita. Esclarecem-se tais pontos, pois existem diferentes

---

[60] COOPER, John F.; PODGOR, Ellen S. *Overview of United States Law*. Newark e An Francisco: Lexis Nexis, 2009, p. 15.

regulações legais das corporações nos diferentes estados, impondo-se estudar os precedentes como complementação das normas escritas em relação ao direito societário.

De forma geral, o direito societário que regula as *Corporations* se diferencia do direito brasileiro já na forma pela qual as sociedades anônimas americanas se regulam internamente. A criação de uma S.A. americana tem como documento representativo desse ato os chamados *articles of incorporation*, sendo depois criado outro regulamento interno que é o *Bylaw*. No direito pátrio, o único documento com normas internas da companhia é o Estatuto Social.

Os *Articles of Incorporation* são apresentados perante órgão oficial de registro do Estado, a fim de conferir personalidade jurídica à companhia, devendo conter informações básicas, tais como, endereço, nome empresarial, entre outras; o *Bylaws* é mais específico, contendo os deveres e responsabilidades do *Board, Management* e acionistas, regras sobre as assembleias etc.[61] Os *Directors* poderão, segundo a Lei Modelo de Sociedades Anônimas (*Model Business Corporation Act*[62]) alterar tanto o *Bylaws* como o *Articles of Incorporation* sem necessidade de aprovação dos acionistas se não for previsto o contrário no *Articles of Incorporation* original. (§§ 10.20 e 10.03, 10.05). Entre as atribuições, os *Directors* podem até mesmo decidir pela emissão de ações e de outros títulos, bem como decidir acerca de distribuição de dividendos.[63] De outro lado, no direito brasileiro, a deliberação sobre a distribuição de dividendos é atribuição da assembleia geral, conforme o artigo 132 da Lei nº 6.404/76.

Alguns Estados Americanos, por outro lado, preferem conceder poderes exclusivos aos acionistas para deliberar em caráter definitivo sobre alteração dos *Bylaws;* outros, criam atribuições compartilhadas neste ponto.[64] Como se verá nos capítulos posteriores, os Administradores das corporações americanas podem utilizar seus poderes para impedir operações societárias de *M&A*, especificamente pela utilização das *Poison Pills*. Isso somente é possível, em muitas situações, graças a esses poderes que o *Board* tem para alterar os *Bylaws* e os *Articles of Incorporation*.

---

[61] MANCUSO, Anthony. *LLC or Corporation? How to Choose the Right Form for your Business* (Kindle Edition – e-Book). Berkeley: NOLO, 2008, Posições 1135 e 1145.

[62] *Model Business Coporation Act* disponível em <http://apps.americanbar.org/dch/committee.cfm?com=CL270000>, acessado em 01 de Agosto de 2013.

[63] HAMILTON, Robert W.; FREER, Richard D. *The Law of Corporations – in a nut shell* (Kindle Edition – e-Book). St. Paul: West, 2011, Posição 1215.

[64] HAMILTON, Robert W.; FREER, Richard D. *Op. cit.*, posição 1169.

## 3.1. Os deveres dos administradores

### 3.1.1. A origem romana dos deveres dos administradores em sociedades

O Direito Romano não teve sistematização ou estruturação teórica do direito societário, conforme tratado anteriormente nas origens históricas da sociedade anônima. Renato Ventura Ribeiro, porém, identifica figuras societárias e as primeiras regras jurídicas sobre responsabilização de administradores das antigas *societas*.[65]

Seguindo as lições de Ribeiro:[66]

> As fontes de direito romano não trazem normas expressas a respeito da administração da sociedade, razão pela qual é provável que as normas relativas à gestão negocial sejam estabelecidas no contrato. Na ausência de tais regras, a obrigação de gerir negócios sociais incumbe a qualquer sócio (*D. 17*, 2, 32), dentro dos limites do objeto social, desde que os demais não se oponham (*D.* 10, 3, 28 pr.). Mais do que uma faculdade, a gestão dos negócios sociais é, antes de tudo, uma obrigação dos sócios.

E a referida obra segue analisando as diferentes posições doutrinárias acerca da responsabilização do sócio gestor das *societas*. Cita, porém, a dificuldade da pesquisa, inexistindo entendimentos dominantes ou unânimes sobre as teorias utilizadas pelos romanos acerca dos limites da responsabilidade dos administradores, em razão das dúvidas sobre a veracidade das fontes de pesquisas históricas do direito romano. Os historiadores verificaram montagens nas fontes, dificultando a análise dessas teorias. De qualquer forma, é possível afirmar a existência dessa origem do tema aqui estudado.

### 3.1.2. Parte Geral – Deveres dos administradores das S.A.

A atividade do administrador tem relação com o poder de agir em nome da sociedade anônima e orientar seus negócios. Existe, por isso, grande relação entre controle e administração, conforme se percebe da redação do já citado artigo 116. A administração, porém, é mais que poder, nas palavras de Eizirik:[67]

> Os administradores têm o poder-dever de administrar, isto é, de praticar todos os atos, seja na esfera deliberativa superior, de planejamento e orientação dos negócios

---

[65] RIBEIRO, Renato Ventura. *Dever de Diligência dos Administradores de Sociedades*. São Paulo: 2006, p. 77 a 81.

[66] RIBEIRO, Renato Ventura. *Op. cit.*, p. 89 e 90.

[67] EIZIRIK, Nelson. *Op. cit.*, p. 257.

sociais, de competência do Conselho de Administração, seja na esfera executiva, de gestão ordinária, do dia a dia da empresa, e de sua representação, de competência dos diretores. Assim, administrar, no direito societário, importa na prática de todos os atos necessários à realização do objeto social, com finalidade lucrativa, ou seja, visando o interesse social.

Assim, a administração não é totalmente livre para agir, apesar de ter relativa discricionariedade, conforme se analisará a seguir. A sua atuação é balizada pela Lei, pelo objeto, pelo fim e pelo interesse social, atendendo-se também à função social da sociedade (art. 116, parágrafo único). Destarte, o direito brasileiro protege os acionistas minoritários contra atuações abusivas dos controladores e dos administradores que não podem agir em desacordo com esses limites.

Tendo em vista o "processo eleitoral" para escolha da administração, poderia supor-se existir dever de lealdade do administrador especificamente ao acionista que o elegeu. Os artigos 154 e 155, porém, deixam claro, existir dever de lealdade à companhia devendo ser atendido o interesse da sociedade, e não do acionista.[68] A obrigação de atuar em atenção a todos os interesses que tangenciam a companhia se assemelham às normas impostas aos acionistas, principalmente aos controladores,[69] podendo existir responsabilização pelo favorecimento indevido a determinado acionista, a terceiro ou ao próprio administrador. Inclusive existem estudiosos da Governança Corporativa que defendem a necessidade de compor os órgãos administrativos com membros independentes, a fim de não estarem vinculados a interesses pessoais de acionistas ou deles mesmos enquanto administradores.[70] Impõe-se analisar o conceito de interesse social, a fim de saber o interesse a ser atendido pelo dever de lealdade, analisado adiante.

A sociedade anônima é organização em que se verifica diversidade de interesses, desde interesses privados dos acionistas até o interesse social. Assim, o artigo 154 determina que o administrador tem o dever de "exercer as atribuições que a lei e o estatuto lhe conferem para lograr os fins e o interesse da companhia, satisfeitas as exigências do bem público e a função social da empresa".[71]

O objeto social é a delimitação da atividade econômica desenvolvida pela sociedade e está previsto no estatuto social. Já o interesse e o fim social são conceitos tratados como sinônimos pela doutrina, sendo difícil separá-los e diferenciá-los. Importante é a análise das teorias

---

[68] CARVALHOSA, Modesto. *Op. cit.*, p. 296.
[69] BORBA, José Edwaldo Tavares. *Op. cit.*, p. 414.
[70] MARGONI, Anna Beatriz Alves; SILVEIRA, Susana Amaral. *Op. cit.*, p. 351.
[71] REQUIÃO, Rubens. *Curso de Direito Comercial* – 2º Vol. São Paulo: Saraiva, 2005, p. 212.

acerca do interesse social, um dos grandes embates teóricos do século passado que se manifestaram em duas grandes correntes: a contratualista e a institucionalista.

A teoria contratualista foi desenvolvida e predominantemente defendida pelos italianos e fixava seu entendimento no sentido de o interesse social ser o interesse do conjunto dos sócios, não existindo outro interesse superior ao destes agentes. O mestre italiano Ascarelli defendeu a teoria do ato de criação da sociedade como tendo natureza jurídica de contrato plurilateral.[72] Ao defender o interesse social, portanto, fê-lo sob a perspectiva contratualista. Originalmente, falava-se somente em interesse dos sócios atuais. Em seguida, nova corrente contratualista passou a se preocupar com a preservação da empresa, reconhecendo ser parte do interesse social o interesse dos sócios futuros, aproximando-se do institucionalismo. Ainda, com a integração da sociedade anônima ao mercado de capitais, contratualistas importantes, como Jaeger, revendo sua teoria, passaram a entender a necessidade de valorização das ações no mercado como sendo o real interesse social.[73] Esta última posição é determinista e reducionista, pois o mercado de capitais tem movimentos especulatórios que não podem ter tal relevância, parecendo, portanto, inadequado ser este o único interesse da companhia. Por fim, ainda na corrente contratualista, vale ressaltar o que menciona Erasmo Valladão Azevedo e Novaes França, no sentido de não se tratar apenas da soma de interesses dos sócios ou o interesse individual de cada sócio, sendo que a doutrina "acrescenta que o interesse social é o interesse comum dos sócios *enquanto sócios* (*uti socii* e não *uti individui*)".[74]

A teoria institucionalista afirmava que o interesse social era mais que o interesse dos sócios, reconhecia como sendo interesses da sociedade interesses antes tidos como externos, tais como o direito dos trabalhadores e o da comunidade. A teoria institucionalista foi desenvolvida a partir dos estudos de Rathenau pela sua preocupação em relação à grande empresa. Primeiro, a teoria teve a fase chamada publicista[75] que praticamente esvaziou a força da assembleia geral, pois o interesse dos sócios ficava em segundo plano, sendo o interesse social o da própria empresa e da nação (teoria do "interesse social da empresa em si"). O interesse social da grande companhia deveria

---

[72] ASCARELLI, Tullio. *Op. cit.*, p. 255 a 312.

[73] SALOMÃO FILHO, Calixto. *O Novo Direito Societário*. São Paulo: Malheiros, 2011, p. 31.

[74] FRANÇA. Erasmo Valladão Azevedo Novaes. *Conflito de Interesses nas Assembléias de S.A.* São Paulo: Malheiros, 1993, p. 37.

[75] SALOMÃO FILHO, Calixto. *Op. cit.*, p. 32.

ser a perseguição de um fim próprio, de criação de riqueza para a comunidade, trabalho e promover o desenvolvimento científico.[76] Como exemplo prático, Rathenau citava a situação hipotética da dissolução do *Deutsche Bank*, sustentando que mesmo sendo respeitados os requisitos legais formais, deveria o governo alemão "avocar para si a questão, no intuito de assegurar a preservação da empresa".[77] Depois, o instuticionalismo evoluiu para a fase organizativa,[78] reforçando a proteção aos sócios, mas ainda com reconhecimento de interesses superiores aos interesses privados dos acionistas como sendo interesse social. Trata-se de doutrina com inspiração na posição de Gierke, denominada de teoria da "pessoa em si". Para esta corrente, trata-se de interesse interno, e não externo à sociedade.[79] Outras versões dessa corrente também são encontradas na doutrina, como a "teoria da empresa acionária", em que "Hausmann negava que a empresa fosse titular de interesses, mas via confluir na empresa sujeitos diversos, titulares de um interesse comum, ou seja, além dos acionistas, os mesmo da administração, os credores e os trabalhadores e seus dependentes".[80] Erasmo A. V. França cita ainda a teoria da instituição, desenvolvida primeiramente no âmbito do direito público, estendida por alguns doutrinadores da França e Itália para o direito privado, definindo como instituição toda a organização social, estável, com separação de poderes.[81] O direito alemão é o que mais acolhe a teoria institucionalista,[82] tanto é verdade que as grandes companhias devem ter seus Conselhos de administração formados paritariamente por representantes dos sócios e dos trabalhadores (mas em caso de empate, o presidente do Conselho, que representante dos acionistas, tem o voto de desempate).[83]

Calixto Salomão Filho descreveu a teoria do contrato organização.[84] Ele parte da teoria da sociedade como nexos de contratos pela qual, segundo Michael C. Jensen e William H. Meckling, as organizações são, apenas, ficções legais que servem como nexo para organizar

---

[76] JAEGER, Pier Giusto. *L'Interesse sociale*. Milano: Giuffrè, 1972, p. 19.

[77] ZANINI, Carlos Klein. *A dissolução judicial da sociedade anônima*. Rio de Janeiro: Forense, 2005, p. 95.

[78] SALOMÃO FILHO, Calixto. *Op. cit.*, p. 34.

[79] FRANÇA, Erasmo Valladão Azevedo e Novaes. *Op. cit.*, p. 27.

[80] *Idem*, p. 28.

[81] *Idem*, p. 30.

[82] SALOMÃO FILHO, Calixto. *Op. cit.*, p. 35.

[83] FRANÇA, Erasmo Valladão Azevedo e Novaes. *Op. cit.*, p. 29.

[84] SALOMÃO FILHO, Calixto. *Op. cit.*, p. 44.

contratos entre indivíduos.[85] Com essa inspiração, Calixto entende que consiste "o interesse social ao interesse à melhor organização possível do feixe de relações envolvidas pela sociedade, esse jamais poderá ser identificado como interesse à maximização dos lucros ou com o interesse à preservação da empresa".[86]

O direito brasileiro parece timidamente querer reconhecer a teoria institucionalista, pois prevê que o controle deve ser exercido atendendo aos interesses dos trabalhadores, da comunidade, além do interesse dos acionistas. Por outro lado, são poucos os mecanismos legais efetivos para a proteção desses interesses como legítimos interesses da sociedade anônima. Assim, a palavra da lei acaba sendo isolada, pois não tem mecanismos estruturais, não há obrigatoriedade em se permitir que representante dos trabalhadores participe dos Conselhos de administração da companhia, sendo, na prática, o interesse social manifestado como interesse do conjunto de sócios, ficando os demais interesses protegidos por mecanismos externos por meio da fiscalização estatal.

O Professor Erasmo França adota posição entre as duas teorias, pendendo para a posição institucionalista do "direito da empresa acionária", afirmando que deve ser analisada a questão, ainda, com base no tipo e na característica da sociedade anônima em cada caso concreto, tendo em vista os diferentes interesses que são postos em jogo nas grandes companhias, especialmente as de capital aberto.[87]

A posição adotada no presente estudo é a contratualista, no sentido de que o interesse social é primordialmente o interesse dos acionistas enquanto acionistas, ou seja, o interesse comum dos sócios, de acordo com o objeto social previsto no estatuto. Os interesses externos à companhia, como a própria linguagem transparece, não são da companhia, e devem ser tutelados pelo direito como o direito tutela os valores gerais da sociedade. Quando o direito penal protege a vida e prevê punição para quem comete o crime de homicídio, está sancionando a pessoa privada pela tutela de interesse externo a esse indivíduo. Afinal, parte-se do princípio lógico que ninguém atua livremente contra seu próprio interesse. O mesmo raciocínio merece ser utilizado no reconhecimento do interesse social. O direito dos trabalhadores é interesse dos próprios trabalhadores, o interesse da economia do Es-

---

[85] JENSEN, Michael C.; MECKLING, William H. *Theory of the Firm*: Managerial Behavior, Agency Costs and Ownership Structure. Disponível em: <http://papers.ssrn.com/sol3/papers.cfm?abstract_id=94043>, acessado em 17 de junho de 2013, p. 8.

[86] SALOMÃO FILHO, Calixto. *Op. cit.*, p. 45.

[87] FRANÇA, Erasmo Valladão Azevedo e Novaes. *Op. cit.*, p. 50 a 53.

tado nacional é do próprio Estado; e o interesse da companhia é o do conjunto dos seus acionistas enquanto organização coletiva de sócios que quando o seu interesse for violador do direito de outrem, deverá ser sancionado pelo direito, com a resposta razoável, adequada e capaz de reparar amplamente os eventuais danos causados. Se forem internalizados todos esses interesses, as sociedades anônimas jamais poderiam demitir seus trabalhadores ou trocar sua administração, sem que a demissão viesse pela iniciativa própria de quem demite (ou seja, autodemissão).

Sobre este aspecto, por fim, conceito também debatido e análogo ao interesse social é o da função social, que por vezes é confundido com a responsabilidade social. A sociedade anônima é o mecanismo mais eficiente de organização empresarial, concordando-se, portanto, com defensores da análise econômica do direito, ao referirem que:

> "Função social" equivale a dizer que uma determinada companhia se propõe ao exercício de determinada atividade, de forma lícita e eficaz, gerando empregos e tributos, produzindo riquezas e satisfazendo os interesses de seus acionistas. Enfim, atendendo às necessidades do mercado e da sociedade. Assim fazendo, a companhia cumpre sua função quando produz, industrializa ou revende as mercadorias ou presta os serviços propostos em seu estatuto. Além disso, a companhia deve garantir que a realização de sua atividade deverá vir acompanhada de negócios lícitos, nos quais serão gerados tributos devidos em função da atividade econômica desempenhada. Para que a atividade possa se desenvolver, é necessário que também seja exercida de forma a maximizar os ganhos e lucros da sociedade e, por consequência, dos acionistas. Essa é a função social da companhia. Para isso, investidores aplicam seus recursos na aquisição de ações Não é outro o objetivo, senão o de capitalizar seu investimento.[88]

Após analisada a questão do interesse social que orienta a companhia, pode-se examinar as regras dos deveres dos administradores das S.As. De uma forma geral, diz-se que os administradores têm deveres fiduciários perante a companhia e seus acionistas. O termo se refere ao conjunto de deveres nos quais se incluem os deveres de diligência, lealdade e boa-fé.

Essa estruturação da teoria dos deveres fiduciários tem influência da teoria dos *fiduciary duties* aplicadas nas companhias norte-americanas e inglesas. Primeiro se desenvolveram o *duty of care* e o *duty of loyalty*, e posteriormente veio a teoria do *duty of good faith*. No âmbito do direito dos Estados Unidos da América, os *fiduciary duties* aplicáveis hoje ao direito societário foram importados de outro instituto jurídico da *common law*: o *Trust*. O *trust* é um instituto que permite delegar a administração de patrimônio a terceiro em nome de um benefi-

---

[88] CATEB, Alexandre Bueno. Análise Econômica da Lei de Sociedades Anônimas in *Direito e Economia*. Luciano Benetti Timm (Org.). Porto Alegre: Livraria do Advogado, 2008, p. 268.

ciário, devendo o *trustee* praticar os atos em atenção aos interesses do beneficiário, numa típica relação de fidúcia. Percebe-se a existência de semelhança entre o papel do *trustee* e dos membros da administração das companhias, tendo em vista a necessidade de atuar em favor dos acionistas e da companhia, e não em benefício próprio.

O direito dos Estados Unidos não tinha muita preocupação em discutir as teorias do interesse social referidas nos parágrafos anteriores. Tais criações doutrinárias ocorreram nos ordenamentos de tradição Romano-Germânicas. A teoria norte-americana sobre atuação dos administradores se desenvolveu primordialmente na Jurisprudência e secundariamente na doutrina, sempre sob a perspectiva tradicional dos deveres fiduciários dos administradores perante aos acionistas e somente a eles. Mas as normas também foram interpretadas por alguns especialistas norte-americanos, na defesa de consideração de outros interesses ao analisar os deveres fiduciários.[89] A intenção de alargar os deveres fiduciários, porém, foi alvo de muitas críticas, tendo em vista a visão pragmática com que os juristas americanos tratam o direito, mantendo-se predominantemente as posições tradicionais daqueles países.

### 3.1.3. Dever de diligência

O dever de diligência é o dever de cuidado na condução dos negócios da companhia. Conforme afirma Alexandre Couto Silva, trata-se do dever básico do administrador da sociedade.[90] Esta obrigação do administrador está prevista de forma expressa no direito brasileiro no artigo 153 da Lei n° 6.404 de 1976, *infra*:

> Art. 153. O administrador da companhia deve empregar, no exercício de suas funções, o cuidado e diligência que todo homem ativo e probo costuma empregar na administração dos seus próprios negócios.

Dessa redação, surge o debate sobre o nível de diligência exigido, ou seja, qual o padrão de cuidado do homem ativo e probo empregado na administração de negócios. O referido texto legal cita o dever do homem ativo e probo em relação aos seus próprios negócios, sendo

---

[89] MACEY, Jonathan R. An economic analysis of the various rationales for making shareholders the exclusive benefciaries of corporate fiduciary duties, *21 Stetson L. Rev.* 23 1991-1992, disponível em <http://heinonline.org>, acessado em 30 de julho de 2012, p. 2.

[90] SILVA, Alexandre Couto. *Responsabilidade dos Administradores de S/A – Business Judgement Rule*, Rio de Janeiro: Elsevier, 2007, p. 15.

interpretado como o padrão do *bonus paterfamilias* pela posição majoritária, conforme cita Renato V. Ribeiro.[91]

Este autor alerta, no entanto, que existe uma distorção da visão atual do padrão romano, pois o nível de diligência exigido ao *bonus paterfamilias* era elevado na época de Justiniano. Não havia meio-termo nem graduação da culpa, ou é diligente ou não é, tratando-se, portanto, de elevado nível de responsabilidade. Segundo a lição de Renato V. Ribeiro, exigia-se do *bonus paterfamilias* o resultado, não se tratando obrigação de meio.[92]

Os autores, em verdade, que defendem o nível de diligência na administração das sociedades empresárias atuais do padrão *bonus paterfamilias* consideram ser este o padrão do homem médio. Utilizam, portanto, o conceito modificado em relação à teoria romana original, citada por Renato Ventura Ribeiro. Não concordamos com este posicionamento, pois entendemos ser exigida a diligência de administrador profissional, especialmente em se tratando de sociedade anônima aberta, concordando, portanto com o mesmo doutrinador recém-citado.[93] Também entende nesse mesmo sentido Nelson Eizirik, ensinando que "o bom pai de família deve procurar manter o patrimônio, já o administrador da companhia deve buscar multiplicá-lo".[94] Não se pretende, no entanto, exigir algum conhecimento técnico de perito em algum assunto específico, pois a atividade de administração, de forma geral, impõe a capacidade de tomar decisões, mesmo em assuntos em que o administrador não possui conhecimento técnico. Nesse sentido, voltamos a fazer referência à obra de Ribeiro:[95]

> O administrador, profissional ou não, é uma pessoa com conhecimentos gerais. Como são variados os assuntos relativos à empresa, não se pode exigir do administrador conhecimento técnico específico para cada um deles, como ser perito em contabilidade, administração financeira, balanço etc.
> Assim, em geral, deve exigir-se do administrador apenas a capacidade de tomar decisões, mesmo sobre assuntos que não são de sua especialidade. A decisão do administrador nada mais é do que uma opção, dentre duas ou mais possibilidades, na qual se deve decidir pelo melhor para a sociedade, calculando-se o risco e a possibilidade de retorno. Para tanto, pode e deve ser amparado por técnicos [aqui, o autor faz referência à Bonelli, *Responsabilità degli amministratori delle società per azioni,Milano, Giuffrè, 1992, p. 62*]. Tudo isto deve ser mensurado em cada caso concreto e varia conforme a atividade, tamanho e situação da empresa.

---

[91] RIBEIRO, Renato Ventura. *Op. cit.*, p. 244.
[92] *Idem*, p. 211 a 213.
[93] *Idem*, p. 246.
[94] EIZIRIK, Nelson. *Op. cit.*, p. 350.
[95] RIBEIRO, Renato Ventura. *Op. cit.*, p. 204 e 205.

Carvalhosa ensina que o dever de diligência não é conceito rígido, mudando ao longo do tempo em razão dos diferentes costumes e das novas relações econômicas e políticas.[96] A diligência não é algo determinado, mas, sim, a adoção de padrão de comportamento. A previsão deste nível de conduta na atuação do administrador revela ainda que as obrigações dos conselheiros e dos diretores das sociedades anônimas são obrigações de meio, e não de resultado.[97] Devem ser diligentes e empregarem seus melhores esforços para atingir o resultado lucro para a companhia, porém, se cumprirem seus deveres, não podem ser responsabilizados pelo insucesso. A busca pelo lucro, previsto no artigo 2º da Lei das S.As. também revela que os administradores devem ser encorajados a assumirem riscos em nome da sociedade, pois, em atividades econômicas, o lucro remunera o risco.

A indeterminação desse dever também é presente no direito norte-americano, onde o conceito de *duty of care* varia conforme cada caso específico. A Corte Suprema de Nova Iorque (em *Litwin v. Allen*, 25 N.Y.S.2d 667 N.Y. Sup. Ct. 1940), citada em texto do Ex-Julgador da Suprema Corte de Delaware,[98] assim tratou a respeito dessa maleabilidade do dever de diligência:

> In the last analysis, whether or not a director has discharged his duty, whether or not he has been negligent [i.e., violated the duty of care], depends upon the facts and circumstances of a particular case, the kind of corporation involved, its size and financial resources, the magnitude of the transaction, and the immediacy of the problem presented. A director is called upon "to bestow the care and skill" which the situation demands.[99]

Houve, inclusive, quem criticasse a imprecisão do conceito no sistema jurídico dos Estados Unidos da América. Conforme faz referência Tamar Frankel, posições doutrinárias criticaram o padrão impreciso de atuação dos administradores, no sentido de que o *duty of care* pode significar qualquer coisa, correndo-se o risco de decisões

---

[96] CARVALHOSA, Modesto. *Op. cit.*, p. 268.

[97] EIZIRIK, *Op. cit.*, p. 349.

[98] HORSEYTHE, Henry Ridgely. Duty of care component of the delaware business judgment rule *in Delaware Journal of Corporate Law*, disponível em <http://heinonline.org>, acessado em 30 de julho de 2012, p. 7.

[99] Em tradução livre: "Na análise final, se o administrador violou ou não seu dever, se foi ou não negligente [i.e., violou o dever de diligência], depende dos fatos e circunstâncias do caso particular, o tipo de companhia envolvida, o seu tamanho e seus recursos financeiros, a magnitude da transação e a urgência do problema apresentado. O conselheiro é chamado a empregar cuidado e habilidade que a situação exige".

injustas ou de impunidade, graças à falta de clareza da regra. Normas vagas, segundo os críticos, são ineficientes.[100]

No presente estudo, adotar-se-á posição favorável ao padrão indeterminado do dever de diligência. Isso não significa defender a falta de responsabilização. O padrão necessário de cuidado depende da análise do caso concreto, conforme o entendimento da decisão da Suprema Corte de Nova Iorque supracitada. Os administradores devem se informar acerca dos negócios e adotar todos os cuidados que administradores profissionais adotariam. O nível de procedimentos formais e as medidas a serem tomadas terão relação com o nível do negócio praticado, os valores envolvidos, o risco do negócio, entre outros aspectos. A título de exemplo, não seria razoável exigir sempre a contratação de especialista em determinado assunto, quando o custo da contratação superar o benefício auferido na medida tomada e o risco for pequeno, podendo o administrador avaliar estes fatores com base nas informações obtidas internamente por sua equipe. A conduta deve ser informada, mas a forma como se buscarão tais informações pode variar de caso a caso. Isso quer dizer que não podem agir com culpa na condução de negócios da companhia. Não se pode pretender responsabilizar os administradores por não terem todas as informações, sendo considerado atendido o dever de diligência quando o membro da administração obteve todas as informações razoavelmente disponíveis. O rigor demasiado a respeito de informações exaustivas pode até mesmo inviabilizar negócios proveitosos para a companhia, podendo levá-la à paralisia, violando o critério de razoabilidade.[101]

O dever de fiscalizar as informações obtidas também integra o dever de diligência exigido na norma societária.[102] Isso diz respeito ao procedimento de obtenção e análise das informações para a tomada de decisões. O administrador deve analisar as informações obtidas e quando houver suspeita acerca de algum fato que possa causar prejuízos à sociedade, deve realizar investigação detalhada e minuciosa, surgindo outro dever, também inserido no dever geral de diligência, que é o de vigiar. O administrador deve fiscalizar o desenvolvimento da atividade econômica da companhia, devendo proceder ao "acompanhamento geral dos negócios sociais e de suas políticas ou procedimentos internos".[103] Vale dizer, a fiscalização também não necessita

---

[100] FRANKEL, Tamar. Corporate Directors' Duty of Care: The American Law Institute's Project on Corporate Governance *in The George Washington Law Review* – v. 52:705, Disponível em <http://heinonline.org>, acessado em 30 de Julho de 2012, p. 5.

[101] EIZIRIKI, Nelson. *Op. cit.*, p. 354.

[102] *Idem*, p. 355.

[103] *Idem*, p. 356.

ser minuciosa de todos os elementos da atividade, devendo tornar-se minuciosa, apenas, quando houver suspeita razoável de risco de prejuízo significativo para a companhia.

A Lei não exige especialização do administrador em nenhuma área específica, mas há de se ressaltar que quando administrador detém alguma especialidade, e foi contratado para agir na sua área de expertise, obviamente, terá de agir de acordo com as normas técnicas[104] da sua especialização.

A flexibilidade do dever de diligência tem também a função de encorajar os administradores a assumirem riscos, pois somente dessa forma pode-se almejar maior lucratividade da sociedade anônima. Neste aspecto, Alexandre Couto Silva faz referência à reforma do *Revised Model Business Corporation Act* da retirada do termo "pessoa média e prudente" da regra, mantendo o dever de agir nos melhores interesses da companhia:

> A justificativa para exclusão de tal referência se deu em razão de poder implicar um padrão de cautela e não assunção de risco pelo administrador de forma exagerada no processo de tomada de decisão. A alteração visou a encorajar administradores a assumirem maiores riscos quando acreditarem que é no melhor interesse da companhia. Entende-se que a correção da decisão está validade na expressão "melhor interesse da companhia". A seção § 8.10 (b) foi alterada para que os administradores quando estiverem informados sobre o processo de tomada de decisão ou quando devotarem atenção suficiente para o processo de supervisão – fossem dispensados de seus deveres, quando agirem com o cuidado que uma pessoa em igual posição deveria razoavelmente entender como adequado em circunstâncias similares.[105]

No direito daquele país, existem diferentes níveis de diligência. Percebe-se a existência de dois padrões mais comentados, o nível de *ordinary care* e de *gross negligence*. *Gross Negligence* é um padrão menor de diligência, pois exige o erro grosseiro para responsabilização, enquanto o nível de diligência "ordinária" é mais elevado em razão de erros menores já serem alvo de responsabilização, ainda que não se esteja a converter o padrão de cuidado em obrigação de resultado. Exemplo desses diferentes níveis é o debate promovido em recentes alterações das normas reguladoras da *Limited Liabilty Companies* do Estado da Califórnia (trata-se do tipo societário semelhante à Sociedade Limitada do Direito Brasileiro).[106]

---

[104] RIBEIRO, Renato Ventura. *Op. cit.*, p. 188.

[105] SILVA, Alexandre Couto. *Op. cit.*, p. 16 e 17.

[106] SCOTTEN, Donald M.; JELSMA, Phillip L. *A First Look at What May Be California's New Limited Liability Company Act in Business Law News – The State Bar of California – Issue* 1 – 2009, disponível em <http://www.sublimedesignsmedia.com/images/original/bln.pdf>, acessado em 29 de maio de 2013, p. 22.

Vale notar, no direito americano, que há direta relação entre a análise do dever de cuidado e a teoria da *business judgement rule*. A *business judgement rule* é um conceito jurídico que estabelece presunção em favor dos administradores. Certamente, não se trata de presunção absoluta e, sim, relativa, podendo ser quebrada se em ação judicial de responsabilidade dos administradores ficar demonstrada a quebra desses deveres. Nesse sentido, eis o conceito dado por Oesterle:[107]

> The business judgement rule protects decisions of the board of directors from being set aside by courts and protects directors from personal liability should a business decision lead to unfortunate results. It is a presumption that courts will not interfere with, or second-guess, business decisions made by directors.[108]

Embora ainda não se tenha adentrado nos deveres de lealdade e boa-fé, opta-se por analisar a *business judgement rule* neste item, pois tal presunção tem forte impacto no padrão de conduta na tomada de decisões sob o aspecto do dever de cuidado. Trata-se da máxima jurídica de que falhas serão admitidas em decisões negociais dos administradores, se atendidos os deveres fiduciários:[109]

> Section 720 (a) (1) (A) of Business Corporation Law permits an action against directors for "the neglect of, or failure to perform, or other violation of his duties in the management and disposition of corporate assets committed to his charge."This does not mean that a director is chargeable with ordinary negligence for having made an improper decision, or having acted imprudently. The "neglect" referred to in the statute is neglect of duties (i.e., malfeasance or nonfeasance) and not misjudgment.
> (Kamin v. Marican Express Company, 86 Misc. 2d 809, 383 N.Y.S. 2d 807, affirmed 54 A.D. 654, 387 N.Y.S.2d 993 (1st Dept. 1976).[110]

---

[107] OESTERLE, Dale, A. *Mergers and Acquisitions in a Nutshell*. St. Paul: Thomson/West, 2006, p. 230.

[108] Em tradução livre: A *business judgement rule* protege as decisões do Conselho de Administração da interferência do Judiciário, bem como protege os administradores de responsabilização pessoal no caso de a decisão negocial ter tido resultados indesejados. Trata-se de presunção de que as cortes não interferirão nem revisarão decisões negociais da administração das companhias.

[109] KLEIN, William A.; RAMSEYER, J. Mark; BAINBRIDGE, Stephen M. *Business Associations – Agency, Partnerships, and Corporations – Cases and Materials*. New York: Foundation Press, 2009, p. 312.

[110] Em tradução livre: A *Section 720 (a) (1) (A) of Business Corporation Law* permite uma ação contra os membros do Conselho de Administração pela "negligência ou falha em de agir, ou violação aos deveres fiduciários na administração e disposição dos ativos corporativos sob sua responsabilidade. "Isso não significa que o administrador pode ser processado por qualquer tipo de negligência nem por qualquer tipo de decisão considerada inapropriada, ou imprudente. A "negligência" referida na legislação é a negligência em relação aos deveres (e.g. prevaricação ou dolo) e não equívoco no julgamento (Kamin v. Marican Express Company, 86 Misc. 2d 809, 383 N.Y.S. 2d 807, Mantida, 54 A.D. 654, 387 N.Y.S.2d 993 (1st Dept. 1976).

As Cortes Americanas entendem que não podem revisar todas as decisões negociais com resultados indesejados, levantando um aspecto formal do dever de cuidado. Vale dizer, a *business judgement rule* opera a favor dos administradores que atuaram procedimentalmente de forma razoável, informando-se com os dados disponíveis no momento da decisão. Confirmando esta percepção, eis a lição de doutrina americana, citando precedente jurisprudencial:[111]

> Because of the BJR, a court addressing a claim that a management decision breached the duty of care focuses on process, and not on substance of the decision. A good example is Shlensky v. Wrigley, 237 N.E.2d 776 (Ill. App. 1968), in which a shareholder sued management of the Chicago Cubs, asserting that its decision not to play night baseball hurt business. Long after every other major league team installed lights and played night games, the Cubs clung to the allure afternoon games. (...) The court dismissed the claim under the BJR, and emphasized that it had no authority to review the substantive merit of the management decision.[112]

Em complemento, afirma-se que a presunção a favor do administrador será aplicada quando não houver conflito de interesses e má-fé.

No direito brasileiro, o artigo 158 da Lei nº 6.404/76 fala em não responsabilização do administrador pelo "ato regular de gestão". Trata-se de internalização legal da teoria da *business judgement rule* desenvolvida no direito comparado. Além desse artigo, o artigo 159, § 6º, confirma a aplicação da regra pela possibilidade de o Juiz excluir a responsabilidade do administrador quando "convencido de que este agiu de boa-fé e visando ao interesse da companhia". Waldírio Bulgarelli criticou esta previsão da lei societária, entendendo que seria mais adequado aplicar as normas gerais da exclusão de responsabilidade, ou seja, somente por casos de força maior e caso fortuito.[113] No entanto, merece apoio a posição doutrinária a favor da teoria de exclusão da responsabilidade do administrador por aplicação do ato regular de gestão, a versão brasileira da *business judgement rule,* para "evitar que pessoas capazes fiquem com receio de administrar uma companhia,

---

[111] HAMILTON, Robert W.; FREER, Richard D. *Op. cit.*, Posição 2310 e 2322.

[112] Em tradução livre: "Em razão da *business judgement rule*, a Corte analisará o pleito de que a decisão administrativa violou deveres de cuidado sob o enfoque procedimental e, não, a substância da decisão. Um bom exemplo é o precedete Shlensky v. Wrigley, no qual um acionista processou a administração do Chicago Cubs, alegando que a decisão de o time de basebol não realizar jogos a noite prejudica os negócios do clube. Já havia tempo que outros clubes da liga haviam instalado luzes nos estádios para jogar a noite, . Long after every other major league team installed lights and played night games, porém os 'Cubs' seguiam 'fascinados' em jogar à tarde. (...) A Corte julgou improcedente o pedido com base na *business judgement rule*, enfatizando que não tinha autoridade para revisar o conteúdo substantivo de mérito da decisão negocial".

[113] BULGARELLI, Waldírio. *Manual das sociedades anônimas*. São Paulo: Atlas, 1991, p. 164.

sabendo que poderão colocar em risco ou até perder todo o patrimônio pessoal quando assumirem qualquer risco, mesmo que inerente à atividade da companhia".[114]

Os incisos do artigo 158 trazem as exceções, prevendo os casos de responsabilização civil que devem ser analisados em combinação com o artigo 159, § 6º, *supra* mencionado, nos seguintes termos:

> Art. 158. O administrador não é pessoalmente responsável pelas obrigações que contrair em nome da sociedade e em virtude de ato regular de gestão; responde, porém, civilmente, pelos prejuízos que causar, quando proceder:
> I – dentro de suas atribuições ou poderes, com culpa ou dolo;
> II – com violação da lei ou do estatuto.
> § 1º O administrador não é responsável por atos ilícitos de outros administradores, salvo se com eles for conivente, se negligenciar em descobri-los ou se, deles tendo conhecimento, deixar de agir para impedir a sua prática. Exime-se de responsabilidade o administrador dissidente que faça consignar sua divergência em ata de reunião do órgão de administração ou, não sendo possível, dela dê ciência imediata e por escrito ao órgão da administração, no Conselho fiscal, se em funcionamento, ou à assembléia-geral.
> § 2º Os administradores são solidariamente responsáveis pelos prejuízos causados em virtude do não cumprimento dos deveres impostos por lei para assegurar o funcionamento normal da companhia, ainda que, pelo estatuto, tais deveres não caibam a todos eles.
> § 3º Nas companhias abertas, a responsabilidade de que trata o § 2º ficará restrita, ressalvado o disposto no § 4º, aos administradores que, por disposição do estatuto, tenham atribuição específica de dar cumprimento àqueles deveres.
> § 4º O administrador que, tendo conhecimento do não cumprimento desses deveres por seu predecessor, ou pelo administrador competente nos termos do § 3º, deixar de comunicar o fato a assembléia-geral, tornar-se-á por ele solidariamente responsável.
> § 5º Responderá solidariamente com o administrador quem, com o fim de obter vantagem para si ou para outrem, concorrer para a prática de ato com violação da lei ou do estatuto.

A teoria geral da responsabilidade civil é matéria típica de direito civil. Os pressupostos para responsabilização civil são ação ou omissão, dano e nexo de causalidade. Nos termos do artigo 186 do Código Civil Brasileiro, "Aquele que, por ação ou omissão voluntária, negligência ou imprudência, violar direito e causar dano a outrem, ainda que exclusivamente moral, comete ato ilícito".

Existe, ainda, a diferença entre responsabilidade subjetiva e objetiva, que se analisa com base na necessidade de verificação da culpa. Na teoria subjetiva, exige-se o ato culposo; na objetiva, basta o dano e o nexo de causalidade, dispensando-se o elemento culpa. O texto legal fala na necessidade de culpa ou dolo, a não ser que o dano resulte

---

[114] SILVA, Alexandre Couto. *Op. cit.*, p. 142.

de violação da lei ou do estatuto, onde a norma não exige o elemento subjetivo.

A culpa é verificada, no caso prático, quando se considera que o resultado danoso não teria ocorrido se o agente tivesse tomado os cuidados que normalmente se exigem. Por outro lado, se aquele resultado é algo totalmente inesperado ou extraordinário, não há como considerar que a conduta não observou o dever objetivo de cuidado, uma vez que nesse caso, não seria normal prever a ocorrência deste fato. A ideia de previsibilidade é unanimidade na doutrina. Entende-se não haver culpa quando há imprevisibilidade. Diz Venosa:

> Quando as conseqüências da conduta são imprevistas ou imprevisíveis, não há como configurar a culpa. A previsibilidade integra sempre a definição de culpa. Esse é o centro da atenção do julgador no caso concreto, nem sempre fácil de definir.[115]

Sobre este aspecto, Sérgio Cavalieri afirma que se não foi previsto o resultado, deve ser pelo menos previsível. Eis as palavras do mestre:

> Não sendo previsto, o resultado terá que, pelo menos, ser previsível. Este é o limite mínimo da culpa – a previsibilidade, entendendo-se como tal a possibilidade de previsão. Embora não previsto, não antevisto e, conseqüentemente, evitado.[116]

Este autor ainda chama a atenção de que a previsibilidade não é genérica, como alguma coisa que pode vir a acontecer em algum momento. Ela deve ser considerada no fato concreto, se, no momento da conduta do causador do dano, era possível prever aquele resultado. Se for possível prever o resultado num caso específico, é porque era ele possível de ser evitado, se observada a diligência mínima e esperada de qualquer pessoa; logo, confirma-se a existência de culpa.

Outro aspecto importante na conceituação de culpa consiste na habilidade e conhecimento da pessoa que age. Com isso se quer dizer que a pessoa média não deve agir, quando, para isto, necessitar de um conhecimento que não tem ou alguma habilidade que não possui. Isso pode valer para um médico que não tem especialização para operar uma cirurgia plástica e o faz, ou para alguém que tem uma série deficiência visual e tenta dirigir um carro, entre tantos exemplos fornecidos pela doutrina e pelo próprio dia a dia.

Com estes elementos percebe-se que a culpa se exterioriza na conduta humana de três formas: imprudência, negligência e imperícia. Em relação à forma como se apresenta, Arnaldo Rizzardo afirma

---

[115] VENOSA, Sílvio de Salvo. *Direito Civil* v. IV, 6ª ed. São Paulo: Atlas, 2006, p. 25.

[116] CAVALIERI FILHO, Sérgio. *Programa de responsabilidade civil*. 5ª ed. São Paulo: Malheiros, 2004, p. 54 e 55.

que seus conceitos se confundem e se entrelaçam.[117] Mesmo assim, com esta mescla de conceitos destacada pelo autor, considera-se que a imprudência ocorre numa conduta comissiva, é uma precipitação, ou seja, o agir impensado. Alguns mestres utilizam a expressão "agir primeiro para pensar depois" e, desta forma, já está causado o dano e configurada a conduta culposa. Na negligência, se verifica a mesma falta de cuidado, mas agora numa conduta negativa. A imperícia ocorre nos casos de falta de habilidade e está, na maioria dos casos, ligada a uma atividade profissional, ou pelo menos à exigência de um conhecimento técnico. Age com imperícia aquele que não está qualificado, ou melhor, habilitado tecnicamente para praticar aquela atividade. Cavalieri utiliza a expressão "falta de habilidade no exercício de atividade técnica, caso em que se exige, de regra, maior cuidado ou cautela do agente".[118]

Em relação às espécies de culpa, Cavalieri separa em: *culpa in eligendo, culpa in vigilando e culpa in custodiando*. A primeira espécie é a opção mal feita ao escolher um preposto, funcionário, representante, etc. A segunda espécie, a *culpa in vigilando*, ocorre quando há falha ao vigiar, ou falta de atenção em relação a outras pessoas que estavam sob sua guarda, sendo o exemplo clássico, a responsabilidade dos pais por atos dos filhos. Já a culpa *in custodiando* é a falta de atenção em relação a animal ou coisa que estavam sob os cuidados do agente, distinguindo-se ainda a culpa contratual e extracontratual, dependendo da natureza do dever violado; e ainda, com relação à gravidade, em grave, leve e levíssima, que na maioria dos casos não implicará nenhuma alteração no resultado prático, mas em alguns casos, pode acarretar na diminuição da condenação se houver desproporcionalidade.[119]

Por outro lado, a classificação de Rizzardo é um pouco diferente em alguns pontos:

a) *culpa in eligendo*: É a forma segundo a qual o agente não procede com o acerto na escolha de seu preposto, empregado, representante, ou não exerce um controle suficiente sobre os bens usados para uma determinada atividade. Os erros cometidos na direção de um veículo, ou trafegar nele quando não reúne condições mecânicas de segurança, provocam a responsabilidade, pelo dano superveniente.

b) *culpa in vigilando*: caracteriza-se com a falta de cuidados e fiscalização de parte do proprietário ou do responsável pelos bens e pelas pessoas. Exemplificando, não se acompanha o desenvolvimento das atividades dos empregados; admite-se que uma

---

[117] RIZZARDO, Arnaldo. *Responsabilidade Civil*: Lei n°. 10.406, de 10.01.2002. Rio de Janeiro: Forense, 2005, p. 4.

[118] CAVALIERI FILHO, Sérgio. *op. cit.*, p. 56.

[119] *Idem*, p. 57.

pessoa despreparada execute certo trabalho; abandona-se veículo, com a chave de ignição ligada, em local freqüentado por crianças; não são vistoriados os veículos pelo dono; dirige-se um carro com defeitos nos freios e com pneus gastos.

c) *culpa in commitendo*: É a culpa que exsurge da prática de uma atividade determinadora de um prejuízo, como nos acidentes automobilísticos, na demolição de um prédio em local muito freqüentado, sem o afastamento dos transeuntes.

d) *culpa in ommitendo*: Na culpa com esta feição, o agente tinha a obrigação de intervir em uma atividade, mas nada faz. Depara-se o culpado com a responsabilidade dada a sua falta de iniciativa. Há um socorro a prestar, mas queda-se inativa a pessoa.

e) *culpa in custodiendo*: É a ausência de atenção e cuidado com respeito a alguma coisa, facilmente verificável em relação aos animais, que ficam soltos pelas estradas.

f) culpa grave ou lata, leve e levíssima: Do direito antigo nos advém esta classificação. A primeira se avizinha do dolo civil. Envolve uma crassa desatenção e a violação de dever comum de cuidado relativamente ao mundo no qual vivemos. Alcança dimensões maiores quando a violação é consciente, embora não almejado o resultado. No dizer de Pontes de Miranda, "é a culpa magna, nímia, como se dizia, que tanto pode haver no ato positivo como no negativo, é a culpa ressaltante, a culpa que denuncia descaso, temeridade, falta de cuidado indispensável. Quem devia conhecer o alcance do seu ato positivo ou negativo incorre em culpa grave".

A culpa leve se expressa na falta que poderia ser evitada com uma atenção comum e normal no procedimento da pessoa.

Levíssima ela se denomina quando evitável o erro com uma atenção especial e muito concentrada. O ser humano carece de habilidades e conhecimentos na realização de um mister, ou incide em fatos danosos devido à ausência de um maior discernimento na apreciação da realidade. É o acidente de veículo que acontece por causa da falta de capacidade para manobrar quando o carro se encontra entre outros dois.

g) culpa contratual e extracontratual: A primeira consiste na violação de um dever determinado, inerente a um contrato. Nasce da violação dos deveres assumidos, como no desempenho do mandato recebido e do depósito, quando os titulares da obrigação não se esmeram em diligência e cuidado. São negligentes na defesa de interesses alheios, ou não se portam com a seriedade que revelariam se a coisa lhes pertencesse. Exemplo de culpa contratual ocorre nos contratos de transporte, cuja responsabilidade é regida pelo decreto nº. 2.681.[120]

A responsabilização civil, com base nessas doutrinas, merece pequenas adaptações devido à especificidade do direito societário em relação à norma civil, que é regra de caráter geral. A primeira especificidade decorre de a responsabilidade dos administradores não poder ser enquadrada nem na teoria da responsabilidade contratual nem na da aquiliana. Trata-se de responsabilidade puramente societária, orgânica. Os administradores de sociedades anônimas são integrantes do órgão societário e, dessa relação, surgem seus deveres e responsabilidades.

Para fins de quebra do dever de diligência do administrador, a responsabilidade é subjetiva em caso de danos da atividade. Mas o

---

[120] RIZZARDO, Arnaldo. *op. cit.*, p. 5 e 6.

nível a culpa, aqui, é vinculado à comprovação de negligência procedimental, conforme ressaltado. Pela aplicação da *business judgement rule*, deve ser mais do que a "culpa leve", pois falhas por atos de gestão são admitidos. Tampouco parece ser somente a existência de culpa grave a gerar responsabilidade. Entendemos, pois, o justo meio entre as duas teorias. O erro de julgamento é admitido, mas em decorrência dos deveres emanados a partir do dever de diligência, haverá responsabilização pela culpa *in vigilando, in custodiendo, in eligendo, in commitendo*, quando a previsibilidade do dano for mais forte do que simples assunção do risco empresarial. Assumir riscos não é sinônimo de agir imprudentemente, riscos empresariais devem ser calculados, com base no cumprimento dever de informação.

### 3.1.4. Dever de lealdade

Conforme já referido, o dever de lealdade dos administradores ocorre, primeiramente, em relação à companhia. Em segundo lugar, é devido aos acionistas como um todo, em função do interesse social, considerado como o interesse conjunto dos sócios enquanto sócios. As normas legais que regulam tal dever fiduciário servem para contornar o que se denomina na teoria negocial de relação de agência (*agency*).

A teoria dos custos de agência diz respeito às mais diversas situações existentes na vida empresarial em que as partes acabam atuando muitas vezes em situação de conflito de interesses.[121] Na sociedade anônima, a separação entre propriedade e poder faz surgir tal relação. A teoria da agência explica como sendo uma relação de duas pessoas, o *principal* e o *agent*, sendo que o *agent* deve atuar em interesse do *principal*, mas o *agent*, por sua vez, tem seus interesses próprios que podem se contrapor aos do *principal*.

Em decorrência do dever de lealdade, surgem as regras de conflito de interesses e *insider trading*. São situações merecedoras de atenção as de autonegociação, onde o administrador pode ter interesse conflitante com a companhia, por estar nas duas pontas da negociação. Segundo Alexandre Couto Silva:

> O dever de lealdade está relacionado com transações em que há: (i) conflito de interesse entre administrador e a companhia, (ii) conflito de interesse entre companhias por terem administradores em comum; (iii) vantagem obtida indevidamente por administrador em oportunidades que pertenciam à companhia; (iv) administrador competindo

---

[121] CUMMING, Douglas J.; JOHAN, Sofia A. *Venture Capital and Private Equity contracting. An International Perspective.* San Diego: Academic Press/Elsevier, 2009, p. 35.

com a companhia; (v) informações falsas ou indevidas aos acionistas; (vi) negociação do *insider*; (viii) abuso da minoria.[122]

A Lei nº 6.404/76 é expressa quanto ao dever de lealdade, tendo por base o artigo 155:

> Art. 155. O administrador deve servir com lealdade à companhia e manter reserva sobre os seus negócios, sendo-lhe vedado:
> I – usar, em benefício próprio ou de outrem, com ou sem prejuízo para a companhia, as oportunidades comerciais de que tenha conhecimento em razão do exercício de seu cargo;
> II – omitir-se no exercício ou proteção de direitos da companhia ou, visando à obtenção de vantagens, para si ou para outrem, deixar de aproveitar oportunidades de negócio de interesse da companhia;
> III – adquirir, para revender com lucro, bem ou direito que sabe necessário à companhia, ou que esta tencione adquirir.
> § 1º Cumpre, ademais, ao administrador de companhia aberta, guardar sigilo sobre qualquer informação que ainda não tenha sido divulgada para conhecimento do mercado, obtida em razão do cargo e capaz de influir de modo ponderável na cotação de valores mobiliários, sendo-lhe vedado valer-se da informação para obter, para si ou para outrem, vantagem mediante compra ou venda de valores mobiliários.
> § 2º O administrador deve zelar para que a violação do disposto no § 1º não possa ocorrer através de subordinados ou terceiros de sua confiança.
> § 3º A pessoa prejudicada em compra e venda de valores mobiliários, contratada com infração do disposto nos §§ 1° e 2°, tem direito de haver do infrator indenização por perdas e danos, a menos que ao contratar já conhecesse a informação.
> § 4º É vedada a utilização de informação relevante ainda não divulgada, por qualquer pessoa que a ela tenha tido acesso, com a finalidade de auferir vantagem, para si ou para outrem, no mercado de valores mobiliários. (Incluído pela Lei nº 10.303, de 2001)

Aos administradores é vedada a utilização das oportunidades que deveriam ser naturalmente da companhia. Nos cargos de administração, muitos fatos podem chegar ao conhecimento da pessoa, devendo esta ser leal, no sentido de reconhecer que tal informação advém de sua função como órgão da companhia; logo, a oportunidade é da própria companhia. Nelson Eizirik, por outro lado, alerta que nem todas as situações devem ser consideradas usurpação de oportunidade, sendo possível adotar os testes desenvolvidos na jurisprudência norte-americana, avaliando as seguintes situações:

> (i) a possibilidade de utilização da oportunidade por parte da companhia; se ela não tem condições financeiras ou patrimoniais de aproveitar a oportunidade, não há usurpação;
> (ii) o fato de estar, tal oportunidade, inserida na linha de negócios da empresa, fazer parte de seu objeto social ou, pelo menos, ser de utilidade para o desenvolvimento de suas atividades empresariais;

---

[122] SILVA, Alexandre Couto. *Op. cit.*, p. 19.

(iii) o fato de poder acarretar tal oportunidade um benefício ou vantagem para a companhia.

Em algumas situações, a utilização da oportunidade comercial é lícita, como, por exemplo: (i) se a companhia não tiver recursos financeiros para aproveitá-la; (ii) se estiver proibida de realizar negócios da espécie; ou (iii) se o estatuto não permitir que a companhia realize tais negócios. Em qualquer de tais hipóteses, a oportunidade deixa de ser da companhia, tornando-se pessoal, do administrador, a quem cabe o ônus de prova tais fatos.[123]

Sobre o *insider trading* (§ 4º do artigo *supra* transcrito), trata-se de importante regulação legal decorrente do dever de lealdade a fim de que os administradores (ou qualquer pessoa que tenha acesso a informações privilegiadas) não utilizem informações privilegiadas obtidas da companhia para negociar e obter vantagens indevidas em negociações com os valores mobiliários em mercado aberto (em especial, na bolsa de valores). Em realidade, a Lei estende o conceito de *insider* para qualquer pessoa que obtiver acesso a informações privilegiadas em decorrência de sua atuação profissional junto à companhia, podendo-se incluir os consultores, advogados, entre outros. A análise também inclui os conceitos de *tipeer e tippees*, no controle das informações da administração. Modesto Carvalhosa destaca os limites para considerar a infração de *insider trading*:[124]

> Há, no entanto, um limite para o termo "qualquer pessoa" utilizado na norma em estudo (§ 4º). Com efeito, deve haver um nexo profissional entre o vazamento das informações e os terceiros para que estes possam ser considerados *tipees*. Assim, apenas aqueles que em virtude do exercício de profissão tenham acesso a essas informações (advogados, auditores, operadores de mercado, peritos, etc.) é que serão responsabilizáveis pelo uso dessas informações. Deve haver, ainda, *nexo pessoal* entre o administrador (*tipper*) e os terceiros (*tippees*) que com ele tenham algum contato de natureza profissional ou como controladores. Assim, o *conhecimento ocasional* da informação por razões outras que não a do exercício de alguma profissão ou função junto à empresa é de difícil configuração.

A prática de *insider trading* é bastante grave para o mercado, e a doutrina, desde há muito tempo, tentava enquadrá-la em algum tipo penal. Inicialmente, quando não havia previsão expressa, buscou-se enquadrar tal prática no conceito típico penal de estelionato do artigo 171 do Código Penal, ou, pelo menos, no crime patrimonial de dano.[125] Atualmente, a prática está tipificada na Lei nº 6.385/76, criadora e reguladora da CVM, com alteração promovida em 2001, inserindo o artigo 27-D. O bem jurídico tutelado da norma penal, apesar de

---

[123] EIZIRIK, Nelson. *Op. cit.*, p. 368.

[124] CARVALHOSA, Modesto. *Op. cit.*, p. 288.

[125] PARENTE, Norma. Aspectos Jurídicos do *"insider trading"*. Disponível em <http://www.cvm.gov.br/port/public/publ/publ_600.asp>, acessado em 03 de junho de 2013.

constituir tema com algumas divergências na doutrina, é a confiança do mercado,[126] sendo importante as normas de *disclosure* que se analisam a seguir. Assim, a definição de *insider trading* passou a ser tipo penal, nos seguintes termos:

> Art. 27-D. Utilizar informação relevante ainda não divulgada ao mercado, de que tenha conhecimento e da qual deva manter sigilo, capaz de propiciar, para si ou para outrem, vantagem indevida, mediante negociação, em nome próprio ou de terceiro, com valores mobiliários: (artigo incluído pela Lei nº 10.303, de 31.10.2001)

As normas de conflito de interesses também são incluídas no tópico do dever de lealdade da administração perante a companhia e os seus acionistas. Especificamente, a vedação de atuação em conflito de interesses dos administradores está prevista no artigo 156 da Lei das S.As.:

> Art. 156. É vedado ao administrador intervir em qualquer operação social em que tiver interesse conflitante com o da companhia, bem como na deliberação que a respeito tomarem os demais administradores, cumprindo-lhe cientificá-los do seu impedimento e fazer consignar, em ata de reunião do Conselho de Administração ou da Diretoria, a natureza e extensão do seu interesse.
> § 1º Ainda que observado o disposto neste artigo, o administrador somente pode contratar com a companhia em condições razoáveis ou eqüitativas, idênticas às que prevalecem no mercado ou em que a companhia contrataria com terceiros.
> § 2º O negócio contratado com infração do disposto no § 1º é anulável, e o administrador interessado será obrigado a transferir para a companhia as vantagens que dele tiver auferido.

Vale ressaltar que o acionista também não pode votar em conflito de interesses, havendo regra semelhante no artigo 115 da Lei nº 6.404/76:

> Art. 115. O acionista deve exercer o direito a voto no interesse da companhia; considerar-se-á abusivo o voto exercido com o fim de causar dano à companhia ou a outros acionistas, ou de obter, para si ou para outrem, vantagem a que não faz jus e de que resulte, ou possa resultar, prejuízo para a companhia ou para outros acionistas.(Redação dada pela Lei nº 10.303, de 2001)
> § 1º o acionista não poderá votar nas deliberações da assembléia-geral relativas ao laudo de avaliação de bens com que concorrer para a formação do capital social e à aprovação de suas contas como administrador, nem em quaisquer outras que puderem beneficiá-lo de modo particular, ou em que tiver interesse conflitante com o da companhia.
> § 2º Se todos os subscritores forem condôminos de bem com que concorreram para a formação do capital social, poderão aprovar o laudo, sem prejuízo da responsabilidade de que trata o § 6º do artigo 8º.

---

[126] OLIVA, Marcio Zuba de. *Insider Trading no Brasil: breves considerações*. Disponível em <http://www.migalhas.com.br/dePeso/16,MI112841,81042-O+Insider+Trading+no+Brasil+breves+consideracoes>, acessado em 3 de junho de 2013.

§ 3º o acionista responde pelos danos causados pelo exercício abusivo do direito de voto, ainda que seu voto não haja prevalecido.

§ 4º A deliberação tomada em decorrência do voto de acionista que tem interesse conflitante com o da companhia é anulável; o acionista responderá pelos danos causados e será obrigado a transferir para a companhia as vantagens que tiver auferido.

A noção jurídica de conflito de interesses foi bem ensinada por Erasmo Valladão Azevedo e Novaes França, partindo da lição de Carnelutti sobre objeto jurídico e interesses conflitantes. Erasmo criou a distinção entre conflito de interesses em sentido amplo e em sentido estrito. O primeiro envolve a relação entre duas pessoas que têm interesses próprios e conflitantes sobre o mesmo objeto, partindo do diagrama criado por Carnelutti.[127] Já o conflito de interesses em sentido estrito é o previsto no direito societário em que as partes tem interesses comuns na condição de sócios e, ao mesmo tempo, tem interesses individuais, conflitantes com os interesses individuais dos demais e com o interesse em comum.[128]

A análise do conflito de interesses gerou duas posições doutrinárias para explicar o comportamento legalmente exigido nessas situações. Uma corrente adota a teoria do conflito formal de interesses; a outra, o conflito substancial de interesses. Julian Fonseca Peña Cheiak esclarece as diferentes posições de forma bastante clara:

> Os que adotam o *critério formal* afirmam que existiria um conflito *a priori*, derivado da mera posição do agente (administrador ou acionista, permitindo-se definir, independentemente do conteúdo da manifestação, que haveria uma situação de conflito. Criticando essa posição, temos os que adotam o *critério substancial*, afirmando que o conflito apenas se caracterizaria *a posteriori*, havendo a necessidade de se verificar o conteúdo da manifestação, para apenas então se saber se houve conflito.[129]

A regra anterior, o Decreto 2.627/40, não tinha norma geral sobre proibição de voto, prevendo casos específicos de vedação de participação na deliberação nos órgãos da companhia. No caso da administração, o conflito formal ocorria somente na aprovação dos balanços, contas e inventários; e, no Conselho fiscal, nas deliberações de aprovação de seus pareceres.[130] E sobre a criação de norma geral proibitiva de participação em deliberações quando exista o duplo interesse,

---

[127] FRANÇA, Erasmo Valladão Azevedo e Novaes. *Conflito de Interesses nas Assembleias de S.A.* São Paulo: Malheiros, 1993, p. 14.

[128] FRANÇA, Erasmo Valladão Azevedo e Novaes. *Op. cit.*, p. 19 e 20.

[129] CHEIAK, Julian Fonseca Peña. O conflito de interesses do administrador de sociedade anônima: uma sugestão de alteração do enfoque do tema *in* ADAMEK, Marcelo Vieira Von (Coord.). *Temas de Direito Societário e Empresarial Contemporâneos – Liber Amicorum Prof. Dr. Erasmo Valladão Azevedo e Novaes França.* São Paulo: Malheiros, 2011, p. 410.

[130] MENDONÇA, J. X. Carvalho de. *Op. cit.*, p. 29.

Carvalho de Mendonça entende ser "melhor que cada um assuma francamente a responsabilidade dos seus atos",[131] ou seja, reconhece, com outras palavras, ser melhor solução a teoria do conflito de interesses substancial.

Erasmo Valladão, em obra sobre a regulamentação do conflito de interesses nas assembleias gerais, comparando a evolução dos direitos alemão, italiano e brasileiro, constatou que se desenvolveram, nesta matéria, duas situações: a proibição de voto e o conflito de interesses.[132] Em matéria assemblear, Comparato[133] afirma que a proibição de voto ocorre nas situações relacionadas no § 1º do artigo 115, bem como em conflitos que transpareçam *a priori*, como em contratos bilaterais. De outro lado, Leães e Erasmo entendem pela necessidade de verificação casuística do conflito, mesmo nessas situações, sendo, portanto, conflito material.[134] [135]

Em defesa da posição do conflito formal, tem-se a importante manifestação de Carvalhosa[136] e de Calixto Salomão Filho. Este último, em verdade, acredita que mesmo as regras de proibição de voto ainda são insuficientes, tendo em vista a posição teórica que o autor adota em relação às sociedades anônimas, propondo soluções organizativas para englobar nos órgãos societários todos os interesses envolvidos.[137]

No caso do conflito de interesses dos administradores, comentando o artigo 156 da Lei das S.As., ensina Eizirik que:

> Esse artigo não relaciona quais seriam as deliberações nas quais o administrador estaria formalmente impedido de participar, referindo-se genericamente às situações de conflito de interesses com a companhia. Assim, trata-se de uma situação de conflito de interesses substancial, em que deve ser feita uma análise do mérito da operação. Não existe, na norma, vedação à contratação em situação de conflito de interesses, mas sim, algumas exigências que devem ser atendidas para a legitimidade da operação. Obedecidas tais exigências, o administrador pode firmar contratos de qualquer natureza com a companhia, inclusive empréstimos, exceto no caso de uma instituição financeira.
> Nas situações em que, após realizar uma avaliação do mérito da operação, o administrador concluir que sua aprovação poderá prejudicar interesse legítimo da companhia,

---

[131] MENDONÇA, J. X. Carvalho de. *Op. cit.*, p. 31.

[132] FRANÇA, Erasmo Valladão Azevedo e Novaes. *Conflito de Interesses... cit.*, p. 75 em diante.

[133] COMPARATO, Fábio Konder. Controle Conjunto, Abuso no Exercício do Voto Acionário *in Direito Empresarial, Estudos e Pareceres*. São Paulo: Saraiva, 1990, p. 91

[134] FRANÇA, Erasmo Valladão Azevedo e Novaes. *Conflito de Interesses... cit.*, p. 92.

[135] LEÃES, Luiz Gastão Paes de Barros. Conflito de interesses *in Estudos e Pareceres Sobre Sociedades Anônimas*. São Paulo: RT, 1989, p. 9 a 27.

[136] CARVALHOSA, Modesto. *Op. cit.*, comentários ao artigo 156, p. 313 e 314.

[137] FILHO, Calixto Salomão. *O Novo Direito Societário*. São Paulo: Malheiros, 2002, p. 93.

ele deve se abster de participar da deliberação, cientificar os demais administradores e fazer constar da ata o seu impedimento. Assim, o negócio poderá ser aprovado apenas pelos administradores não interessados.[138]

A interpretação acima é diferente das teorias tradicionais, pois, se o conflito de interesses é substancial, não há impedimento de voto. Assim, no comentário acima, transparece uma posição mista. Entende-se que, em alguns casos, o administrador deverá se abster de votar na deliberação, logo, o conflito é formal. Sustentamos que o conflito deve ser verificado caso a caso, a fim de analisar se ocorreu efetiva contratação em condições não equitativas e prejudiciais à companhia, beneficiando o administrador. Sobre este tema, é muito interessante a solução adotada pelo já citado autor Julian, a favor da teoria substancial, mas com o aumento do ônus do administrador que não se declarar impedido em situações de potencial conflito. Diz o doutrinador:

> (...) reconheço que há algo de diferente na forma pela qual a lei trata do conflito de interesses do administrador (no art. 156) em relação à forma como ela o faz no conflito de interesses do acionista (no § 1º do art. 115).
> O administrador, ao não declarar seu impedimento *a priori*, aumenta o grau de risco por ele assumido. Ao tomar parte na deliberação, ao agir com duplo interesse, o administrador, em termos práticos, aumenta o padrão da diligência que dele se exige.
> Ao se declarar impedido, o administrador que deixa de agir em nome da companhia e passa, naquele negócio, a apenas atuar em nome próprio, como contraparte, assume o risco de descumprir o § 1º do art. 156, de ver o negócio anulado se não for realizado em condições razoáveis ou equitativas e de ter que devolver os benefícios que tiver percebido em razão de tal negócio.
> Mas ao deixar de se declarar impedido o administrador, que repita-se, não está impedido *a priori*, passa a ter sobre ele o ônus de garantir – e demonstrar – que o negócio realizado com a companhia será para ela benéfico, sob pena de responder pelos eventuais danos a ela causados, ainda que estes superem os benefícios recebidos por ele, administrador, em decorrência do negócio.[139]

A interpretação sugerida acima, à qual este estudo se alia, está em acordo também, com a solução predominante do direito norte americano. Os casos de *duty of loyalty*, entre os quais se incluem as situações de interesses conflitantes, não sofrem incidência da presunção da *business judgement rule*, invertendo o ônus da prova para o administrador que deverá provar uma de três situações: 1) a transação foi justa para a companhia, 2) foi aprovada por diretores desinteressados e/ou 3) foi aprovada por acionistas desinteressados.[140]

---

[138] EIZIRIK, Nelson. *Op. cit.*, p. 382.
[139] CHEDIAK, Julian Fonseca Peña. *Op. cit.*, p. 417.
[140] HAMILTON, Robert W.; FREER, Richard D. *Op. cit.*, posição 2446.

Conforme adiantado, a posição aqui adotada é a favor do conflito de interesses substancial, devendo ser apurado *a posteriori*, caso se tenha verificado transação prejudicial à companhia, com consequente responsabilização dos ilicitamente beneficiados. De outro lado, a posição favorável à teoria formal se baseia muito em razões jusfilosóficas que têm importante papel na criação do direito. Há de se reconhecer, porém, com a devida vênia aos doutrinadores desta corrente, que a sociedade anônima é o instrumento de excelência do desenvolvimento de atividade econômica no ambiente de mercado, sendo a figura instrumental do capitalismo moderno. Por isso, a visão deve ser favorável à eficiência econômica e impedir a criação de custos de transação através de mecanismos burocráticos que trazem o risco de engessamento das ações empresariais. Eventuais falhas e desvios devem ser apurados com punição efetiva dos responsáveis pelos ilícitos praticados, com devolução dos valores e aplicação de penalidades por violações administrativas no caso do mercado acionário aberto se for o caso.

Por fim, merece ser ressaltado que a CVM teve diversas reviravoltas sobre a posição adotada, ora favor da teoria do conflito formal, ora da teoria do conflito material. Recentemente, no "Caso Tractebel", a CVM voltou a adotar a posição formal, determinando a abstenção de voto em situação de interesses conflitantes (Processo Administrativo nº RJ 2009-13179 – Reg. nº 7190/2010).

*3.1.5. O dever de informar*

Tradicionalmente, a doutrina defendia a ideia principal do *disclosure* como proteção ao mercado; não se pode negar, porém, do ponto de vista de relação fiduciária, a importância que o dever de informar tem na melhoria da governança corporativa e na relação do administrador com a companhia e com os seus sócios.[141] O dever de informação, apesar de encontrar previsão separada na lei, tem forte relação com dever de lealdade. Isso se dá pelo fato de que o fornecimento de informações por imposição da lei serve para que os acionistas e até mesmo o mercado possam ter conhecimento do andamento dos negócios da companhia, bem como acerca de qualquer fato relevante que possa repercutir na decisão do sócio em futura assembleia[142] ou de até

---

[141] FOX, Merritt B. Required Disclosure and Corporate Governance, *62 Law and Contemporary Problems* 113-128 (Summer 1999). Disponível em <http://scholarship.law.duke.edu/lcp/vol62/iss3/4>, acessado em 2 de junho de 2013, p. 115.

[142] FOX, Merritt B. *Op. cit.*, p. 116.

mesmo deixar de ser acionista pela venda de suas ações. Conforme já relatado anteriormente, a questão do cuidado com a informação no dever de lealdade tem proteções específicas à companhia e ao acionista no caso de *insider trading*, pois é injusta e ilegal a negociação de títulos em utilização de informações não disponibilizadas aos demais acionistas e investidores.

No caso de companhias abertas, as obrigações referentes ao fornecimento de informações relevantes ao mercado são potencializadas, em decorrência das exigências legais mais rigorosas e da fiscalização ativa da CVM e da própria Bolsa de Valores, que, apesar de ser constituída sob a forma de pessoa jurídica de direito privado, tem autorização da administração pública para criar seus regulamentos.

O artigo 157 da Lei das S.As. contém previsão expressa das informações obrigatórias a serem prestadas pela administração:

> Art. 157. O administrador de companhia aberta deve declarar, ao firmar o termo de posse, o número de ações, bônus de subscrição, opções de compra de ações e debêntures conversíveis em ações, de emissão da companhia e de sociedades controladas ou do mesmo grupo, de que seja titular.
> § 1º O administrador de companhia aberta é obrigado a revelar à assembleia-geral ordinária, a pedido de acionistas que representem 5% (cinco por cento) ou mais do capital social:
> a) o número dos valores mobiliários de emissão da companhia ou de sociedades controladas, ou do mesmo grupo, que tiver adquirido ou alienado, diretamente ou através de outras pessoas, no exercício anterior;
> b) as opções de compra de ações que tiver contratado ou exercido no exercício anterior;
> c) os benefícios ou vantagens, indiretas ou complementares, que tenha recebido ou esteja recebendo da companhia e de sociedades coligadas, controladas ou do mesmo grupo;
> d) as condições dos contratos de trabalho que tenham sido firmados pela companhia com os diretores e empregados de alto nível;
> e) quaisquer atos ou fatos relevantes nas atividades da companhia.
> § 2º Os esclarecimentos prestados pelo administrador poderão, a pedido de qualquer acionista, ser reduzidos a escrito, autenticados pela mesa da assembléia, e fornecidos por cópia aos solicitantes.
> § 3º A revelação dos atos ou fatos de que trata este artigo só poderá ser utilizada no legítimo interesse da companhia ou do acionista, respondendo os solicitantes pelos abusos que praticarem.
> § 4º Os administradores da companhia aberta são obrigados a comunicar imediatamente à bolsa de valores e a divulgar pela imprensa qualquer deliberação da assembléia-geral ou dos órgãos de administração da companhia, ou fato relevante ocorrido nos seus negócios, que possa influir, de modo ponderável, na decisão dos investidores do mercado de vender ou comprar valores mobiliários emitidos pela companhia.
> § 5º Os administradores poderão recusar-se a prestar a informação (§ 1º, alínea e), ou deixar de divulgá-la (§ 4º), se entenderem que sua revelação porá em risco interesse

legítimo da companhia, cabendo à Comissão de Valores Mobiliários, a pedido dos administradores, de qualquer acionista, ou por iniciativa própria, decidir sobre a prestação de informação e responsabilizar os administradores, se for o caso.

§ 6º Os administradores da companhia aberta deverão informar imediatamente, nos termos e na forma determinados pela Comissão de Valores Mobiliários, a esta e às bolsas de valores ou entidades do mercado de balcão organizado nas quais os valores mobiliários de emissão da companhia estejam admitidos à negociação, as modificações em suas posições acionárias na companhia. (Incluído pela Lei nº 10.303, de 2001)

Existe, portanto, o dever de informação aos acionistas, que podem solicitar, atendidos os requisitos legais, em assembleia e no período prévio a sua realização, informações e documentos que desejar analisar. Este direito decorre do essencial e, por essa condição, inafastável direito de fiscalizar do acionista, conforme prescreve o artigo 109, III. Deve ser utilizado, porém, dentro dos padrões jurídicos da razoabilidade e de acordo com o interesse social, e não com base em interesse pessoal, sob pena de configurar abuso de direito, podendo, inclusive lhe ser negado o acesso às informações se houver fortes indícios de utilização pessoal desses dados e de risco de dano para a sociedade anônima.[143][144][145] Esse dever do administrador e direito do acionista está esparso na Lei, nos artigos 118, 124, 133, 177, 186, 195, 197, 200 e 243.

De outro lado, nas companhias abertas, existe o dever de informar e publicizar qualquer informação de fatos relevantes para o mercado, quando puder repercutir na decisão dos investidores. Além da importância para os acionistas atuais, existe interesse geral do mercado, ou seja, dos potenciais investidores. Dessa forma, a disponibilidade pública das informações relevantes possibilita que a cotação dos títulos seja mais precisa e de acordo com a realidade da companhia. Como leciona Eizirik: "O ideal, do ponto de vista econômico, é que a cotação dos títulos reflita unicamente as informações publicamente disponíveis".[146][147] Além disso, diz o autor: "quanto mais rápida for a

---

[143] MÜLLER, Sérgio José Dulac. Direitos Essenciais dos Acionistas – Interpretação Sistemática da Proteção aos Minoritários, Porto Alegre: Livraria do Advogado, 2003, p. 55

[144] CARVALHOSA, Modesto. Op. cit., p. 325.

[145] PARENTE, Flávia. O Dever de Diligência dos Administradores de Sociedades Anônimas, Rio de Janeiro: Renovar, 2005, p. 211.

[146] EIZIRIK, Nelson. Op. cit., p. 391.

[147] A questão do valor da companhia, porém, conforme será analisado na terceira parte deste estudo, não é tão simples como o valor de mercado de ações. A cotação é variada e responde de várias formas diferentes, existindo muita especulação que repercute no preço de mercado, mas o valor da companhia merece maior atenção, pois deve levar em conta o patrimônio, a lucratividade, a capacidade de melhorar ou piorar etc.

divulgação de informações, menor será a possibilidade de sua utilização indevida por parte dos *insiders*".[148]

O momento de divulgação também é ponto que mereceu destaque da doutrina. Segundo Eizirik, aplica-se o mesmo princípio criado no direito norte-americano do *timely disclosure*, devendo a administração divulgar informação no momento em que constatar estar diante do fato relevante.[149] Esta informação, no entanto, deve ser materialmente relevante, sendo de grande dificuldade precisar o momento em que determinada situação ou negociação atinge o nível de certeza, pois os administradores não podem divulgar meras probabilidades ou falsas expectativas ao mercado, sob pena de responsabilização civil (perante os acionistas), administrativa (perante a CVM) e penal.[150] Nesse sentido, nas palavras de Eizirik:[151]

> A partir de decisões de tribunais norte-americanos, chegou-se a um "teste de relevância", com base em juízo de probabilidade e magnitude: se é bastante provável que a operação será concluída e trará impactos significativos sobre os negócios da companhia, afetando a cotação de seus valores mobiliários, já existe um fato relevante, cabendo a sua divulgação.

O momento da divulgação deve ser preferencialmente antes da abertura das negociações do dia, a fim de que desde o início, os valores reflitam o impacto da divulgação.

O § 5º do art. 157 da Lei das S.As. determina que a divulgação é a regra e o sigilo é a exceção, quando se tratar de sociedade anônima aberta. Segundo Carvalhosa, a recusa somente é possível em informações relevantes solicitadas pelos acionistas, mas não se refere às informações que devem ser reveladas espontaneamente.[152] No entanto, há de se ressaltar que a Lei não contém essa previsão de forma expressa, defendendo-se, aqui, que o sigilo deve ser autorizado durante o período em que a divulgação puder causar risco ao interesse social (conforme autoriza o próprio § 5º do artigo 157, ao fazer referência à possibilidade de manter sigilo das informações previstas no § 4º), prejudicando os negócios da companhia. Caso a informação escape do controle da administração, e as cotações dos valores mobiliários forem alvo de oscilações atípicas em razão de boatos referentes à in-

---

[148] EIZIRIK, Nelson. *Op. cit.*, p. 391.
[149] *Idem*, p. 394.
[150] CARVALHOSA, Modesto. *Op. cit.*, p. 326.
[151] EIZIRIK. Nelson. *Op. cit.*, p. 395.
[152] CARVALHOSA, Modesto. *Op. cit.*, p. 334 e 335.

formação até então sigilosa, entende a CVM que a companhia deve emitir "uma declaração clara, confirmando ou negando a notícia".[153]

Em síntese, trata-se de importante dever fiduciário pela sua relevância societária, como contrapartida ao direito essencial do acionista de fiscalização. No caso de companhias abertas, o dever de informar é exigido em função da necessidade de transparência com o mercado, devido ao reconhecido interesse público existente. É inegável que a abertura de capital tem apelo à poupança popular, conforme se reconheceu na exposição de motivos da Lei nº 6.385/76, criadora da CVM e reguladora do mercado de capitais.[154]

### 3.1.6. O dever de boa-fé

O dever de boa-fé não foi tratado na legislação pátria de forma expressa na parte dos deveres fiduciários. A Lei das S.As. em nenhum momento traz a denominação "dever de boa-fé", fazendo referência ao conceito geral de boa-fé ao tratar da responsabilidade do administrador (art. 159, § 6º).

O direito americano, nas leis societárias estaduais, normalmente contempla em separado o dever fiduciário de boa-fé. Os administradores devem agir na crença de estarem buscando o melhor interesse da companhia. Segundo Hamilton e Freer, pela lógica jurídica, o dever de boa-fé e o dever de cuidado não podem ser confundidos.[155] A proximidade entre eles é clara, pois ambos constituem elementos para aplicação da presunção da *business judgement rule*. A responsabilidade somente é afastada com aplicação dessa presunção se atendidos os aspectos do *duty of care* e do *duty of good faith*. Conforme ressaltado no item anterior, quando a discussão entra na seara do *duty of loyalty* (dever de lealdade) não se discute a *business jugement rule* e passa-se aos testes de justiça da transação e de conflito de interesses. Por isso, em determinados momentos, pode surgir o debate acerca da existência ou não de diferença entre os deveres de boa-fé e de cuidado no direito norte-americano.

Voltando à análise do direito brasileiro, e importando a teoria norte-americana, pois não se vislumbra inadequação alguma entre as interpretações jurídicas de ambos os países, reconhece-se no presente estudo a existência do dever de boa-fé, como legítimo dever fiduciário

---

[153] EIZIRIK, Nelson. *Op. cit.*, p. 396.

[154] PARENTE, Flávia. *Op. cit.*, p. 210.

[155] HAMILTON, Robert W.; FREER, Richard D. *Op. cit.*, posição 2387.

da administração. Apesar de a Lei não adotar o *nomen iuris* dever de "boa-fé", reconhece sua existência na medida em que o § 6° do art. 159 da Lei n° 6.404/76 afirma que: "O juiz poderá reconhecer a exclusão da responsabilidade do administrador, se convencido de que este agiu de boa-fé e visando ao interesse da companhia". *A contrario sensu*, se agir de má fé, será responsabilizado; portanto, tem dever de boa-fé. Trata-se de exercício hermenêutico de interpretação do "não dito", pois "Tudo que é dito – lê-se em Gadamer – não tem sua verdade simplesmente em si mesmo, mas remete amplamente ao que não é dito".[156]

O direito brasileiro, seguindo tendências de outros sistemas, distingue a boa-fé em objetiva e subjetiva. A boa-fé subjetiva é elemento interno ao sujeito. É a boa vontade do agente em relação às outras partes com quem se relaciona, com quem contrata. "A boa-fé subjetiva pode ser entendida como um estado anímico (estado psicológico). Sua antítese é a má-fé. É subjetiva porque o intérprete busca a intenção do agente".[157] Segundo Michael Cesar Silva, constata-se que a boa-fé subjetiva era a regra geral a luz do Código Civil de 1916:

> Na égide do Código Civil de 1916, não havia previsão legal expressa sobre o referido princípio, pois o diploma legal, bem como todo o ordenamento jurídico brasileiro, encontrava-se norteado pela boa-fé subjetiva, que denotava uma acepção psicológica, estado de ignorância do agente.[158]

Na boa-fé objetiva, ocorre mudança de perspectiva. Não basta o estado anímico, surgindo outras funções relevantes deste princípio. É possível identificar três aspectos relevantes como princípio em relações negociais:

- o surgimento de deveres anexos ao contrato, como dever de tutela dos interesses legítimos de uma parte perante a outra [Código Civil, art. 422], princípio este que deve ser adaptado nos contratos empresariais, quando os empresários estiverem em ambiente competitivo;[159]
- a boa-fé objetiva como critério de interpretação de cláusula contratual, no sentido de atender à vontade objetiva e a legítima expectativa das partes, cumprindo a finalidade do contrato [Código Civil, art. 113];
- e como função equilibradora, em relações contratuais onde se constata onerosidade excessiva.

---

[156] REBELO, Darci Norte. *O não-dito e o encoberto na Súmula 382 do STJ*, disponível em <http://www.oab.org.br/editora/revista/Revista_06/anexos/O_nao_dito_e_o_encoberto.pdf>, acessado em 12 de junho de 2013.

[157] MARRONI, Roberto Medaglia. Operatividade do princípio da boa-fé objetiva na obrigação tributária in *Revista Síntese Direito Empresarial* n° 16, São Paulo: Síntese, 2010, p. 94.

[158] SILVA, Michael César. Repercussões Jurídicas da Doença Preexistente no Contrato de Seguro de Vida in *Revista Síntese Direito Empresarial* n° 22, São Paulo: Síntese, 2011, p. 116.

[159] GARCIA, Ricardo Lupion. *Boa-fé objetiva nos contratos empresariais*: contornos dogmáticos dos deveres de conduta, Porto Alegre: Livraria do Advogado, 2011, p. 155 e 156.

Maria Helena Diniz, ao explicar a boa-fé, mesmo sem ter o enfoque do direito societário, também fala em proteger a legítima expectativa das partes, infra:

> 5º) da boa fé (CC, arts. 113, 187 e 422), intimamente ligado não só à interpretação do contrato – pois segundo ele, o sentido literal da linguagem não deverá prevalecer sobre a intenção inferida da declaração de vontade das partes – mas também ao interesse social de segurança das relações jurídicas, uma vez que as partes deverão agir com lealdade, honradez, probidade (integridade de caráter, denodo e confiança recíprocas (...)[160]

Percebe-se que há grandes ligações entre os diferentes tipos de boa-fé com o dever de lealdade, com o dever de cuidado e com o dever de informação. A boa-fé subjetiva tem íntima ligação com a *business judgement rule*, pois deve o administrador ter a crença de que a sua atuação é benéfica para a companhia. No dever de informação, também deve haver a crença subjetiva de que a informação é relevante e deve ser divulgada.

De outro lado, o dever de informar a fim de dar todas as condições aos acionistas e ao mercado para tomada de decisões, tem íntima ligação com a boa-fé objetiva. Exige-se além da crença íntima, efetivo dever anexo de auxiliar os sócios e os investidores do mercado a atingir seus objetivos, tal como ocorre na boa-fé objetiva prevista no direito contratual. A grande distinção, no entanto, está no fato de o mercado de ações tratar de investimentos de risco e, portanto, danos decorrentes de variação de preços de valores mobiliários, ainda que abruptos e inesperados, não podem, por si só, gerar a responsabilidade dos administradores.

### 3.1.7. A responsabilidade do administrador perante os acionistas

A responsabilidade civil do administrador de indenizar danos causados aos acionistas e à própria companhia decorrerá, portanto, se verificada a violação de algum ou alguns dos deveres fiduciários supra-analisados. Caso tenham sido atendidos pelos administradores todos os deveres, não ocorrerá o dever de indenizar, nem por reposição à companhia, nem isoladamente aos acionistas. Trata-se de aplicação da *business judgement rule* no direito brasileiro, conforme já mencionado.

Vale ressaltar que a atividade empresarial é atividade de risco, por isso, as obrigações do administrador são de obrigações de meio,

---

[160] DINIZ, Maria Helena. *Curso de Direito Civil Brasileiro* – 3. Teoria das Obrigações Contratuais e Extracontratuais. São Paulo: Saraiva, 2007, p. 34.

e não de resultado. Isso se depreende da leitura do artigo 158 combinando com as demais regras de deveres fiduciários.

Para complementar esta parte do estudo, apenas, cita-se a peculiaridade de a administração da companhia ser separada em dois órgãos, a Diretoria e o Conselho. Nesse sentido, é pertinente a observação de Vanessa R. S. Neves:

> Registre-se, ainda, que mesmo considerando a subordinação hierárquica da Diretoria ao Conselho de Administração – que elege e a destitui a qualquer tempo –, as atribuições e poderes de um e de outro órgão devem ser autonomamente considerados para efeito de determinação das responsabilidades dos integrantes de cada órgão.
> Não se pode perder de vista que o diretor não está adstrito necessariamente à imposição indevida feita pelo Conselho de Administração que contrariar as normas legais e estatutárias que regem a conduta do primeiro. A hierarquia existente entre tais órgãos não afasta os deveres legais dos diretores, aos quais cabe o ônus de resistir a determinações em contrário. Nesse mesmo sentido, a melhor doutrina sustenta que todo e qualquer administrador tem o poder-dever de impugnar ou não acatar as deliberações assembleares divergentes da lei ou em desacordo com o estatuto.[161]

Outro aspecto que deve ser destacado para complementar esta primeira parte do trabalho é a questão da responsabilidade individual ou solidária do administrador, tendo em vista a forma colegiada com que as companhias costumam ser administradas. A regra geral é a responsabilidade individual, pela análise do artigo 158, § 1º, da Lei das S.As.[162] A própria norma legal, porém, contém a exceção, responsabilizando solidariamente todo o administrador que for conivente com a violação, bem como o administrador que, tendo ciência do não cumprimento dos deveres por parte de outro administrador, deixar de comunicar o fato à assembleia geral (§ 4º) ou, "com o fim de obter vantagem para si ou para outrem, concorrer para a prática de ato com violação da lei ou do estatuto" (§ 5º).

### 3.1.8. Consideração final sobre a "business judgment rule" no direito brasileiro

O direito brasileiro não tem a teoria da *business judgement rule* formalmente estruturada na legislação ou na jurisprudência. Assim, a aplicação da presunção de atuação de boa-fé com base nessa doutrina americana pode ser compatibilizada pelas normas processuais civis

---

[161] NEVES, Vanessa Ramalhete Santos. *Responsabilidade dos Administradores de Sociedades Anônimas*. Rio de Janeiro: Lumen Juris, 2002, p. 80.

[162] NEVES, Vanessa Ramalhete Santos. *Idem*, p. 91.

acerca da responsabilidade civil e do ônus da prova no direito processual brasileiro.

Conforme dito antes, para caracterizar a responsabilidade civil subjetiva (no caso dos administradores) impõe-se a prova de três elementos do ato ilícito, ação ou omissão, dano e culpa (sentido lato). Além do mais, o direito processual brasileiro tem como regra geral que cabe ao autor da ação provar o seu direito na forma do artigo 333, inciso I, do Código de Processo Civil. Assim, o acionista da companhia, em busca de responsabilização do administrador tem de demonstrar todos estes elementos, além de provar que o dano não decorre de ato regular de gestão, ou seja, que o procedimento do ato é inadequado à luz dos administradores. Assim, mostra-se possível que o chamado ato regular de gestão sem culpa grave é uma espécie de presunção *juris tantum*, ou seja, passível de prova em contrário.

Outra semelhança reside em que o acionista autor de ação judicial pode provar a situação de conflito de interesses, sem com isso causar a automática responsabilização, pois, pelo artigo 156 da Lei nº 6.404/76, o Administrador pode contratar em condições razoáveis de mercado. Há de se reconhecer que o ônus da prova tem de passar para o lado do administrador, pois ele não negará o fato de ter "formalmente" o interesse conflitante com o da companhia, mas sim que contratou em condições equitativas. Pode-se dizer que se trata de defesa indireta,[163] onde não se nega o fato, mas se alega o fato impeditivo do direito, ou seja, "a contratação em condições razoáveis ou equitativas, idênticas às que prevalecem no mercado ou em que a companhia contrataria com terceiros" (art. 156 da Lei das S.As.). Por certo, a interpretação poderia pender no sentido de caber ao autor o ônus de provar a existência do dano, ou seja, caberia ao acionista provar a falta de razoabilidade da contratação. Admitir isto, porém, traria como consequência que a *business judgement rule* à brasileira teria presunção mais forte que a própria doutrina original norte americana.

### 3.2. Conclusão do capítulo

Enfim, conhecendo o funcionamento da sociedade anônima em geral, pode-se compreender, a partir do próximo capítulo, como se processarão as diferentes operações societárias e as negociações acerca da transferência de controle e de estabelecimentos empresariais.

---

[163] OLIVEIRA, César Augusto de. ÔNUS DA PROVA, Disponível em <http://www.abdpc.org.br/abdpc/artigos/C%C3%A9sar%20Augusto%20de%20Oliveira-formatado.pdf>, acessado em 10 de maio de 2014, p. 8.

Ademais, com a compreensão geral dos deveres e responsabilidades dos administradores, também é possível analisar a atuação específica nos casos de *M&A* tratados no capítulo 3 deste livro. Os conceitos tratados neste primeiro capítulo são condições *sine qua non* para compreensão do que se busca demonstrar com este estudo.

# 4. As operações societárias

## 4.1. Introdução – sobre as nomenclaturas

Antes de iniciar a análise, separadamente, cada conceito, vale ressaltar que é comum ouvir no mercado as expressões "fusões e aquisições" e *"mergers and acquisitions"*. Também servem para fazer menção a estas negociações empresariais as siglas F&A ou M&A. Vale ressaltar que o termo *merger*, importado do direito norte-americano, pode englobar tanto a fusão como a incorporação, portanto, deve-se ater a este detalhe ao fazer o estudo de direito comparado. Essas duas nomenclaturas se referem a todas as operações societárias sem distinguir as relevantes diferenças existentes entre elas. Assim, impõe-se alertar que, ao se falar de forma genérica em operações de M&A ou F&A, faz-se referência às seguintes operações societárias: alienação do controle societário pela venda de ações; alienação de estabelecimento por transferência da unidade produtiva, também chamado de contrato de trespasse; fusão; incorporação; cisão; incorporação de ações. A transformação, apesar de ser uma operação societária, não pode ser incluída no mesmo grupo de negociações em razão de não ocorrer transferências de controle, de participação societária ou de ativos.

Cada uma dessas operações societárias tem diferentes utilidades, devendo ser usadas conforme o objetivo buscado pelos acionistas ou administradores das companhias envolvidas nas negociações dessa natureza. Grupos empresariais utilizam-se dessas diferentes fórmulas jurídicas para atingir seus interesses, a fim de promover reestruturações societárias, buscando melhor se organizar e se adequar às atividades econômicas de grupo econômico ou da companhia em si.

## 4.2. Os tipos de operações societárias

Conforme já mencionado, cada tipo de operação societária tem sua peculiaridade que atende objetivos específicos. Fusões, incorporações e incorporações de ações são operações de concentração, pois servem para unir duas ou mais sociedades empresárias. A operação de cisão é movimento contrário, uma vez que sua característica essencial é a separação de patrimônios. A transformação é simplesmente a mudança de tipo societário e não pressupõe concentração ou segregação de patrimônios ou de sociedades, sendo, nesse ponto, uma operação neutra. A aquisição de controle e o contrato de trespasse normalmente implicam concentração empresarial, como nos outros casos acima citados. Vale mencionar, ainda, que estas operações podem ser combinadas, por isso, as características mencionadas podem ter variações práticas, dependendo do contexto da operação empresarial. Passa a conceituar, então, estes "procedimentos societários".

### 4.2.1. Contrato de trespasse – transferência do estabelecimento (ou venda de unidade produtiva)

O contrato de trespasse é o contrato pelo qual se transfere o estabelecimento empresarial. Novamente, faz-se necessário retornar à teoria geral do direito empresarial para esclarecer o conceito de estabelecimento, confundido popularmente com o local da sede produtiva ou o local de comércio do empresário.

Estabelecimento não é somente o local de negócios do empresário ou da sociedade empresária. Trata-se do conjunto de bens que se destinam para a produção ou circulação dos bens ou serviços, ou seja, o conjunto de bens organizadamente utilizados pelo empresário ou sociedade empresária para o desempenho da atividade econômica. Nas palavras do Código Civil brasileiro vigente: "Art. 1.142. Considera-se estabelecimento todo complexo de bens organizado, para exercício da empresa, por empresário, ou por sociedade empresária".

Assim, por este conceito, todos os bens do empresário ou da sociedade empresária, organizados para exercício da empresa, integram o estabelecimento. Tanto bens móveis, imóveis, corpóreos, incorpóreos e até os direitos sobre bens que não são de propriedade do empresário ou da sociedade empresária são partes integrantes do estabelecimento.

Esse entendimento foi estabilizado recentemente pelo ordenamento jurídico, depois de muitos debates doutrinários e divergência sobre este aspecto. A título de informação, para ter noção das questões que eram discutidas, doutrinadores divergiam sobre a inclusão de bens imóveis como parte integrante do estabelecimento.[164] Rubens Requião defendia que, por ser o estabelecimento considerado bem móvel, não poderia se entender, então que bens imóveis integrassem o estabelecimento, sendo contrário à posição defendida por Gierke.[165] Os debates também refletiam sobre a possibilidade de negociação unitária do estabelecimento, pois a doutrina se dividia entre as teorias atomista e universalista, sendo a primeira aquela que negava a separação do estabelecimento dos bens que o integrava, e a segunda, a defensora do estabelecimento como bem complexo.[166] O renomado jurista italiano Tullio Ascarelli não era favorável à confusão entre estabelecimento e patrimônio do empresário. Dizia ele que "A natureza unitária de todo estabelecimento, como observamos, deriva de sua função, do fim específico para o que os diversos bens são organizados".[167] Embora a *azienda* seja considerada sempre a mesma, os bens que a integram mudam ao longo do tempo. Por isso os negócios sobre a *azienda* (estabelecimento no idioma italiano) são diferentes do negócio sobre um mero agregado de bens.[168]

Tal debate está encerrado, pelo menos no ordenamento jurídico brasileiro vigente, sendo que todos os bens, direitos e deveres fazem parte do estabelecimento e são transferíveis de forma unitária pelo negócio jurídico de alienação do estabelecimento (Código Civil, art. 1.143), o contrato de trespasse. Mesmo sendo o estabelecimento uno e sempre o mesmo, conforme lição acima, a sua mutabilidade ao longo do tempo impõe cuidados em negociações dessa natureza. Certamente o adquirente do estabelecimento tem interesse em determinados ativos essenciais ao desenvolvimento da atividade econômica, por isso, na negociação do contrato de trespasse deve-se cuidar de garantir a permanência desses bens até a efetiva transferência do estabelecimento.

A classificação dos bens no direito brasileiro, além de móveis e imóveis, se divide em corpóreos e incorpóreos. Essa separação é particularmente relevante em direito empresarial, pois o patrimônio de sociedades empresárias envolve os bens intangíveis, ou seja, aqueles que não tem uma forma física, não sendo palpáveis. Os direitos, as marcas, as patentes entre outros bens são incluídos neste rol e são

---

[164] TEDESCHI, Sérgio Henrique. *Contrato de Trespasse de Estabelecimento Empresarial e sua Efetividade Social*. Curitiba: Juruá, 2010, p. 41.

[165] REQUIÃO, Rubens. *Curso de Direto Comercial*. 1º vol. São Paulo: Saraiva, 2005, p. 290.

[166] XAVIER, José Tadeu Neves. O estabelecimento empresarial no direito brasileiro, in *Revista Síntese Direito Empresarial*, nº 25, São Paulo: Síntese, 2012, p. 17.

[167] ASCARELLI, Tullio. *Iniciação ao estudo do direito mercantil*. Sorocaba: Minelli, 2007, p. 362.

[168] *Ibidem*.

parte integrante do estabelecimento e na alienação promovida pelo contrato de trespasse. O próprio título do estabelecimento (que não se confunde com o nome empresarial) pode ter relevância, pois pode ser nome confiável no mercado, atraindo a clientela. A clientela não é considerada bem do empresário, sendo, no entanto, levada em consideração nas negociações que envolvem o estabelecimento. Da mesma forma o conceito de aviamento, ou seja, a capacidade de gerar lucros, não pode ser exatamente um bem, mas será levado em consideração como valor intangível do estabelecimento. A transferência de posição contratual ocorre por sub-rogação, salvo estipulação expressa em contrário, como determina artigo 1.148 do Código Civil, sendo alguns contratos fundamentais para a continuidade da atividade produtiva (exemplo claro é o contrato de franquia).[169] Todavia, contratos personalíssimos dependem da concordância do outro contratante, que podem rescindi-lo em até noventa dias após a publicação da alienação do estabelecimento.

Alguns bens incorpóreos têm proteção legal através de registros específicos e de leis especiais. Entre esses bens, têm-se as quatro espécies de propriedade industrial: as marcas, desenho industrial, modelo de utilidade e invenção. A propriedade industrial está regulamentada pela Lei nº 9.279/96, de onde se podem extrair os seus diferentes conceitos. A proteção se dá pelos registros de marca e pelas patentes, que asseguram a exploração pelo titular da propriedade industrial. Outros tipos de propriedade sobre bens incorpóreos são previstos em outras normas. Por exemplo, o Brasil protege os *softwares* de computador, bem como os direitos relativos às obras artísticas ou científicas (Lei nº 9.609/98, sobre os programas de computador; Lei nº 9.610/98, sobre os direitos autorais). Todos estes bens são integrantes do estabelecimento e seguem a regra da transferibilidade do complexo de bens e direitos.

Outra questão importante para ser analisada é a relativa à multiplicidade de estabelecimentos. A atual Lei de Falências e Recuperação Judicial (Lei nº 11.101/2005) usa a denominação alienação de unidades produtivas. Essa nomenclatura leva a crer que o sistema legal brasileiro entende ser possível separar o patrimônio da sociedade empresária ou do empresário em mais de um estabelecimento (as unidades produtivas, que também são complexos de bens organizados para a produção empresarial).[170]

---

[169] TOKARS, Fábio Leandro. *Estabelecimento Empresarial*. São Paulo: LTr, 2006, p. 81.

[170] Ver os artigos 60, 140 e 160 da Lei de Falências e Recuperações Judiciais.

Dependendo das previsões estatutárias, esses contratos podem ser firmados pela Diretoria, dentro da sua competência negocial de gestão. Mas situações que possam mudar significativamente a companhia, a ponto de alterar o objeto social, necessitarão de deliberação dos sócios. Além disso, algumas companhias fechadas, com menor quantidade de sócios, podem conter normas no seu estatuto que determinam a deliberação dos acionistas para alienação de determinados bens do ativo que superem um valor previamente determinado. Esses são aspectos práticos merecedores de consideração no momento de concretização dessa modalidade contratual.

### 4.2.2. *Alienação do controle acionário – venda das ações do bloco de controle*

Conforme já analisado, o controle é uma espécie de poder-dever reconhecido aos detentores do capital social com a consequente capacidade de dominar as deliberações societárias. Essa possibilidade de dominar as deliberações tem como consequência a capacidade de decidir sobre as questões empresariais da companhia, havendo grande interferência também na própria administração da sociedade. Essa característica repercute na maior valorização das ações do chamado bloco de controle, sendo atrativo no caso de alienação dessas ações.

A venda do controle acionário decorre de negociação entre o titular das ações e o interessado, sem necessidade de votação dos demais acionistas. Ela ocorre pela aquisição de 50% mais uma ação com direito a voto. Lembra-se que a S.A. pode ter metade do seu capital dividido em ações sem direitos de voto, por meio das ações preferenciais. Assim, sobre o capital total, o controle é atingido pela aquisição de 25% mais uma ação do capital social. Não obstante, vale mencionar que o Brasil tem hoje algumas companhias que tem o capital acionário disperso, ou seja, dividido em um grande número de acionistas, abrindo a possibilidade de existir o controle acionário com a minoria do capital votante. Trata-se do controvertido conceito de controle minoritário, alvo de alguns debates intensos no âmbito da doutrina, conforme mencionado no capítulo anterior.

Importante destacar que o controle pode ser composto por um único acionista, ou por um grupo de acionistas, mediante assinatura de acordo de acionistas ou, até mesmo, sem documento formal nesse sentido. Importante destacar que o acordo de acionistas deve ser registrado e arquivado na sede da companhia, a fim de ter validade perante terceiros. O acordo de voto pode ser objeto até mesmo de execução específica e, em assembleias gerais, a mesa não pode contabilizar votos que contrariem o acordo devidamente arquivado na sede da sociedade. Estas disposições estão previstas no artigo 118 da Lei nº 6.404/76.[171] Destarte, a regulamentação legal de transferência do controle se aplica também àqueles exercidos em razão de acordo de votos (em verdade, aplica-se a toda situação que concede tal poder de comandar a companhia).

Estruturas piramidais por meio de utilização de sociedades de participação, as chamadas *holdings*, também são formas de estruturar o controle de sociedades que podem integrar o negócio de transferência do controle acionário. A *holding* não é uma forma societária, mas sim uma sociedade cujo objeto social é a participação em outras sociedades. Trata-se da sociedade constituída com a finalidade de participar e, na maioria das vezes, com o objetivo de controlar outras sociedades empresárias, podendo ter objeto social unicamente de participar de outras sociedades (*holding* puras), assim como podem ter no objeto social a participação em outras sociedades juntamente com sua atividade operacional (*holding* mistas). O efeito prático da estrutura piramidal com utilização de *holdings* é a menor necessidade de capital para controlar outras sociedades. Em caso de transferência do contro-

---

[171]Art. 118. Os acordos de acionistas, sobre a compra e venda de suas ações, preferência para adquiri-las, exercício do direito a voto, ou do poder de controle deverão ser observados pela companhia quando arquivados na sua sede.(Redação dada pela Lei nº 10.303, de 2001). § 1º As obrigações ou ônus decorrentes desses acordos somente serão oponíveis a terceiros, depois de averbados nos livros de registro e nos certificados das ações, se emitidos. § 2º Esses acordos não poderão ser invocados para eximir o acionista de responsabilidade no exercício do direito de voto (artigo 115) ou do poder de controle (artigos 116 e 117). § 3º Nas condições previstas no acordo, os acionistas podem promover a execução específica das obrigações assumidas. § 4º As ações averbadas nos termos deste artigo não poderão ser negociadas em bolsa ou no mercado de balcão. § 5º No relatório anual, os órgãos da administração da companhia aberta informarão à assembléia-geral as disposições sobre política de reinvestimento de lucros e distribuição de dividendos, constantes de acordos de acionistas arquivados na companhia. § 6º O acordo de acionistas cujo prazo for fixado em função de termo ou condição resolutiva somente pode ser denunciado segundo suas estipulações. (Incluído pela Lei nº 10.303, de 2001) § 7º O mandato outorgado nos termos de acordo de acionistas para proferir, em assembleia-geral ou especial, voto contra ou a favor de determinada deliberação, poderá prever prazo superior ao constante do § 1º do art. 126 desta Lei.(Incluído pela Lei nº 10.303, de 2001). § 8º O presidente da assembleia ou do órgão colegiado de deliberação da companhia não computará o voto proferido com infração de acordo de acionistas devidamente arquivado.(Incluído pela Lei nº 10.303, de 2001). § 9º O não comparecimento à assembleia ou às reuniões dos órgãos de administração da companhia, bem como as abstenções de voto de qualquer parte de acordo de acionistas ou de membros do Conselho de Administração eleitos nos termos de acordo de acionistas, assegura à parte prejudicada o direito de votar com as ações pertencentes ao acionista ausente ou omisso e, no caso de membro do Conselho de Administração, pelo conselheiro eleito com os votos da parte prejudicada.(Incluído pela Lei nº 10.303, de 2001). § 10. Os acionistas vinculados a acordo de acionistas deverão indicar, no ato de arquivamento, representante para comunicar-se com a companhia, para prestar ou receber informações, quando solicitadas.(Incluído pela Lei nº 10.303, de 2001). § 11. A companhia poderá solicitar aos membros do acordo esclarecimento sobre suas cláusulas.(Incluído pela Lei nº 10.303, de 2001)

le da companhia controladora, considerar-se-á transferido, também, o controle da controlada, incidindo todas as regras, tal como se estivesse transferindo as ações da controlada.[172]

O valor das ações do denominado bloco de controle normalmente é muito superior ao valor de cotação no mercado acionário aberto ou até em relação ao valor em relação ao patrimônio líquido, sendo chamado de ágio ou "prêmio de controle". A doutrina tem discutido, em diversas regiões do mundo, sobre a quem pertence esse valor extra que o controle concede a determinadas ações. Duas correntes doutrinárias se destacam em sentidos opostos: uma delas defende que o prêmio pertence exclusivamente ao controlador, predominando no sistema jurídico dos Estados Unidos da América; a segunda corrente, entende que o prêmio deve ser dividido entre o controlador e os acionistas minoritários.[173]

Os debates sobre o tema têm natureza filosófica, no sentido de qual é a justiça na distribuição ou não do referido prêmio de controle. A corrente que defende ser cabível exclusivamente ao controlador entende ser esta solução razoável, pois serve para recompensar os custos incorridos para o comando da atividade empresarial. A outra corrente manifesta-se em sentido oposto, dizendo que o sistema de controle concentrado permite apropriações indevidas do controlador, e que o prêmio deve ser compartilhado com os minoritários como forma de dividir o valor entre todos os acionistas, pois são responsáveis pela contribuição e pelo crescimento da sociedade.[174]

Neste sentido, o direito brasileiro adotou posição intermediária. O prêmio pelo controle é obrigatoriamente dividido em operações de companhias abertas, mas somente entre aqueles com direito a voto, que se concretiza no dever de o ofertante/adquirente do controle realizar oferta pública (denominado de *tag along*) pelas ações dos acionistas minoritários com direito a voto do artigo 254-A da Lei nº 6.404/76:

> Art. 254-A. A alienação, direta ou indireta, do controle de companhia aberta somente poderá ser contratada sob a condição, suspensiva ou resolutiva, de que o adquirente se obrigue a fazer oferta pública de aquisição das ações com direito a voto de propriedade dos demais acionistas da companhia, de modo a lhes assegurar o preço no mínimo igual a 80% (oitenta por cento) do valor pago por ação com direito a voto, integrante do bloco de controle. (Incluído pela Lei nº 10.303, de 2001)

---

[172] CARVALHOSA, Modesto. *Comentários à lei de sociedades anônimas*: Lei nº 6.404, de 15 de dezembro de 1976, com as modificações das Leis nº 9.457, de 5 de maio de 1997 e 10.303, de 31 de outubro de 2001 – 4º Volume. São Paulo: Saraiva, 2002, p. 170.

[173] EIZIRIK, Nelson. *A Lei das S/A Comentada*, vol. III – Artigos 189 a 300, São Paulo: Quartier Latin, 2011, p. 414 e 415.

[174] *Idem*.

§ 1º Entende-se como alienação de controle a transferência, de forma direta ou indireta, de ações integrantes do bloco de controle, de ações vinculadas a acordos de acionistas e de valores mobiliários conversíveis em ações com direito a voto, cessão de direitos de subscrição de ações e de outros títulos ou direitos relativos a valores mobiliários conversíveis em ações que venham a resultar na alienação de controle acionário da sociedade. (Incluído pela Lei nº 10.303, de 2001)
§ 2º A Comissão de Valores Mobiliários autorizará a alienação de controle de que trata o *caput*, desde que verificado que as condições da oferta pública atendem aos requisitos legais. (Incluído pela Lei nº 10.303, de 2001)
§ 3º Compete à Comissão de Valores Mobiliários estabelecer normas a serem observadas na oferta pública de que trata o *caput*. (Incluído pela Lei nº 10.303, de 2001)
§ 4º O adquirente do controle acionário de companhia aberta poderá oferecer aos acionistas minoritários a opção de permanecer na companhia, mediante o pagamento de um prêmio equivalente à diferença entre o valor de mercado das ações e o valor pago por ação integrante do bloco de controle. (Incluído pela Lei nº 10.303, de 2001)

Conforme explicado anteriormente, a norma se aplica também às alienações indiretas do controle, quando for alienado o controle de companhia controladora. Há que se cuidar, porém, acerca do detalhe sobre a forma de avaliar o valor da oferta pública aos acionistas minoritários, quando a controladora tiver participações e controle de diferentes companhias, bem como no caso de ser ela própria uma companhia operacional ou não. Isso porque o valor do controle da controladora será avaliado pelo conjunto de ativos, exigindo atenção ao estabelecer o valor da oferta pública obrigatória do artigo 254-A para os minoritários de cada controlada. Nesse sentido, a própria CVM reconhece esta situação, conforme a Instrução n. 361 de 2002, exige demonstração do preço. Eis o texto regulamentar:

Art. 29. A OPA por alienação de controle de companhia aberta será obrigatória, na forma do art. 254-A da Lei nº 6.404/76, sempre que houver alienação, de forma direta ou indireta, do controle de companhia aberta, e terá por objeto todas as ações de emissão da companhia às quais seja atribuído o pleno e permanente direito de voto, por disposição legal ou estatutária.
(...)
§ 6º No caso de alienação indireta do controle acionário, o ofertante deverá submeter à CVM, juntamente com o pedido de registro, a demonstração justificada da forma de cálculo do preço devido por força do art. 254-A da Lei nº 6.404/76, correspondente à alienação do controle da companhia objeto.

Existe, ainda, mais uma peculiaridade nascida a partir do recente surgimento das companhias com o controle minoritário. Discute-se acerca da possibilidade ou não de se aplicar o artigo 254-A, obrigando o adquirente a realizar a oferta pública de aquisição das ações dos demais acionistas com direito a voto.

A discussão passa pelo reconhecimento jurídico ou não do controle de fato exercido pelo acionista minoritário em companhias de capital disperso. Para Erik Frederico Oioli, não há porque eliminar a incidência do artigo 254-A, pois o controle minoritário é reconhecido no artigo 116 da Lei das S.As. Segundo o referido autor, o texto legal não limita o conceito de controle à maioria absoluta do capital votante.[175] No entanto, não há uma posição oficial definitiva sobre o tema, sendo o primeiro debate acerca dessa polêmica ocorrido no precedente da CVM, no caso da alienação indireta do Controle da TIM Participações S.A.

Esse caso é bastante complexo, pois envolveu ainda a discussão preliminar sobre a aplicação das normas de Direito Internacional Privado. Segundo o voto da Presidente Maria Helena Santana, para analisar a alienação do controle deveria ser avaliada a alienação do controle de companhia controladora estrangeira. Neste aspecto, o Direito Internacional Privado Brasileiro prevê que "As organizações destinadas a fins de interesse coletivo, como as sociedades e as fundações, obedecem à lei do Estado em que se constituirem." (artigo 11 da Lei de Introdução ao Código Civil – LICC). No caso, para aplicar a regra do artigo 254-A da Lei Brasileira nº 6.404/76, a CVM deveria reconhecer se, à luz do direito italiano (que deveria ser aplicado por força das normas de Direito Internacional Público), existia o controle minoritário. No direito italiano, o controle minoritário somente é presumido com aquisição de 30% do capital votante, o que inocorreu naquele precedente. No voto da Presidente, ela demonstra a preocupação com o assunto se posiciona a favor de existir uma regra clara sobre a presunção de controle minoritário no direito pátrio, ao invés de deixar para a análise casuística:[176]

> 3.4 Creio que a CVM deve buscar aprofundar a discussão sobre esta questão, já que é uma realidade que parece estar cada vez mais próxima de acontecer em nosso mercado. Há hoje diversas companhias abertas cujo controlador de fato não detém a maioria absoluta do capital votante. Eventuais operações de venda de participações acionárias com essas características deveriam disparar a obrigação prevista no Art. 254-A? Em minha opinião, a própria complexidade deste caso, a dificuldade de caracterizar a existência ou não do controle, ilustra bem o tipo de desafio que nos espera.
> 3.5 A discussão sobre permanência da situação de controle e que critérios seriam capazes de a caracterizar, embora tenha sido muito bem feita pelo Diretor Eliseu Martins em seu voto, e eu concorde com suas conclusões naquele aspecto, é muito sujeita às visões dos que decidirão cada caso e não seria, em minha visão, positiva para o am-

---

[175] OIOLI, Erik Frederico. Obrigatoriedade do *tag along* na aquisição de controle diluído *in Temas de Direito Societário e Empresarial Contemporâneos – Liber Amicorum Prof. Dr. Erasmo Valladão Azevedo e Novaes França*. São Paulo: Malheiros, 2011, p. 322.

[176] Declaração de Voto da Presidente Maria Helena Santana no Processo Administrativo CVM RJ 2009/1956, disponível em <http://www.cvm.gov.br/port/descol/respdecis.asp?File=6360-3.HTM>, acessado em 28 de agosto de 2013.

biente de negócios no Brasil. O conceito de controle de fato, sujeito em cada caso ao grau de dispersão do capital da sociedade e ao absenteísmo dos demais acionistas, é bastante útil para a apuração de responsabilidades em episódios específicos, mas pode trazer insegurança se for utilizado para avaliar a incidência ou não da obrigação de realização de OPA por alienação de controle.

3.6 Em suma, entendo que se hoje existem companhias no Brasil em que não há dúvida de que o controle é exercido por determinados acionistas minoritários – seja por que detêm participações extremamente relevantes e têm prevalecido em assembleias ao longo do tempo, por estarem vinculados por acordos de voto ou pela participação mais evidente na própria gestão da companhia –, há outras situações em que essa caracterização seria muito difícil de obter tão claramente, e em que seria de extrema valia a existência de critérios conhecidos e públicos para essa análise.

3.7 Entendo, por isso, que é fundamental o esforço de construção de critérios que permitam tornar mais previsível e segura a avaliação a ser feita nos casos concretos. E para que se possa evitar a excessiva subjetividade de análises puramente casuísticas, sou de opinião que o mais conveniente seria a adoção do percentual de 30% do capital votante, presumindo-o como representativo do controle minoritário de sociedades em que não haja outro acionista detentor de um bloco de ações maior que esse. Mas a discussão sobre qual seria a melhor baliza ainda deve ser muito aprofundada, bem como a avaliação sobre que mecanismos haveria, à disposição da CVM, para adotar essas definições.[177]

Os demais julgadores concluíram por aplicar integralmente a Lei Brasileira, e mesmo assim, decidiram pela não incidência do art. 254-A. Nesse aspecto, Otávio Yazbek entendeu pela necessidade de interpretar os artigos 116 e 254-A para chegar a sua conclusão:

2. Da definição de poder de controle na legislação acionária – arts. 116 e 254-A – e da possibilidade de controle minoritário

O segundo ponto que me parece essencial tratar diz respeito à definição de poder de controle a ser adotada. Filio-me, ainda que parcialmente, à posição sustentada, nos autos, por parecer da lavra de Nelson Laks Eizirik, de que há que se diferenciar, ao menos *ab initio*, aquilo que dispõe o art. 116 do regime criado pelo art. 254-A da Lei n. 6.404/46.

Tal posição, frise-se, já foi adotada em outros casos pelo Colegiado da CVM – refiro-me, em especial, ao Proc. N. RJ 2005/4069 (em que se seguiu o voto do Diretor Relator, Pedro Marcílio de Oliva Dutra) e ao Proc. RJ N. 2008/4156 (em que a maioria acompanhou o voto do Diretor Marcos Barbosa Pinto).

Com efeito, ao definir acionista controlador como a pessoa ou grupo de pessoas que "é titular de direitos de sócio que lhe assegurem, de modo permanente, a maioria dos votos nas deliberações da assembleia-geral e o poder de eleger a maioria dos administradores da companhia" (alínea "a") e que "usa efetivamente seu poder para dirigir as atividades sociais e orientar o funcionamento dos órgãos da companhia" (alínea "b"), o art. 116 da lei acionária dá uma definição eminentemente instrumental, destinada a (i) definir um conteúdo mínimo de obrigações para tal pessoa ou grupo de pessoas (o

---

[177] Voto de Otávio Yazbek no Processo Administrativo CVM RJ 2009/1956, disponível em <http://www.cvm.gov.br/>, acessado em 17 de maio de 2014.

que se faz, em especial, no parágrafo único do mesmo artigo) e (ii) estabelecer um conjunto de responsabilidades para estes (em especial no art. 117).

Essa instrumentalidade fica evidente quando a própria Exposição Justificativa do Projeto de Lei que deu origem à Lei n. 6.404/76 esclarece que "O princípio básico adotado pelo Projeto, e que constitui o padrão para apreciar o comportamento do acionista controlador, é o de que o exercício do poder de controle só é legítimo para fazer a companhia realizar o seu objeto e cumprir sua função social, e enquanto respeita e atende lealmente aos direitos e interesses de todos aqueles vinculados à empresa – os que nela trabalham, os acionistas minoritários, os investidores do mercado e os membros da comunidade em que atua".

Em suma, ao definir acionista controlador, o art. 116 da Lei das S.A. criou, fundamentalmente, um centro de imputação de direitos e deveres, permitindo a responsabilização daquele que abusa de sua posição dominante. Para fazê-lo com maior eficiência – e como desde sempre vem reconhecendo a doutrina – a lei adotou uma definição suficientemente ampla de acionista controlador, a fim de abranger não apenas os controles totalitário e majoritário, mas também o controle minoritário.

Já quando se está tratando do regime da alienação do poder de controle, no art. 254-A da mesma Lei, se está regulando um outro tipo de realidade, com outras finalidades. Assim, o que se procurou, aqui, foi proteger o acionariado disperso a partir da criação de um instrumento próprio, que outorga, a este, a possibilidade de retirada em caso de mudança das condições sob as quais ingressou no quadro social (e que poderiam ficar prejudicadas em caso de alienação de controle).

Como asseverou o Diretor Pedro Marcílio no caso da Companhia Brasileira de Distribuição, acima referido, o art. 254-A "... pretende conferir a possibilidade de uma 'compensação' à quebra de estabilidade do quadro acionário, permitindo que os acionistas minoritários alienem suas ações por um preço determinado em lei (que pode ser aumentado pelo estatuto social), quando essa estabilidade for perturbada". Para tal, de acordo com o Relator, não mais se adota, pura e simplesmente, a terminologia do art. 116, mas sim uma distinta, falando-se em "alienação, direta ou indireta, do controle de companhia aberta".

Naturalmente, em diversos casos o art. 116 pode servir de suporte para a aplicação do regime criado pelo art. 254-A. Porém, entendo que a sua adoção pura e simples tende a gerar significativas distorções. Isso porque a definição contida naquele primeiro artigo, justamente por se destinar a uma finalidade própria, tem uma abrangência que talvez seja inconcebível quando se está falando de alienação de controle.

A maior parte dos possíveis questionamentos, neste ponto, diz respeito à possibilidade de alienação, para os efeitos do art. 254-A, do poder de controle minoritário ou de fato. Na verdade, tal possibilidade traria um necessário dilema lógico: como combinar a detenção de uma participação minoritária com aquela detenção, "de modo permanente", do poder de definir o conteúdo das deliberações sociais e de eleger a maioria dos administradores? Trata-se de um dilema – ou melhor, de uma dificuldade – recorrente quando se fala em poder de controle minoritário(2).

Não gostaria aqui de, no mesmo diapasão da declaração de voto apresentada pelo Diretor Eli Loria no presente caso, afastar de pronto qualquer possibilidade de negócio jurídico que transfira poder de controle minoritário e que, com isso, possa vir a ensejar a aplicação do art. 254-A da lei acionária.

A bem da verdade, creio que tal possibilidade não é de todo inconsistente com o regime do citado art. 254-A, mesmo porque, ainda na vigência do art. 254 original (que, revogado pela Lei n. 9.457/97, foi o embrião do atual art. 254-A, incluído pela Lei n. 10.303/01), a Resolução CMN n. 401/76, que regulamentava aquele dispositivo, já tratava expressamente do controle minoritário.

Neste sentido, a referida Resolução dispunha, em seu inciso IV, que "Na companhia cujo controle é exercido por pessoa, ou grupo de pessoas, que não é titular de ações que assegurem a maioria absoluta dos votos do capital social, considera-se acionista controlador, para os efeitos desta Resolução, a pessoa, ou grupo de pessoas, vinculadas por acordo de acionistas, ou sob controle comum, que é titular de ações que lhe assegurem a maioria absoluta dos votos dos acionistas presentes nas três últimas Assembléias Gerais da companhia". Naturalmente, a mera existência de dispositivo, em norma revogada, não permite maiores exercícios de hermenêutica.

Ainda assim, porém, ela sinaliza que, muito provavelmente, a possibilidade de alienação de controle minoritário para os fins do art. 254-A não é descabida. A análise deve realizar-se caso a caso – nesta linha, aliás, é extremamente sintomático que o regime anteriormente vigente tenha remetido a determinados fatos bastante concretos ("as três últimas Assembléias Gerais da companhia"), de modo a afastar, do controle minoritário, justamente aquela fugacidade, aquela instabilidade, que usualmente o caracteriza.

É claro que, sem balizadores objetivos (e em certa medida arbitrários) como aqueles, torna-se muito mais difícil identificar o controle minoritário e, ao mesmo tempo, outorgar aos agentes de mercado a segurança necessária. Ainda assim, parece-me importante não negar a priori tal possibilidade.

Uma vez feitos os registros acima, cumpre passar às considerações sobre o ocorrido no presente caso.

No principal mercado acionário do Brasil, os regulamentos da BM&F Bovespa preveem que o controle minoritário é presumido quando, por três assembleias consecutivas, o acionista detentor de posição minoritária prevalecer. Como exemplo, nas definições do regulamento do "Novo Mercado" define-se o Poder de Controle desta forma:[178]

"Poder de Controle" significa o poder efetivamente utilizado de dirigir as atividades sociais e orientar o funcionamento dos órgãos da Companhia, de forma direta ou indireta, de fato ou de direito, independentemente da participação acionária detida. Há presunção relativa de titularidade do controle em relação à pessoa ou ao Grupo de Acionistas que seja titular de ações que lhe tenham assegurado a maioria absoluta dos votos dos acionistas presentes nas 3 (três) últimas assembleias gerais da Companhia, ainda que não seja titular das ações que lhe assegurem a maioria absoluta do capital votante.

Outro aspecto que se destaca é o esclarecimento da BM&F Bovespa acerca da não incidência da OPA do art. 254-A em razão de aquisição originária de controle de companhia estrangeira controladora de companhia brasileira:

---

[178] Regulamento do "Novo Mercado", disponível em <http://www.bmfbovespa.com.br/pt-br/servicos/download/Regulamento-de-Listagem-do-Novo-Mercado.pdf>, acessado em 17 de maior de 2014.

Esclarecimento

O presente esclarecimento é prestado à vista de consultas formuladas à Bovespa sobre a obrigatoriedade, ou não, de ser apresentada oferta pública de aquisição de ações de uma companhia aberta listada no Novo Mercado ou no Nível 2 ("companhia listada") na seguinte situação:

⇒ quando um terceiro adquirir o controle acionário da empresa controladora da companhia listada, e, ainda

⇒ considerando-se que a empresa controladora da companhia listada, até aquele momento, tenha o seu capital disperso em mercado, sem a existência de um controlador ou grupo controlador.

Para prestar este esclarecimento, parece-nos conveniente iniciar com a indicação do caminho que foi seguido pelo legislador brasileiro no que se refere a ofertas públicas em caso de alienação de controle.

A lei societária brasileira (Lei nº 6.404/76) define a figura do acionista controlador em seu artigo 116. Segundo o referido dispositivo, é acionista controlador, a pessoa física ou jurídica que, sendo detentora de direitos de sócio que assegurem, de modo permanente, a maioria dos votos nas deliberações da assembléia geral e o poder de eleger a maioria dos administradores da companhia, use efetivamente seu poder para dirigir as atividades sociais e orientar o funcionamento dos órgãos da companhia.

A mesma Lei nº 6.404/76 exige em seu artigo 254-A a apresentação de oferta pública sempre que ocorrer a alienação do controle da companhia.

Da mesma forma, os Regulamentos do Novo Mercado e do Nível 2 estipularam que a alienação do controle da companhia listada, direta ou indireta, enseja a realização de oferta pública, de forma a assegurar, aos demais acionistas, tratamento igualitário ao do alienante do controle. Ademais, essa regulamentação também previu a necessidade de realização de oferta pública em caso de alienação de controle do controlador (ou empresa controladora) da companhia listada.

Passando propriamente ao tema objeto das consultas, se o capital da empresa controladora da companhia listada está pulverizado no mercado, sem que exista um acionista, ou grupo deles, que seja detentor de seu controle, parece evidente que a mera aquisição, por terceiro, de uma quantidade de ações, que passe a assegurar, de forma indireta, o controle da companhia listada, não demandará a apresentação de oferta pública.

Isto porque a situação objeto das consultas formuladas configura uma aquisição originária de controle, figura essa que, apesar de implicar no surgimento de um acionista controlador da companhia listada, não gera a obrigação de realização, por esse controlador, de oferta pública, dirigida aos acionistas da respectiva companhia listada, pois não houve a transferência a terceiro de um controle pré-constituído.

Assim, no âmbito da empresa controladora da companhia listada e mesmo no âmbito da companhia listada, não terá ocorrido alienação de controle. E, consequentemente, o terceiro, que conseguiu formar um bloco de controle, não terá a obrigação de apresentar oferta pública de aquisição das ações de emissão da companhia listada.

São Paulo, 06 de junho de 2007.
Gilberto Mifano
Superintendente Geral
Bovespa

Para fugir a esse debate da aplicabilidade da obrigação prevista no artigo 254-A da Lei n° 6.404/76, surgiram também, no direito brasileiro, as cláusulas de proteção da dispersão acionária, sob o nome, importado do direito estrangeiro, de *poison pill*. A *poison pill* consiste em cláusula estatutária que determina o mesmo dever de oferta pública pelas ações de todos os acionistas, caso algum acionista atinja um percentual acionário predeterminado no estatuto social. O objetivo desse *tag along* estatutário, de certa maneira, é diferente daquele previsto na Lei, pois busca manter a pulverização do capital, ou seja, evitar a concentração das ações nas mãos de poucos acionistas. Na prática, a criação desse mecanismo tem servido para proteger, em verdade, o controlador, pois impede que ele perca o controle de fato sobre a companhia. As companhias brasileiras, ainda, passaram a utilizar as cláusulas de proteção como forma de entrincheiramento no poder,[179] criando inclusive provisões estatutárias acessórias que tornam praticamente impossível a retirada da pílula de veneno dos estatutos, pois criam o mesmo dever de *tag along* para qualquer acionista que votar a favor do fim da proteção. Essa cláusula acessória, porém, foi tida por ilegal quando submetida à CVM.

A *poison pill* brasileira não é a verdadeira pílula de veneno criada no direito norte americano nos anos 1980, pois trata-se de uma cláusula de *tag-along*, que cria o mesmo dever de oferta pública de aquisição por todas as ações da companhia em caso de aquisição de percentual estipulado pelo próprio estatuto social da companhia, como forma de manutenção da dispersão acionária. Quanto à homônima do direito americano, verifica-se ser uma das modalidades de defesa da dispersão acionária podendo ser dos seguintes tipos:

> (i) *Flip-Over* – cláusula que permite aos acionistas adquirir ações da companhia adquirente ou na companhia resultante de incorporação ou fusão por opção concedida a preços inferiores ao de mercado em caso de uma negociação de fusões e aquisições.
> (ii) *Flip-In* – esta modalidade permite ao acionista da companhia alvo, exceto ao ofertante adquirente, a adquirir ações da própria companhia alvo por preço reduzido, antes ou em decorrência de operação de M & A.
> (iii) Cláusulas *Back End* – concede o direito aos acionistas o direito de receber em dinheiro o valor de suas ações ou títulos com prêmio superior ao valor de mercado
> (iv) Cláusula de Conversão das Ações Preferenciais – permitem aos acionistas preferenciais a obter ações com direito a voto na companhia sobrevivente de uma fusão ou incorporação ou receber indenização em dinheiro por suas ações em caso de tomada hostil de controle.

---

[179] ZANINI, Carlos Klein. A *poison pill* brasileira: desvirtuamento, antijuridicidade e ineficiência publicado em Temas de Direito Societário e Empresarial Contemporâneos (Marcelo VieiraVon Adamek Coord.), São Paulo: Malheiros, 2011, p. 361.

(v) Cláusulas sobre *quorum* de votação – cria regras diferenciadas de super-maioria, ou seja, aumenta os quóruns de deliberação.[180]

O tema *poison pills* será retomado no próximo capítulo, especialmente ao comparar o direito brasileiro e o americano, pois neste último, aplicam-se as regras dos deveres fiduciários dos administradores, devido à forma como se estabelecem as cláusulas de proteção nas companhias daquele país.

Por fim, merece atenção o fato de a mudança de controle poder ter incidência de normas de direito administrativo. Determinadas atividades são mais reguladas pelo Estado do que outras, pois são consideradas assuntos de segurança nacional ou de relevante interesse público. Algumas dessas atividades são atividades privadas reguladas, outras, são verdadeiros serviços públicos, delegados à iniciativa privada.

O artigo 155 da Lei nº 6.404/76 alerta que companhias abertas que necessitam de autorização estatal para operarem, deverão obter anuência do ente estatal delegante, a fim de possibilitar a mudança de controle. A Lei de Concessões nº 8.987/05 prevê a anuência do Poder Concedente para transferência de controle, sob pena de rescisão do contrato administrativo. Estes assuntos serão retomados em item específico, pois a transferência pode assumir forma de outra operação societária, não apenas a transferência de quotas, incidindo estas normas.

### 4.2.3. Incorporação

Trata-se da operação societária pela qual duas ou mais sociedades empresárias se unem, subsistindo uma delas, extinguindo-se as outras. Os acionistas das sociedades incorporadas passam a ser acionistas da incorporadora. Em outras palavras, conforme expressão do artigo 227 da Lei das S.As., uma companhia absorve a outra, sucedendo-a em seus direitos e deveres. Esta é uma das verdadeiras modalidades de operação societária, pois se trata de promover verdadeira mutação das companhias envolvidas com necessidade de aprovação dos acionistas. O *quorum* de deliberação para aprovar a incorporação em outra sociedade é de pelo menos metade do capital com direito de voto, conforme prescreve o artigo 136, IV. A companhia fechada pode aumentar o *quorum* por meio de previsão estatutária nesse sentido, o

---

[180] MARTINS, Matheus Luniere; REBELO, Nikolai Sosa; SCOTTEN, Donald. As *Poison Pills* como instrumentos de proteção aos minoritários – Estudo Crítico de Direito Comparado *in Revista Síntese Direito Empresarial*. Ano 6, n. 33. São Paulo: Síntese, 2013, p. 215.

que não é possível na companhia aberta. Interessante notar que a letra da lei, ao prever *quorum* qualificado, usa a frase "incorporação em outra", ou seja, exclui desta regra a companhia incorporadora, bastando a maioria dos votos dos acionistas votantes presentes.

Além disso, a CVM emitiu o Parecer de Orientação n° 34, entendendo que em incorporação de controlada, o acionista controlador não poderá votar por caracterização de benefício particular à luz do artigo 115, § 1°, da Lei n° 6.406/76. Trata-se da discussão sobre as teorias acerca do conflito de interesses explicadas no capítulo anterior e também retomadas no próximo capítulo.

*4.2.4. Fusão*

A fusão é outra operação societária que depende da deliberação e aprovação dos acionistas. Duas companhias (aplica-se a outros tipos de societários) se unem formando uma nova sociedade, extinguindo as precedentes. Nos exatos termos da lei, é "a operação pela qual se unem duas ou mais sociedades para formar sociedade nova, que lhes sucederá em todos os direitos e obrigações." (art. 228).

*4.2.5. Cisão*

A cisão é a operação de segregação de patrimônio de uma sociedade existente para outra sociedade ou mesmo para novas sociedades constituídas a partir da operação, podendo ou não extinguir a sociedade cindida (conforme prevê o artigo 229 da Lei n° 6.404/76). Conceitualmente, chama-se cisão parcial aquela operação de cisão em que a companhia cindida não é extinguida pela operação, permanecendo com parte do patrimônio original. A cisão total é a operação em que todo o patrimônio é vertido para sociedades novas ou existentes.

Segundo Bulgarelli, a verdadeira cisão é a operação em que a sociedade original se extingue, dividindo seu patrimônio entre outras novas sociedades, que doutrinariamente se denominou como cisão pura. Sob este argumento, este doutrinador separa a cisão pura de outras formas assemelhadas, que também foram acolhidas como cisão no ordenamento brasileiro:

1) a cisão pura, em que uma sociedade divide o seu patrimônio entre várias novas e se extingue;

2) a cisão-absorção, em que a sociedade divide o seu patrimônio entre sociedades existentes e desaparece;

3) a falsa cisão ou "apport partiel d'actif" em que a sociedade transfere parte do seu patrimônio, permanecendo;

4) a cisão-holding; em que a sociedade reparte o seu patrimônio entre duas ou mais sociedades constituídas para esse fim, permanecendo como sociedade "holding".[181]

Trata-se de forma de reorganização societária bastante flexível. Segundo Eizirik:

> A cisão tem raízes na prática empresarial, obedecendo, na maioria dos casos, aos objetivos de racionalização e reorganização de estruturas empresariais existentes, permitindo que a finalidade lucrativa do empreendimento seja alcançada de forma diversa da original, mediante a realocação do seu patrimônio. Daí a sua caracterização como uma "modificação estrutural da sociedade"; trata-se de instrumento jurídico que possibilita à empresa, organizada sob a forma de sociedade, adequar sua estrutura às exigências do desenvolvimento dos negócios.[182]

Egberto Lacerda Teixeira e José Alexandre Tavares Guerreiro ensinam que, embora pareça contraditório, a operação de cisão também pode atingir fins concentracionistas. Isso se deve ao fato de que, pela cisão, a grande sociedade se reorganiza pela divisão em outras companhias. Estas mantém a orientação do mesmo grupo econômico originário. Além disso, a cisão com versão de patrimônio em sociedade já existente, tem o mesmo caráter de concentração de uma incorporação.[183]

Esta operação tem algumas peculiaridades no que tange à sucessão dos direitos e deveres assumidos pelas companhias após a cisão, pelo fato de ser movimento inverso ao das operações de fusão e de incorporação. Existem diferentes possibilidades de distribuir os direitos e obrigações na operação de cisão. Além disso, a realocação dos sócios também pode ocorrer de acordo com a liberdade dos acionistas no momento de deliberar a operação. O § 1º do artigo 229 da Lei das S.As. confere liberdade de distribuição das obrigações da companhia cindida. Em caso de omissão, o mesmo texto legal prevê a distribuição das obrigações na proporção do patrimônio dividido no ato da cisão. O artigo 233 da Lei Societária prevê a regra geral da solidariedade pelas obrigações da companhia cindida extinta das sociedades que recebem patrimônio, podendo tal regra ser afastada por estipulação expressa das partes, tendo, nesse caso, os credores 90 dias, contados da publicação dos atos da operação, para se oporem, a fim de manter a

---

[181] BULGARELLI, Waldírio. *Fusões, incorporações e cisões de sociedades*. São Paulo: Atlas, 2000, p. 215.

[182] EIZIRIK, Nelson. *Op. cit.*, Vol III, p. 256.

[183] TEIXEIRA, Egberto Lacerda; GUERREIRO, José Alexandre Tavares. *Das sociedades anônimas no direito brasileiro*. São Paulo: José Bushatsky, 1979, p. 653 e 654.

norma da solidariedade e suas garantias originais, devendo, para isso, notificar a sociedade.

### 4.2.6. Incorporação de ações

Antes de se explicar a operação em si, faz-se necessário destacar o conceito de subsidiária integral. O direito brasileiro sempre foi bastante resistente em reconhecer as sociedades empresárias unipessoais, ou seja, de um único sócio. A Lei n° 6.404/76, de outro lado, já trazia esta possibilidade, sendo no direito brasileiro a única possibilidade de sociedade unipessoal a subsidiária integral de sociedade anônima brasileira. Recentemente, foi aprovada a alteração do Código Civil que possibilita a constituição da chamada Empresa Individual de Responsabilidade Limitada – EIRELI –, que apesar da problemática denominação, tem sido considerada mais uma forma societária do direito brasileiro tal como se fosse a sociedade unipessoal. Este tipo, porém, não interessa ao presente estudo, pois limitar-se-á ao direito das sociedades anônimas.

Destarte, são três formas que a lei concede para o surgimento da subsidiária integral. Uma delas é a constituição propriamente dita, prevista no artigo 251, § 1°; a segunda forma é a aquisição de todas as ações da companhia por outra, conforme o § 2° do mesmo artigo; e a terceira é a incorporação de ações prevista no artigo 252:

> Subsidiária Integral
> Art. 251. A companhia pode ser constituída, mediante escritura pública, tendo como único acionista sociedade brasileira.
> § 1º A sociedade que subscrever em bens o capital de subsidiária integral deverá aprovar o laudo de avaliação de que trata o artigo 8º, respondendo nos termos do § 6º do artigo 8º e do artigo 10 e seu parágrafo único.
> § 2º A companhia pode ser convertida em subsidiária integral mediante aquisição, por sociedade brasileira, de todas as suas ações, ou nos termos do artigo 252.
> Incorporação de Ações
> Art. 252. A incorporação de todas as ações do capital social ao patrimônio de outra companhia brasileira, para convertê-la em subsidiária integral, será submetida à deliberação da assembléia-geral das duas companhias mediante protocolo e justificação, nos termos dos artigos 224 e 225.

A incorporação de ações é uma alternativa diferente de operação societária, pois mantém separadas as personalidades jurídicas das companhias envolvidas, não sendo confundida com a incorporação prevista no artigo 227. Daniel Kalanski é crítico à escolha desta denominação legal pelo direito brasileiro, citando outros autores com o mesmo posicionamento, dizendo:

Talvez a utilização da expressão "incorporação de ações" não tenha sido das mais felizes, principalmente por gerar confusão com a operação de incorporação de sociedade, apesar de ser difícil pensar em outra expressão que traduza esse tipo de operação. Por exemplo, a utilização da expressão "troca de ações" certamente também causaria confusão com outras operações.[184]

Cria-se a partir dessa operação societária uma subsidiária integral da companhia chamada de incorporadora, sendo separados os patrimônios da incorporada e da incorporadora. Como destacam Arnold Wald et al.:[185]

> Distingue-se da incorporação de sociedade porque: (i) a companhia cujas ações são incorporadas não se extingue, mas continua a existir como subsidiária da incorporadora; (ii) os patrimônios das duas sociedades continuam a ser distintos, porém o novo conjunto de sócios da incorporadora (que inclui os sócios da companhia cujas ações são incorporadas) passa a ter participação em ambos os patrimônios – diretamente no patrimônio da incorporadora e, indiretamente (através desta), no patrimônio da companhia cujas ações são incorporadas.

### 4.3. Procedimento para realização das operações societárias

#### 4.3.1. Etapas comuns

A legislação brasileira contém alguns passos exigidos para concretização dessas operações societárias. Existem, porém, fases prévias que não são exigências da Lei, mas que ocorrem obrigatoriamente em todas as operações de fusões e aquisições: são as negociações preliminares e os processos de *due diligence*. Estas etapas se unem às demais etapas previstas nas normas legais que são: o protocolo e a justificação.

As operações de fusões e aquisições, normalmente, iniciam-se com as conversas preliminares e informais entre os principais executivos das sociedades empresárias envolvidas (CEOs é o termo utilizado no mercado por influência da nomenclatura usada nos EUA, significa *Chief Executive Officer*. Traduzindo o termo, trata-se do diretor-presidente).

Após o interesse inicial, as partes que decidem ir adiante à negociação e firmam alguns contratos preliminares.

---

[184] KALANSKI, Daniel. *Incorporação de ações: estudo de casos e precedentes*. São Paulo: Saraiva, 2012, p. 34.

[185] WALD, Arnoldo; MORAES, Luiza Rangel de; WAISBERG, Ivo. Fusões, Incorporações e aquisições – aspectos societários, contratuais e regulatórios in *Fusão, Cisão, Incorporação e Temas Correlatos*. Walfrido Jorge Warde Jr. (Coord.). São Paulo: Quartier Latin, 2009, p. 33.

O primeiro contrato a ser assinado é o termo ou compromisso de confidencialidade, conhecido também por *Non-Discolure Agreement – NDA*. Trata-se de negócio jurídico que impõe às partes o dever de não revelar as informações que serão obtidas nas próximas etapas da operação de fusão e aquisição. As informações sobre o funcionamento da empresa, por exemplo, a revelação de tecnologias e os cadastros de clientes são verdadeiros segredos para o sucesso do empreendimento, e seria desastroso se fossem revelados ao público e, principalmente aos concorrentes do mercado. Por isso, as partes resolvem proteger as informações por meio deste contrato, também chamado de termo de confidencialidade. Através dele as partes se obrigam a não revelar informações, responsabilizando-se pelo seu vazamento e prevendo multas elevadas em caso de descumprimento da obrigação de sigilo. Os contratos também costumam prever também quem são os integrantes de cada sociedade que poderão manusear e obter as referidas informações. A título exemplificativo, poderia ser dada a seguinte redação a cláusula principal deste termo:

> Cláusula ... – Para efeitos deste contrato, são consideradas informações confidenciais as informações reveladas sobre carteira de clientes, projetos de marketing, fórmulas matemáticas e químicas de desenvolvimento de produto, desenhos técnicos, esboços, estudos, bem como qualquer outro documento físico ou eletrônico assim identificado, fornecidos no curso da negociação em que as partes estão envolvidas, independente de concretização ou não do negócio.

O outro contrato preliminar a ser assinado, e este sim pode ter natureza de contrato preliminar, é a Carta de Intenções ou Memorando de Entendimentos, conhecido internacionalmente por *Term Sheet* ou *Memorandum of understandings*. As características do contrato preliminar, no ordenamento jurídico brasileiro estão nos artigos 462 e 463 do Código Civil, prescrevendo o seguinte:

> Art. 462. O contrato preliminar, exceto quanto à forma, deve conter todos os requisitos essenciais ao contrato a ser celebrado.
> Art. 463. Concluído o contrato preliminar, com observância do disposto no artigo antecedente, e desde que dele não conste cláusula de arrependimento, qualquer das partes terá o direito de exigir a celebração do definitivo, assinando prazo à outra para que o efetive.

Apesar de poder ter característica de verdadeiro contrato preliminar, na verdade, os memorandos de entendimentos costumam conter cláusulas não vinculativas (*Non-Binding Provisions*). Esta é uma forma de não se obrigar de forma definitiva, justamente, em razão de sua assinatura ocorrer em momento inicial do procedimento de Fusão e Aquisição, quando não se conhece ainda todos os aspectos relevantes da sociedade a ser adquirida, fundida, incorporada, etc. Nenhuma parte adquirente vai se obrigar definitivamente acerca da estrutura da transação, do preço e forma de pagamentos, manutenção de alguns empregados ou outras condições nessa fase inicial, pois sequer tem ainda a avaliação financeira da sociedade empresária a ser negociada. Algumas cláusulas podem ser previstas nesse contrato como vinculantes (*Binding Provisions*), obrigando desde logo as partes. Normalmente dizem respeito ao direito de exclusividade na negociação, pode prever a confidencialidade (ao invés de ter dois documentos separados), restringir algumas operações da sociedade a ser adquirida (como vedação à venda de ativos relevantes), responsabilidades pelos custos referentes à transação (quem deverá arcar com estes custos) e os termos e multas da rescisão e quebra de contrato.

Com estes contratos assinados, as partes ficam mais seguras para seguir à próxima etapa dessas complexas operações de Fusões e Aquisições. O próximo passo é a realização das auditorias jurídica e financeira, a famosa *Due Diligence*. Trata-se de procedimento detalhado de investigação sobre a situação jurídica e contábil da sociedade envolvida nas operações de fusões e aquisições. Todos os dados acerca de processos judiciais, arbitrais e administrativos nas diversas áreas do direito, bem como as dívidas e créditos, contratos em andamento ou qualquer outra relação que tenha repercussão no patrimônio da sociedade devem ser cuidadosamente apurados para possibilitar a avaliação desta sociedade. São dados necessários para que depois, através de técnicas contábeis de avaliação de empresas se possa calcular o valor do negócio com maior precisão.

Para se realizar a *due diligence* é necessária a montagem de equipe multidisciplinar. Pelo menos um profissional da área contábil é fundamental para avaliar criticamente a contabilidade da sociedade auditada. Na área jurídica, devido a todas as diferentes e complexas normas de diferentes áreas do direito, é importante ter na equipe pelo menos um especialista de cada área. A importância da auditoria jurídica é não só avaliar o passivo existente, mas, pela análise técnica dos processos judiciais e administrativos pendentes, verificar a existência de passivos não revelados nos lançamentos contábeis. Isso evidencia que somente pela criação de uma equipe com vários especialistas é possível realizar uma auditoria mais precisa. Assim, a melhor forma de se montar tal equipe é dar-lhe a chefia ao advogado de direito societário, pois ele terá informações dos interessados na negociação. Normalmente é este advogado o encarregado da negociação de fusões e aquisições, contando com pelo menos um profissional da área de direito civil, direito tributário, direito ambiental, direito administrativo, direito do trabalho, direito previdenciário e um profissional de contabilidade.

Deve-se coordenar a equipe, requerendo-se à sociedade empresária auditada a disponibilização da chamada *data room*. Trata-se de sala a ser disponibilizada à equipe de auditores, centralizando-se os documentos necessários neste local para serem avaliados. Sabe-se que, atualmente, com o avanço tecnológico, os documentos podem ser disponibilizados em meio eletrônico, por isso já se fala em *data room* digital, ao invés de existir o local físico.

Ao final da *due diligence*, faz-se um grande relatório com todos os dados, avaliando-se as possíveis perdas e ganhos futuros decorrentes de processos judiciais, arbitrais e administrativos, somando a avaliação contábil do ativo e passivo já lançados.

Após todos esses dados serem levantados e avaliados pela auditoria, o material passa pela análise da equipe que realizará a avaliação econômico-financeira. Trata-se da realização da *valuation*. Existem diferentes métodos de se avaliarem as sociedades empresárias. A mais simples é a avaliação pelo patrimônio líquido. Outros métodos são bastante utilizados, o principalmente deles é o cálculo pelo fluxo de caixa descontado. Tem-se ainda a avaliação por múltiplos, por opções reais, entre outros. Nenhum dos métodos é absoluto, a avaliação da empresa envolve certa subjetividade do avaliador, que deve ter em mente o tipo de atividade da sociedade avaliada, podendo ser do seu entendimento até mesmo misturar os métodos. Não se adentrará nos detalhes técnicos deste cálculo, a fim de não desviar o objeto da presente seção, sendo, por ora, suficiente ter conhecimento da existência dessas formas de *valuation*.

### 4.3.2. Etapas específicas de acordo com cada operação

#### 4.3.2.1. No contrato de trespasse

Em razão de o contrato de trespasse ser a transferência do estabelecimento, após a realização da avaliação da companhia ou da unidade produtiva transferida, basta a formalização do contrato de trespasse com as especificações desejadas. A Lei indiretamente determina a forma escrita para este contrato. Diz-se que tal previsão se dá de maneira indireta, pois a produção de seus efeitos perante terceiros ocorre "depois de averbado à margem da inscrição do empresário, ou da sociedade empresária, no Registro Público de Empresas Mercantis, e de publicado na imprensa oficial" (Código Civil, artigo 1.144).

E para fins de averbação, faz-se necessário um documento escrito contendo o mínimo de informações do referido negócio.

### 4.3.2.2. Na alienação do controle acionário

A alienação de controle ocorre pelo contrato de transferência da participação societária, sendo, no caso das sociedades anônimas, pela venda das ações do bloco de controle. A geração de efeitos desse contrato se dá pelo registro no livro de ações arquivado na companhia. O livro de registro das ações é documento obrigatório da sociedade anônima, conforme prescreve o artigo 100 da Lei das S.As., e nele devem constar as alterações de titularidade das ações da companhia. As companhias com ações negociadas em bolsa contratam o serviço de registro por meio de instituições financeiras. Trata-se das chamadas ações escriturais, que são uma variante das ações nominativas.[186] O registro das ações escriturais é efetuado por instituição financeira devidamente habilitada e autorizada a prestar tal serviço de registro, conforme regulamentação da Instrução CVM 89/88, sendo a transferência das ações também registradas desta mesma maneira.

A regra geral é a livre transferibilidade das ações, mas conforme já explicado anteriormente, em companhias abertas, a transferência do bloco de controle encontra como requisito condicional a realização de oferta pública de aquisição das ações dos demais acionistas com direito a voto, por força do artigo 254-A. O atendimento desse requisito depende ainda das exigências específicas dessa oferta, que também tem sua regulamentação. A CVM tratou do tema na Instrução 361 de 2002, diferenciando os diferentes tipos de OPA, logo no artigo 2º:

Art. 2º A Oferta Pública de Aquisição de ações de companhia aberta (OPA) pode ser de uma das seguintes modalidades:
I. OPA para cancelamento de registro: é a OPA obrigatória, realizada como condição do cancelamento do registro de companhia aberta, por força do § 4º do art. 4º da Lei nº 6.404/76 e do § 6º do art. 21 da Lei nº 6.385/76;
II. OPA por aumento de participação: é a OPA obrigatória, realizada em conseqüência de aumento da participação do acionista controlador no capital social de companhia aberta, por força do § 6º do art. 4º da Lei nº 6.404/76;
III. OPA por alienação de controle: é a OPA obrigatória, realizada como condição de eficácia de negócio jurídico de alienação de controle de companhia aberta, por força do art. 254-A da Lei nº 6.404/76;
IV. OPA voluntária: é a OPA que visa à aquisição de ações de emissão de companhia aberta, que não deva realizar-se segundo os procedimentos específicos estabelecidos nesta Instrução para qualquer OPA obrigatória referida nos incisos anteriores;

---

[186] BORBA, José Edwaldo Tavares. *Op. cit.*, p. 250.

V. OPA para aquisição de controle de companhia aberta: é a OPA voluntária de que trata o art. 257 da Lei nº 6.404/76; e
VI. OPA concorrente: é a OPA formulada por um terceiro que não o ofertante ou pessoa a ele vinculada, e que tenha por objeto ações abrangidas por OPA já apresentada para registro perante a CVM, ou por OPA não sujeita a registro que esteja em curso.

Trata-se, portanto, de OPA obrigatória que deve ser registrada na CVM por determinação do § 1º desse mesmo artigo. Esta norma administrativa contém ainda conceitos dados pela CVM para fins de reconhecer a necessidade da OPA, entre eles o próprio conceito de controle, já debatido anteriormente neste trabalho. A regra estabelece as exigências e características formais da oferta a ser realizada, *infra*:

> Art. 4º Na realização de uma OPA deverão ser observados os seguintes princípios:
> I. a OPA será sempre dirigida indistintamente aos titulares de ações da mesma espécie e classe daquelas que sejam objeto da OPA;
> II. a OPA será realizada de maneira a assegurar tratamento eqüitativo aos destinatários, permitir-lhes a adequada informação quanto à companhia objeto e ao ofertante, e dotá-los dos elementos necessários à tomada de uma decisão refletida e independente quanto à aceitação da OPA;
> III. quando for o caso (art. 2º, § 1º), a OPA será previamente registrada na CVM, segundo a modalidade adequada;
> IV. a OPA será intermediada por sociedade corretora ou distribuidora de títulos e valores mobiliários ou instituição financeira com carteira de investimento;
> V. a OPA será lançada por preço uniforme, salvo a possibilidade de fixação de preços diversos conforme a classe e espécie das ações objeto da OPA, desde que compatível com a modalidade de OPA e se justificada a diferença pelo laudo de avaliação da companhia objeto ou por declaração expressa do ofertante, quanto às razões de sua oferta diferenciada;
> VI. sempre que se tratar de OPA formulada pela própria companhia, pelo acionista controlador ou por pessoa a ele vinculada, a OPA será instruída com laudo de avaliação da companhia objeto, conforme estabelecido nesta Instrução;
> VII. a OPA será efetivada em leilão em bolsa de valores ou entidade de mercado de balcão organizado, salvo se, tratando-se de OPA voluntária ou para aquisição de controle, que não estejam sujeitas a registro, for expressamente autorizada pela CVM a adoção de procedimento diverso;
> VIII. a OPA poderá sujeitar-se a condições, cujo implemento não dependa de atuação direta ou indireta do ofertante ou de pessoas a ele vinculadas; e
> IX. a OPA será imutável e irrevogável, após a publicação do edital, exceto nas hipóteses previstas no art. 5º.

Ressalta-se ainda a necessidade de não confundir a OPA obrigatória decorrente da alienação de controle com a OPA para aquisição de controle, tratada no inciso V da norma acima transcrita (art. 2º da Instrução CVM 361/2002). Esta OPA de aquisição trata da aquisição originária do controle e se dirige à generalidade de acionistas, sem negociação de prêmio de controle, pois ele não está sendo alienado, como ocorre efetivamente no caso do artigo 2º, inciso III, da referida norma da CVM. A OPA de aquisição do controle está regulada no artigo 257 da Lei n° 6.404/76 e não se trata de exigência obrigatória, pois o controle pode ser adquirido ainda por escalada acionária, ou seja, por compras em bolsa em blocos até atingir percentual que represente o controle, sem negociar com nenhum detentor prévio do controle. A instrução 361, apenas, determina que sejam seguidas as suas regras, caso o interessado deseje adquirir o controle originariamente pela realização da Oferta Pública de Aquisição, mas não impõe este procedimento se ele preferir tentar a aquisição em bolsa.

### 4.3.2.3. Nas operações de fusão, incorporação, cisão e incorporação de ações

Estas são as verdadeiras modalidades de operação societária, pois são procedimentos que dependem de deliberação societária, ou seja, realiza-se através das regras de decisões internas das sociedades envolvidas.

Depois de superadas as etapas pré-legais citadas anteriormente, as administrações das companhias envolvidas passam a realizar as etapas determinadas pela Lei n° 6.404/76. Primeiramente, as administrações das companhias devem firmar o documento denominado Protocolo. Diz o artigo 224 da Lei das S.As.:

> Art. 224. As condições da incorporação, fusão ou cisão com incorporação em sociedade existente constarão de protocolo firmado pelos órgãos de administração ou sócios das sociedades interessadas, que incluirá:
> I – o número, espécie e classe das ações que serão atribuídas em substituição dos direitos de sócios que se extinguirão e os critérios utilizados para determinar as relações de substituição;
> II – os elementos ativos e passivos que formarão cada parcela do patrimônio, no caso de cisão;
> III – os critérios de avaliação do patrimônio líquido, a data a que será referida a avaliação, e o tratamento das variações patrimoniais posteriores;
> IV – a solução a ser adotada quanto às ações ou quotas do capital de uma das sociedades possuídas por outra;
> V – o valor do capital das sociedades a serem criadas ou do aumento ou redução do capital das sociedades que forem parte na operação;
> VI – o projeto ou projetos de estatuto, ou de alterações estatutárias, que deverão ser aprovados para efetivar a operação;
> VII – todas as demais condições a que estiver sujeita a operação.
> Parágrafo único. Os valores sujeitos a determinação serão indicados por estimativa.

Conforme ensina Tavares Borba, o protocolo não tem natureza de pré-contrato, pois não pode vincular as sociedades, uma vez que a operação depende de deliberação das assembleias gerais das companhias envolvidas. Trata-se de "um acordo preparatório, com natureza de simples negociação preliminar".[187] Nelson Eizirik concorda com a teoria de que o protocolo não constitui um pré-contrato, mas o classifica como uma proposta de deliberação à assembleia geral.[188] Com a merecida vênia a este ilustre mestre, há de se reconhecer que o protocolo está mais próximo da negociação preliminar do que da proposta, uma vez que, pelo Código Civil Brasileiro, a proposta, em regra, obriga o proponente nos seus termos (CC, art. 427), enquanto o protocolo, nunca terá tal efeito vinculante de nenhuma das sociedades envolvidas na operação, por ser documento elaborado por órgão sem poderes para tornar a operação definitiva.

A próxima etapa é chamada de "Justificação", em que se procede a realização de assembleia geral em cada uma das companhias envolvidas para que seja aprovado o Protocolo assinado pelos administradores, conforme prescreve o artigo 225, abaixo transcrito:

> Art. 225. As operações de incorporação, fusão e cisão serão submetidas à deliberação da assembléia-geral das companhias interessadas mediante justificação, na qual serão expostos:
> I – os motivos ou fins da operação, e o interesse da companhia na sua realização;
> II – as ações que os acionistas preferenciais receberão e as razões para a modificação dos seus direitos, se prevista;
> III – a composição, após a operação, segundo espécies e classes das ações, do capital das companhias que deverão emitir ações em substituição às que se deverão extinguir;
> IV – o valor de reembolso das ações a que terão direito os acionistas dissidentes.

Em realidade, conforme assinala Nelson Eizirik, o protocolo e a justificação são etapas interligadas, no sentido de que "Ao ser submetido à assembleia geral, o protocolo deve ser acompanhado de uma justificação", tendo estas duas etapas o objetivo de bem informar os acionistas acerca das vantagens da operação a ser realizada.[189] Esta assembleia de justificação também deverá ter como objeto, especificamente no caso de incorporação, na sociedade incorporadora, a nomeação de peritos para avaliação do patrimônio líquido das sociedades incorporadas, pois esta será a medida do consequente aumento do seu capital social, enquanto que a assembleia geral da incorporada deverá, além de deliberar sobe o protocolo, autorizar a administração a subscrever o capital da incorporadora. Na fusão, cada uma das sociedades envolvidas deverá nomear peritos para avaliar seus patrimônios líquidos, nessa mesma assembleia de justificação.

---

[187] BORBA, José Edwaldo Tavares. *Op. cit.*, p. 490.
[188] EIZIRIK, Nelson. *Op. cit.*, vol III, p. 233.
[189] *Idem*, p. 232.

Uma nova assembleia na incorporadora é necessária para aprovar os laudos dos peritos e para concretizar a operação. Na fusão, realiza-se também uma nova assembleia, dessa vez de caráter constitutivo da nova companhia, integrando as sociedades envolvidas, para apreciar e votar os laudos de avaliação, devendo ser impedidos os sócios de cada companhia de votar sobre o seu próprio laudo e, ao final, para aprovar a constituição definitiva da nova sociedade.

Em resumo, o procedimento da incorporação pressupõe duas assembleias na incorporadora, que podem ser unificadas se os peritos estiverem pré-indicados,[190] e uma assembleia em cada incorporada. Já na operação de fusão, o seu processamento depende de uma assembleia separada em cada companhia envolvida e outra assembleia com todos os acionistas de cada sociedade em conjunto, a fim de constituição da nova sociedade por meio da fusão.

Quanto à operação de cisão, as normas acima se aplicam em conjunto com as previsões do artigo 229 da Lei nº 6.404/76:

Art. 229. (...)
(...)
§ 2º Na cisão com versão de parcela do patrimônio em sociedade nova, a operação será deliberada pela assembléia-geral da companhia à vista de justificação que incluirá as informações de que tratam os números do artigo 224; a assembléia, se a aprovar, nomeará os peritos que avaliarão a parcela do patrimônio a ser transferida, e funcionará como assembléia de constituição da nova companhia.
§ 3º A cisão com versão de parcela de patrimônio em sociedade já existente obedecerá às disposições sobre incorporação (artigo 227).

### 4.4. Aspectos tributários das operações societárias

A compreensão dos aspectos tributários é de grande relevância nas operações societárias. É importante, também, ter em mente algumas noções acerca da forma em que o patrimônio das sociedades anônimas é registrado contabilmente. Normalmente o valor contábil do bem é diferente do valor de mercado, pois ele é efetuado com base no custo do bem na época da aquisição. Assim, é possível que, na hora de realizar a reestruturação societária, esse bem deva ser reavaliado, devido ao fato de determinar as novas participações societárias dos acionistas das companhias envolvidas, especialmente nas operações societárias propriamente ditas (fusão, incorporação, incorporação de ações e cisão). Se, por exemplo, um ativo passa ter um valor maior no momento de transferir o bem para a nova sociedade, o ganho de

---

[190] BORBA, José Edwaldo Tavares. *Op. cit.*, p. 491.

capital poderia ser considerado tributável imediatamente, sendo que a parte envolvida pode não ter gerado receita suficiente para pagar tais tributos. Por isso, o direito tributário contém regras especiais para os casos de operações societárias, conforme se analisará.

Até a entrada em vigor dos padrões de contabilidade internacional no Brasil, as operações societárias de pessoas jurídicas que apuravam o imposto com base no lucro real eram neutralizadas em relação ao Imposto de Renda e à Contribuição Sobre Lucro Líquido através da conta reserva de reavaliação, pois, segundo Sérgio Botrel a operação em si não constitui fato gerador desses tributos.[191] Em verdade, não nos parece ser esse o caso, tendo em vista que, conforme se lê no Regulamento do Imposto de Renda (RIR/99), trata-se de forma de diferir a incidência do imposto de renda, mas o fato gerador do tributo existe:

> Subseção I
> Reavaliação de Bens do Permanente
> Diferimento da Tributação
> Art. 434. A contrapartida do aumento de valor de bens do ativo permanente, em virtude de nova avaliação baseada em laudo nos termos do art. 8º da Lei nº 6.404, de 1976, não será computada no lucro real enquanto mantida em conta de reserva de reavaliação (Decreto-Lei nº 1.598, de 1977, art. 35, e Decreto-Lei nº 1.730, de 1979, art. 1º, inciso VI).
> § 1º O laudo que servir de base ao registro de reavaliação de bens deve identificar os bens reavaliados pela conta em que estão escriturados e indicar as datas da aquisição e das modificações no seu custo original.
> § 2º O contribuinte deverá discriminar na reserva de reavaliação os bens reavaliados que a tenham originado, em condições de permitir a determinação do valor realizado em cada período de apuração (Decreto-Lei nº 1.598, de 1977, art. 35, § 2º ).
> § 3º Se a reavaliação não satisfizer aos requisitos deste artigo, será adicionada ao lucro líquido do período de apuração, para efeito de determinar o lucro real (Decreto-Lei nº 5.844, de 1943, art. 43, § 1º , alínea "h" , e Lei nº 154, de 1947, art. 1º ).
> Tributação na Realização
> Art. 435. O valor da reserva referida no artigo anterior será computado na determinação do lucro real (Decreto-Lei nº 1.598, de 1977, art. 35, § 1º , e Decreto-Lei nº 1.730, de 1979, art. 1º , inciso VI):
> I – no período de apuração em que for utilizado para aumento do capital social, no montante capitalizado, ressalvado o disposto no artigo seguinte;
> II – em cada período de apuração, no montante do aumento do valor dos bens reavaliados que tenha sido realizado no período, inclusive mediante:
> a) alienação, sob qualquer forma;
> b) depreciação, amortização ou exaustão;
> c) baixa por perecimento.

---

[191] BOTREL, Sérgio. Fusões e Aquisições, São Paulo: 2014, p. 325 e 326.

Tanto é assim que o RIR/99 contém as seguintes regras acerca da responsabilidade fiscal nos casos de fusões, incorporações e cisões:

Subtítulo II
Responsáveis

Capítulo I
RESPONSABILIDADE DOS SUCESSORES

Art. 207. Respondem pelo imposto devido pelas pessoas jurídicas transformadas, extintas ou cindidas (Lei nº 5.172, de 1966, art. 132, e Decreto-Lei nº 1.598, de 1977, art. 5º ):
I – a pessoa jurídica resultante da transformação de outra;
II – a pessoa jurídica constituída pela fusão de outras, ou em decorrência de cisão de sociedade;
III – a pessoa jurídica que incorporar outra ou parcela do patrimônio de sociedade cindida;
IV – a pessoa física sócia da pessoa jurídica extinta mediante liquidação, ou seu espólio, que continuar a exploração da atividade social, sob a mesma ou outra razão social, ou sob firma individual;
V – os sócios, com poderes de administração, da pessoa jurídica que deixar de funcionar sem proceder à liquidação, ou sem apresentar a declaração de rendimentos no encerramento da liquidação.
Parágrafo único. Respondem solidariamente pelo imposto devido pela pessoa jurídica (Decreto-Lei nº 1.598, de 1977, art. 5º , § 1º ):
I – as sociedades que receberem parcelas do patrimônio da pessoa jurídica extinta por cisão;
II – a sociedade cindida e a sociedade que absorver parcela do seu patrimônio, no caso de cisão parcial;
III – os sócios com poderes de administração da pessoa jurídica extinta, no caso do inciso V.
Art. 208. A pessoa física ou jurídica que adquirir de outra, por qualquer título, fundo de comércio ou estabelecimento comercial, industrial ou profissional, e continuar a respectiva exploração, sob a mesma ou outra razão social ou sob firma ou nome individual, responde pelo imposto, relativo ao fundo ou estabelecimento adquirido, devido até a data do ato (Lei nº 5.172, de 1966, art. 133):
I – integralmente, se o alienante cessar a exploração do comércio, indústria ou atividade;
II – subsidiariamente com o alienante, se este prosseguir na exploração ou iniciar dentro de seis meses, a contar da data da alienação, nova atividade no mesmo ou em outro ramo de comércio, indústria ou profissão.
Art. 209. O disposto neste Capítulo aplica-se por igual aos créditos tributários definitivamente constituídos ou em curso de constituição à data dos atos nele referidos, e aos constituídos posteriormente aos mesmos atos, desde que relativos a obrigações tributárias surgidas até a referida data (Lei nº 5.172, de 1966, art. 129).

Corrobora com este entendimento, ainda, o artigo 21, § 2º, da Lei nº 9.249/95, prevendo a incidência do imposto de renda e da CSLL, por ganho de capital em razão de reajuste dos valores contábeis do patrimônio transmitido na operação societária, no caso de pessoas jurídicas tributadas com base no lucro presumido ou arbitrado, ainda que não tenham sido registrados contabilmente.

Destarte, as operações de *M&A* geram o encerramento do período base de apuração, nos termos da legislação abaixo transcrita:

> LEI Nº 9.430, DE 27 DE DEZEMBRO DE 1996
> Art. 1º A partir do ano-calendário de 1997, o imposto de renda das pessoas jurídicas será determinado com base no lucro real, presumido, ou arbitrado, por períodos de apuração trimestrais, encerrados nos dias 31 de março, 30 de junho, 30 de setembro e 31 de dezembro de cada ano-calendário, observada a legislação vigente, com as alterações desta Lei.
> § 1º Nos casos de incorporação, fusão ou cisão, a apuração da base de cálculo e do imposto de renda devido será efetuada na data do evento, observado o disposto no art. 21 da Lei nº 9.249, de 26 de dezembro de 1995.
>
> LEI Nº 9.249, DE 26 DE DEZEMBRO DE 1995
> Art. 21. A pessoa jurídica que tiver parte ou todo o seu patrimônio absorvido em virtude de incorporação, fusão ou cisão deverá levantar balanço específico para esse fim, no qual os bens e direitos serão avaliados pelo valor contábil ou de mercado. (Vide Medida Provisória nº 627, de 2013) (Vigência)
> § 1º O balanço a que se refere este artigo deverá ser levantado até trinta dias antes do evento.

A partir da vigência da Lei nº 11.638/2007, o Brasil aderiu às normas contábeis internacionais, conhecidas pela sigla IFRS – *Internacinal Financial Reporting Standards*. Extinguiu-se, desta maneira, ao véu da lei societária, a possibilidade de reavaliação do ativo da companhia a critério da companhia. Surge, então, um claro problema que é a neutralidade fiscal em determinados casos previstos na lei tributária. Assim, com esta nova regra, o diferimento do imposto havia sido impossibilitado, pois extinguiu-se a reserva de reavaliação, conforme entendimento da Receita Federal:

> SOLUÇÃO DE CONSULTA Nº 19 de 09 de Marco de 2009
>
> ASSUNTO: Imposto sobre a Renda de Pessoa Jurídica – IRPJ
>
> EMENTA: REAVALIAÇÃO DE BENS DO ATIVO INTANGÍVEL APÓS A VIGÊNCIA DA LEI 11.638/2007. IMPOSSIBILIDADE. A partir de 1º de janeiro de 2008, data de vigência da Lei nº 11.638/2007, vedou-se às empresas a possibilidade de fazer, de forma espontânea, registros contábeis de reavaliação de ativos, face à extinção da conta "Reservas de Reavaliação". AJUSTES DE AVALIAÇÃO PATRIMONIAL. UTILIZAÇÃO RESTRITA AOS CASOS PREVISTOS NA LEI Nº 6.404/1976 E ÀQUELES ESTABELECIDOS PELA CVM. A "Reserva de Reavaliação" não foi substituída pela conta de "Ajustes de Avaliação Patrimonial", que tem natureza e finalidade distinta. Esta se destina a escriturar, exclusivamente, os valores decorrentes de avaliação de instrumentos financeiros, além dos casos estabelecidos pela CVM com base na competência que lhe foi atribuída pela Lei nº 11.638/2007 e MP nº 449/2008. Aquela se

destinava a escriturar as contrapartidas de valores atribuídos a quaisquer elementos do ativo em virtude de novas avaliações com base em laudo.[192]

A aplicação dos padrões internacionais de contabilidade é obrigatória às companhias abertas por força de determinação legal da nova redação da Lei nº 6.404/75, conforme seu artigo 177, § 5º. Já o § 6º do mesmo artigo autorizaria as demais sociedades empresárias a não adotar o chamado IFRS.

De outro lado, há de se entender que os padrões internacionais foram estendidos para as demais companhias pelas regulamentações nacionais da profissão contábil. O Conselho Federal de Contabilidade – CFC –, criado pelo Decreto-Lei nº 9.295, de 27 de maio de 1946, na forma de Autarquia Especial Coorporativa, tem personalidade jurídica de direito público. Por tal motivo, suas normas técnicas são de observância obrigatória pelas empresas e por todos os profissionais da contabilidade, conforme preceitua o artigo abaixo transcrito:

Art. 6º São atribuições do Conselho Federal de Contabilidade:
(...)
f) regular acerca dos princípios contábeis, do Exame de Suficiência, do cadastro de qualificação técnica e dos programas de educação continuada; e editar Normas Brasileiras de Contabilidade de natureza técnica e profissional. (Incluído pela Lei nº 12.249, de 2010)

Assim, o CFC lançou normas internas, entre elas o NBCTG 1000, além dos pronunciamentos do Comitê de Pronunciamentos Contábeis, como entidade anexa e auxiliar ao Conselho Federal, entre eles o ICPC 10, restando evidenciado de que tais práticas também devem ser observadas pelas demais sociedades empresárias.

De outro lado, esta modificação na escrituração contábil trouxe impactos fiscais de difícil solução. Assim, como ensinou Ian Muniz, o Legislador Brasileiro estabeleceu o Regime Transitório de Tributação – RTT –, trazendo uma solução "engenhosa", pois transformar a legislação tributária de acordo com as novas normas de contabilidade requer "um período de aclimatação, reflexão e maturação das novas normas contábeis...".[193] A solução do RTT é muito simples: seguem valendo, para fins tributários de apuração da base de cálculo do IRPJ, PIS, COFINS e CSLL, as mesmas normas anteriores, conforme a Lei nº 11.941/08:

---

[192] Decisão disponível em <http://decisoes.fazenda.gov.br/netacgi/nph-brs?s10=@DTPE+%3E=+20090101+%3C=+20091231&s9=NAO+DRJ/$.SIGL.&n=-DTPE&d=DECW&p=1&u=/netahtml/decisoes/decw/pesquisaSOL.htm&r=12&f=G&l=20&s1=&s3=19&s4=&s5=&s8=&s7=>, acessada em 26 de maio de 2014.

[193] MUNIZ, Ian. *Op. cit.*, p. 195.

> Art. 16. As alterações introduzidas pela Lei nº 11.638, de 28 de dezembro de 2007, e pelos arts. 37 e 38 desta Lei que modifiquem o critério de reconhecimento de receitas, custos e despesas computadas na apuração do lucro líquido do exercício definido no art. 191 da Lei no 6.404, de 15 de dezembro de 1976, não terão efeitos para fins de apuração do lucro real da pessoa jurídica sujeita ao RTT, devendo ser considerados, para fins tributários, os métodos e critérios contábeis vigentes em 31 de dezembro de 2007. (Vide Medida Provisória nº 627, de 2013) (Vigência)
> Parágrafo único. Aplica-se o disposto no caput deste artigo às normas expedidas pela Comissão de Valores Mobiliários, com base na competência conferida pelo § 3º do art. 177 da Lei nº 6.404, de 15 de dezembro de 1976, e pelos demais órgãos reguladores que visem a alinhar a legislação específica com os padrões internacionais de contabilidade.

Outra questão interessante é o aproveitamento dos prejuízos fiscais de uma sociedade para serem compensadas pela companhia incorporadora. O artigo 15 da Lei nº 9.065/96 contém a regra geral sobre o tema:

> Art. 15. O prejuízo fiscal apurado a partir do encerramento do ano-calendário de 1995, poderá ser compensado, cumulativamente com os prejuízos fiscais apurados até 31 de dezembro de 1994, com o lucro líquido ajustado pelas adições e exclusões previstas na legislação do imposto de renda, observado o limite máximo, para a compensação, de trinta por cento do referido lucro líquido ajustado.
> Parágrafo único. O disposto neste artigo somente se aplica às pessoas jurídicas que mantiverem os livros e documentos, exigidos pela legislação fiscal, comprobatórios do montante do prejuízo fiscal utilizado para a compensação.

O Regulamento do Imposto de Renda, porém, tem regra em sentido proibitivo da compensação pela sucessora da incorporação, fusão ou cisão:

> Art. 514. A pessoa jurídica sucessora por incorporação, fusão ou cisão não poderá compensar prejuízos fiscais da sucedida (Decreto-Lei nº 2.341, de 1987, art. 33).
> Parágrafo único. No caso de cisão parcial, a pessoa jurídica cindida poderá compensar os seus próprios prejuízos, proporcionalmente à parcela remanescente do patrimônio líquido (Decreto-Lei nº 2.341, de 1987, art. 33, parágrafo único).

Sérgio Botrel destaca, no entanto, que o Conselho de Contribuintes estabeleceu seu entendimento favorável à compensação fiscal no caso de incorporação reversa, ou seja, a sociedade deficitária incorpora a superavitária, podendo compensar os seus próprios prejuízos fiscais, com os resultados futuros decorrentes da superavitária, dentro do limite previsto na lei.[194] Mais ainda, lembra o autor citado, "É de consignar, ademais, a existência de precedentes do mencionado órgão administrativo fiscal referentes à inaplicabilidade do limite de com-

---
[194] BOTREL, Sérgio. *Op. cit.*, p. 329.

pensação dos prejuízos fiscais...quando da extinção de pessoa jurídica em virtude de incorporação".[195]

Tem-se também regulado na legislação fiscal a questão do ágio e do deságio na aquisição de participação societária ou em operações de fusão, incorporação e cisão. Trata-se das regras dos artigos 385 e 386 do RIR/99:

> Art. 385. O contribuinte que avaliar investimento em sociedade coligada ou controlada pelo valor de patrimônio líquido deverá, por ocasião da aquisição da participação, desdobrar o custo de aquisição em (Decreto-Lei nº 1.598, de 1977, art. 20):
> I – valor de patrimônio líquido na época da aquisição, determinado de acordo com o disposto no artigo seguinte; e
> II – ágio ou deságio na aquisição, que será a diferença entre o custo de aquisição do investimento e o valor de que trata o inciso anterior.
> § 1º O valor de patrimônio líquido e o ágio ou deságio serão registrados em subcontas distintas do custo de aquisição do investimento (Decreto-Lei nº 1.598, de 1977, art. 20, § 1º).
> § 2º O lançamento do ágio ou deságio deverá indicar, dentre os seguintes, seu fundamento econômico (Decreto-Lei nº 1.598, de 1977, art. 20, § 2º):
> I – valor de mercado de bens do ativo da coligada ou controlada superior ou inferior ao custo registrado na sua contabilidade;
> II – valor de rentabilidade da coligada ou controlada, com base em previsão dos resultados nos exercícios futuros;
> III – fundo de comércio, intangíveis e outras razões econômicas.
> § 3º O lançamento com os fundamentos de que tratam os incisos I e II do parágrafo anterior deverá ser baseado em demonstração que o contribuinte arquivará como comprovante da escrituração (Decreto-Lei nº 1.598, de 1977, art. 20, § 3º).
> Art. 386. A pessoa jurídica que absorver patrimônio de outra, em virtude de incorporação, fusão ou cisão, na qual detenha participação societária adquirida com ágio ou deságio, apurado segundo o disposto no artigo anterior (Lei nº 9.532, de 1997, art. 7º, e Lei nº 9.718, de 1998, art. 10):
> I – deverá registrar o valor do ágio ou deságio cujo fundamento seja o de que trata o inciso I do § 2º do artigo anterior, em contrapartida à conta que registre o bem ou direito que lhe deu causa;
> II – deverá registrar o valor do ágio cujo fundamento seja o de que trata o inciso III do § 2º do artigo anterior, em contrapartida a conta de ativo permanente, não sujeita a amortização;
> III – poderá amortizar o valor do ágio cujo fundamento seja o de que trata o inciso II do § 2º do artigo anterior, nos balanços correspondentes à apuração de lucro real, levantados posteriormente à incorporação, fusão ou cisão, à razão de um sessenta avos, no máximo, para cada mês do período de apuração;
> IV – deverá amortizar o valor do deságio cujo fundamento seja o de que trata o inciso II do § 2º do artigo anterior, nos balanços correspondentes à apuração do lucro real, levantados durante os cinco anos-calendário subseqüentes à incorporação, fusão ou

---

[195] BOTREL, Sergio. *Idem*.

cisão, à razão de um sessenta avos, no mínimo, para cada mês do período de apuração.
§ 1º O valor registrado na forma do inciso I integrará o custo do bem ou direito para efeito de apuração de ganho ou perda de capital e de depreciação, amortização ou exaustão (Lei nº 9.532, de 1997, art. 7º, § 1º).
§ 2º Se o bem que deu causa ao ágio ou deságio não houver sido transferido, na hipótese de cisão, para o patrimônio da sucessora, esta deverá registrar (Lei nº 9.532, de 1997, art. 7º, § 2º):
I – o ágio em conta de ativo diferido, para amortização na forma prevista no inciso III;
II – o deságio em conta de receita diferida, para amortização na forma prevista no inciso IV.
§ 3º O valor registrado na forma do inciso II (Lei nº 9.532, de 1997, art. 7º, § 3º):
I – será considerado custo de aquisição, para efeito de apuração de ganho ou perda de capital na alienação do direito que lhe deu causa ou na sua transferência para sócio ou acionista, na hipótese de devolução de capital;
II – poderá ser deduzido como perda, no encerramento das atividades da empresa, se comprovada, nessa data, a inexistência do fundo de comércio ou do intangível que lhe deu causa.
§ 4º Na hipótese do inciso II do parágrafo anterior, a posterior utilização econômica do fundo de comércio ou intangível sujeitará a pessoa física ou jurídica usuária ao pagamento dos tributos ou contribuições que deixaram de ser pagos, acrescidos de juros de mora e multa, calculados de conformidade com a legislação vigente (Lei nº 9.532, de 1997, art. 7º, § 4º).
§ 5º O valor que servir de base de cálculo dos tributos e contribuições a que se refere o parágrafo anterior poderá ser registrado em conta do ativo, como custo do direito (Lei nº 9.532, de 1997, art. 7º, § 5º).
§ 6º O disposto neste artigo aplica-se, inclusive, quando (Lei nº 9.532, de 1997, art. 8º):
I – o investimento não for, obrigatoriamente, avaliado pelo valor do patrimônio líquido;
II – a empresa incorporada, fusionada ou cindida for aquela que detinha a propriedade da participação societária.
§ 7º Sem prejuízo do disposto nos incisos III e IV, a pessoa jurídica sucessora poderá classificar, no patrimônio líquido, alternativamente ao disposto no § 2º deste artigo, a conta que registrar o ágio ou deságio nele mencionado (Lei nº 9.718, de 1998, art. 11).

De outro lado, Sérgio Botrel alerta acerca do entendimento do Conselho de Contribuintes de proibir a amortização do ágio se a operação é desprovida de propósito negocial, ou seja, quando se utiliza empresa veículo, constituída tão somente para a realização da operação societária.[196] Obviamente que a doutrina não deixou de criticar este posicionamento, por considerar ser legítimo este mecanismo. Isso diz respeito também às teorias do direito tributário acerca da elisão e elusão fiscal. A regra geral deste tema é o artigo 116 do Código Tributário Nacional, em especial o seu parágrafo único:

---
[196] BOTREL, Sérgio. *Op. cit.*, p. 335

Art. 116. Salvo disposição de lei em contrário, considera-se ocorrido o fato gerador e existentes os seus efeitos:
I – tratando-se de situação de fato, desde o momento em que o se verifiquem as circunstâncias materiais necessárias a que produza os efeitos que normalmente lhe são próprios;
II – tratando-se de situação jurídica, desde o momento em que esteja definitivamente constituída, nos termos de direito aplicável.
Parágrafo único. A autoridade administrativa poderá desconsiderar atos ou negócios jurídicos praticados com a finalidade de dissimular a ocorrência do fato gerador do tributo ou a natureza dos elementos constitutivos da obrigação tributária, observados os procedimentos a serem estabelecidos em lei ordinária. (Incluído pela Lcp nº 104, de 10.1.2001)

Assim, a autoridade fiscal verifica se o os atos de M&A não constituem simulação, a fim de esconder fato gerador de determinado tributo. Segundo Paulo Caliendo, o dispositivo combate a evasão e a elusão fiscal, que são consideradas ilícitos tributários, enquanto a elisão é considerada ato lícito.[197]

Em geral, a palavra *elisão* é utilizada para as condutas lícitas, realizadas conforme os princípios constitucionais que orientam a livre-iniciativa e a livre concorrência. De outro lado, a elusão e a evasão são práticas ilícitas e considerados descumprimentos das normas tributárias.

A elusão e a evasão são conceitos diferentes, mas ambas se referem a práticas ilegais dos contribuintes. Quanto ao modo de descumprimento, a evasão se constitui no descumprimento direto da norma tributária, enquanto a elusão é o descumprimento indireto. Quanto à natureza dos atos negociais, a evasão é decorrente da prática de atos vedados pelo ordenamento (exemplo, deixar de emitir nota fiscal), a elusão é a prática de atos permitidos utilizados, entretanto, com finalidade ilícita. Quanto ao momento da conduta, a evasão se dá sempre depois do fato gerador, já a elusão independe de momento cronológico, pode ser praticada antes ou depois do fato gerador. Quanto à natureza da violação, a evasão ocorre pela ofensa ao comando normativo, enquanto a elusão é o manejo de formas para ocultar o verdadeiro conteúdo da operação. Quanto à causa negocial, a evasão tem causa ilícita, enquanto que na elusão a ausência de causa deve ser depreendida da verificação da cadeia negocial envolvida.

A verificação da elisão e da elusão, no entanto, é de grande dificuldade. A doutrina desenvolveu uma complexa teoria para analisar

---

[197] CALIENDO, Paulo. *Comentários aos artigos 113 ao 118 do Código Tributário Nacional em Comentários ao Código Tributário Nacional*. Marcelo Magalhães Peixoto e Rodrigo Santos Masset Lacombe (Coords). São Paulo: MP Editora, 2005, p. 946 a 950.

a elisão e a elusão, devendo-se estudar as estruturas de conceitos jurídicos de direito privado e de direito público. Em outras palavras, deve-se verificar a estrutura jurídica do negócio praticado juntamente com as repercussões tributárias, para saber se o uso da forma é coerente ou incoerente com o negócio de fato praticado.

A elisão é definida como sendo uma forma consistente de organização dos negócios, através de negócios jurídicos, diretos ou indiretos, cujo efeito tributário é uma imposição coerente com o sistema tributário; a elusão é o extremo oposto, pois é somente a aparência de presença desses elementos. Por isso, diz-se que a manipulação artificiosa da estrutura negocial é o manejo de negócios jurídicos ou de seus elementos para produzir um efeito tributário inconsistente com o real propósito do negócio.

As formas de manipulação podem ser classificadas em objetivas e subjetivas. Quanto ao objeto, fala-se em alteração de elementos do negócio ou do sentido resultante em uma cadeia negocial; quanto ao sujeito, a manipulação é realizada por agente individual ou por pluralidade de agentes (colusão).

A manipulação artificiosa impõe a análise dos próprios elementos dos negócios jurídicos que são: o conteúdo, a forma e a finalidade (causa). Atenção especial é dada ao estudo da causa dos negócios jurídicos, não podendo confundi-la com o motivo. O motivo é subjetivo, enquanto a causa é objetiva. A causa é o fim último, ou causa final, por exemplo, na compra e venda, a promessa de preço constitui a causa para entregar um bem, o motivo se chama de causa ocasional ou remota. Deve-se questionar qual o propósito negocial a ser alcançado. Se este for inexistente, impróprio (abusivo) ou ilícito, tal operação será elusiva.

A causa é um importante aspecto que deve ser analisado para caracterizar a elusão ou a elisão. É relevante, de outro lado, ressaltar que a análise jurídica deve sempre ser sistemática, logo, analisar tão somente a causa do negócio jurídico é um erro que pode gerar algumas dificuldades, tais como: 1. em direito civil e empresarial, pode-se verificar grandes dificuldades na visualização da causa do negócio, pois muitos deles são atípicos; 2. a distinção entre elisão e elusão somente pela análise da causa não explica realmente quando se está diante de ausência de causa ou falsa causa. A teoria da causa, portanto, não resolve todos os problemas, sendo necessário analisar a estrutura do negócio jurídico.

Outro ponto importante é a distinção entre a análise da estrutura do negócio jurídico e a interpretação econômica do direito tributário.

A interpretação econômica não é o meio mais adequado, pois tem base quase que exclusiva na eficiência. A teoria econômica do direito tributário leva à grave insegurança jurídica, pois relativiza princípios, principalmente o da legalidade, para chegar ao único fim que é a máxima arrecadação.

De outro lado, surgiu no direito norte americano, a análise do propósito negocial para verificar se ocorre ou não a elusão. A elusão se caracterizará, portanto, pela falta do propósito negocial, sendo verificado através de testes em cada etapa do negócio, prevalecendo sempre a substância sobre a forma. Assim, os critérios para saber se há ou não manipulação da estrutura do negócio jurídico está baseada em dois aspectos, consistência e coerência negocial. A consistência pretende tomar em consideração a cadeia negocial e sua correta correlação, a coerência busca aferir a correta correlação entre os negócios e os princípios que regem a atividade negocial. Se houver consistência e/ou incoerência, será considerado ilícito.

A elisão é considerada lícita com base em argumentos prudenciais, lógico-sistemáticos e dogmáticos. Os argumentos prudenciais dizem respeito a questões políticas e morais. O indivíduo deve ter autonomia para organizar os seus negócios. Trata-se de uma conduta não só permitida como aconselhada ao contribuinte, pois o poder de tributar se limita na exata medida de sua necessidade. Os argumentos lógico-sistemáticos são o da ausência de lacunas no ordenamento e sua relação às hipóteses de incidência estruturais. Diz-se que não há previsão impositiva, então não ocorrerá a sua incidência. Além disso, quanto ao segundo argumento citado, da relação às hipóteses de incidências estruturais, entende-se que o direito tributário vale-se de conceitos dos demais ramos do direito, principalmente do direito privado, sendo o uso das formas autorizado pela liberdade de organização dos negócios. "A *priori* a conduta negocial elisiva é sempre lícita e presume-se legítima, salvo o caso de abuso que irá configurar uma conduta elusiva".[198]

O argumento dogmático se embasa no fato de que a legislação tributária não proíbe a elisão. Diz-se não ser uma norma antielisiva, mas, sim, antidissimulatória.

Por fim, sobre a desconsideração desses negócios, o parágrafo único prevê que a autoridade administrativa deve tomar a iniciativa mediante instauração de devido processo administrativo fiscal, observando-se todos os princípios democráticos de direito, inclusive do amplo direito de defesa.

---
[198] CALIENDO, Paulo. *Op. cit.*, p. 970.

Desta forma, em fusões e aquisições, também há este tipo de análise sobre a existência ou não da dissimulação de determinado fato gerador. No passado, eram comuns os famosos casos "casa e separa" com a utilização da operação de fusão, seguida de uma cisão, com o simples intuito de evitar determinados tributos na transferência de ativos. Assim, as partes dissimulavam a venda de um ativo fazendo a fusão, e, logo na sequência, a cisão para que a parte adquirente conseguisse o ativo sem incidência dos tributos dessa transferência. A fusão seguida de cisão, por si só, não é ilícita, mas entra em cena a análise acima referida, sobre o propósito negocial e a intenção de burlar a legislação tributária. Um dos casos mais famosos sobre a operação "casa e separa" é o "caso RBS", que teve diversas reviravoltas, ora julgada a favor do FISCO, ora a favor do contribuinte. Ao final, decidiu o Conselho de Contribuintes que a operação daquele caso era negócio lícito, pois cabia ao FISCO provar a ilegalidade,[199] merecendo destaque, entretanto, a declaração do voto vencido, sobre a definição da operação "casa e separa" *infra*:

> Vencidos os conselheiros Marcos Vinícius Neder de Lima, que apresenta declaração de voto, Mário Sérgio Fernandes Barroso, Antonio Bezerra Neto e Antonio Praga, que deram provimento integral ao recurso sob o entendimento que restou configurado, *in casu*, a simulação de negocio jurídico, o chamado "casa-separa", objetivando o não pagamento dos tributos sobre o ganho de capital na operação. O conselheiro José Clóvis Alves, que acompanhou o relator quanto ao mérito, também apresenta declaração de voto, nos termos do relatório e voto que passa a integrar o presente julgado. (p. 2 do acórdão 01-06.015)
> (...)
> Desse modo, a causa do negócio jurídico deve ser confrontada com outros elementos do negócio, como o motivo, os valores e a duração da reorganização societária, além do possível cotejamento com o conteúdo de acordos entre acionistas ou entre acionistas e terceiros, além de informações externas ao negócio, como as notícias veiculadas sobre a operação societária na mídia, a movimentação financeira, a oitiva das pessoas envolvidas na transação, os vínculos existentes entre os participantes. Se o conjunto de provas for consistente, o julgador pode refutar as evidências indicadas pelo contribuinte e o fato jurídico tributário será dado por ocorrido.
> Ressalte-se que não basta a vontade das partes de se submeter à disciplina atinente ao ato formalizado. Esta vontade é acessória, devendo estar presente também a vontade evidenciada ao realizá-lo Por exemplo, num aumento de capital, não é suficiente a formalização do aumento de capital e a vontade de se submeter às conseqüências do aumento. Para a validade do ato de integralização, é requisito essencial a vontade real de aumentar capital. Se os recursos financeiros formalmente indicados pelos subscritores não são efetivamente aportados á sociedade, como no caso dos autos, e se as sociedades desfazem em curtíssimo espaço de tempo a parceria implementada,

---

[199] Conforme última decisão nº 9101-000.900, restabelecendo o acórdão CSRF nº 01-06.015 de 2008, disponível em <https://carf.fazenda.gov.br/sincon/public/pages/ConsultarInformacoesProcessuais/consultarInformacoesProcessuais.jsf >, acessado em 31 de agosto de 2014.

fica evidente que não se trata de uma efetiva subscrição de capital e o negócio jurídico formalmente apresentado como prova evidencia sofrer de uma falsa causa. (p. 26 do acórdão 01-06.015)

Por fim, sem pretender aqui esgotar a questão tributária, pois ensejaria uma análise muito mais alongada, destaca-se que as operações de fusões e aquisições não constituem fato gerador para ICMS, IPI e ITBI. No caso do ICMS, o Superior Tribunal de Justiça manifestou-se pela inocorrência do fato gerador (REsp 242721 / SC), devendo ser aplicada à mesma lógica ao IPI. Já quanto ao ITBI, a Constituição Federal é a norma que impede a incidência do tributo, *infra*:

> Art. 156. Compete aos Municípios instituir impostos sobre:
> (...)
> II – transmissão "inter vivos", a qualquer título, por ato oneroso, de bens imóveis, por natureza ou acessão física, e de direitos reais sobre imóveis, exceto os de garantia, bem como cessão de direitos a sua aquisição;
> (...)
> § 2º O imposto previsto no inciso II:
> I – não incide sobre a transmissão de bens ou direitos incorporados ao patrimônio de pessoa jurídica em realização de capital, nem sobre a transmissão de bens ou direitos decorrente de fusão, incorporação, cisão ou extinção de pessoa jurídica, salvo se, nesses casos, a atividade preponderante do adquirente for a compra e venda desses bens ou direitos, locação de bens imóveis ou arrendamento mercantil;
> (...)

Enfim, como se afirmou acima, não se pretendeu abordar toda a amplitude da questão tributária, pois fugiria do propósito do presente trabalho. Estes aspectos foram trazidos à baila a fim de demonstrar que, dentro do objeto deste estudo, os administradores de sociedades anônimas devem ter conhecimento que as operações societárias têm normas tributárias específicas, que ensejam a necessidade da busca de informações também nesta área.

### 4.5. A comparação com as operações societárias do direito norte-americano

Salienta-se, desde logo, que existem significativas diferenças entre o direito societário americano e o direito societário brasileiro. De outra banda, como será analisado no próximo capítulo, a teoria dos deveres e responsabilidades dos administradores utilizados pela norma brasileira tem nítida inspiração na doutrina americana. Destarte, há relevância no estudo comparado, ainda que tais distinções existam. Também será demonstrado ao final, com base nessas diferenças, que o grande desenvolvimento do direito societário americano e as próprias teorias aplicadas aos deveres e responsabilidades dos administradores têm grande relação com as características de suas sociedades anônimas, enfatizando-se, nesse trabalho, como elas repercutem nas operações societárias de M&A.

Conforme já referido, ao estudar a terminologia do direito norte-americano é comum traduzir o termo *Merger* como fusão. Em verdade, *Merger* corresponde ao conceito brasileiro da incorporação, quando uma companhia é incorporada pela outra. Diz-se, no direito americano, que uma sociedade se incorpora na outra ("*merge into another*"), sobrevivendo somente a companhia incorporadora. A fusão do direito americano é considerada espécie de *merger*, denominada de *consolidation*, pois nesta operação nenhuma das companhias envolvidas sobrevive, criando-se nova sociedade a partir da operação.[200] Existe também a operação denominada *share exchange* como equivalente à operação de incorporação de ações do direito pátrio. Muitos estados americanos, influenciados pelo *Model Business Corporation Act*, adotaram o procedimento de *share exchange* para possibilitar o mesmo efeito prático que as companhias estavam obtendo por meio das chamadas operações triangulares e operações triangulares reversas.[201] São os casos em que se deseja não misturar as personalidades jurídicas e, antes da adoção legal desse instituto, esse efeito era obtido através de criação de companhia subsidiária, constituída exclusivamente para realizar operação de incorporação de outra sociedade, preservando assim, a personalidade jurídica separada da sociedade mãe, evitando a sucessão patrimonial.

As legislações americanas, lembrando que o direito deste país reconhece grande autonomia estadual, contêm variações acerca do procedimento necessário para concretização das operações societárias. No *Model Business Coporation Act.*, que serve de inspiração para muitos Estados, somente se exige a votação dos acionistas em caso de ser considerado mudança essencial da companhia. Para esta norma modelar, a companhia sobrevivente da operação de incorporação não tem tal consequência, logo, não exige aprovação dos acionistas, salvo disposição em contrato do estatuto social. A outra lei mais importante em direito societário dos Estados Unidos é a Lei do Estado de Delaware (famoso por ser responsável pelo grande desenvolvimento da matéria no país) diz que somente será considerada mudança fundamental, concedente de direitos de votação e de avaliação e retirada

---

[200] REED, Stanley Foster; LAJOUX, Alexandra Reed; NESVOLD, H. Peter. *The Art of M&A*: a merger acquisition buyout guide. Fourth Edition, McGraw-Hill, 2007, p. 3.

[201] OESTERLE, Dale, A. *Mergers and Acquisitions in a Nutshell*. St. Paul: Thomson/West, 2006, p. 20 e 21.

aos acionistas, a operação que trouxer emendas ao *Articles of Incorporation* (Estatuto Social de criação da companhia).[202]

Outro aspecto que merece ser destacado, devido sua diferença em relação ao direito brasileiro, é que, nessas operações societárias, existe a possibilidade de ficar estabelecido que certos acionistas serão pagos em dinheiro ou outros títulos que não ações da companhia sobrevivente. Chama-se de *Cash-out Merger*, podendo ser também chamado de *Freeze-Out* ou *squeeze out*, quando a operação for usada para "se livrar" de minoritários indesejados. Os acionistas minoritários são forçados a se retirar da companhia no caso de *Freeze Out* ou *Squeeze Out Merger*, pois o procedimento segue sendo por deliberação da maioria acionária (ou da administração, dependendo da legislação do Estado em questão). Assim, na hora de deliberar os minoritários são excluídos pela votação da maioria, que determinam a sua compensação em dinheiro na conclusão da operação.

Em conclusão, percebe-se que as operações societárias do ordenamento brasileiro guardam certa semelhança com as operações do direito norte-americano. De outro lado, algumas diferenças são marcantes, devido à maior liberdade que o direito americano concede aos legislados, bem como ao seu ideal político liberal, enquanto o direito brasileiro é ainda bastante intervencionista.

## 4.6. Conclusão

Após analisadas as operações societárias, suas diferenças e seus procedimentos, podemos passar ao objeto específico do presente estudo. Todos estes elementos são essenciais para a compreensão dos deveres fiduciários dos administradores nos casos dos negócios de M&A. Além disso, o próprio conhecimento ou a busca de informações acerca dos conceitos e dos diferentes tratamentos legais de cada tipo de operação societária já são integrantes dos deveres dos administradores, conforme será melhor esclarecido no próximo capítulo.

---

[202] HAMILTON, Robert W.; FREER, Richard D. *Op. cit.*, posição 5365.

# 5. Os deveres dos administradores nas operações societárias

## 5.1. Introdução

A responsabilidade em operações de fusões e aquisições tem previsão legal em relação ao controlador no artigo 117, § 1º, alínea "b":

> Art. 117. O acionista controlador responde pelos danos causados por atos praticados com abuso de poder.
> § 1º São modalidades de exercício abusivo de poder:
> (...)
> b) promover a liquidação de companhia próspera, ou a transformação, incorporação, fusão ou cisão da companhia, com o fim de obter, para si ou para outrem, vantagem indevida, em prejuízo dos demais acionistas, dos que trabalham na empresa ou dos investidores em valores mobiliários emitidos pela companhia;

Já a responsabilidade dos administradores, nesses casos, decorre da interpretação dos seus deveres fiduciários de diligência, informação, boa-fé e lealdade, sem ter um artigo de lei que defina a responsabilidade especificamente nos casos de operações de M&A. Indiretamente, pode ser responsabilizado o administrador que atuar para promover uma operação na forma do artigo 117 acima transcrito, se o fizer em auxílio ao controlador, violando, nesse caso, o dever de lealdade. Conforme já explicado, o dever de lealdade se deve a todos os acionistas como um grupo, ou seja, em última análise, à companhia.

Em realidade, este artigo afeta diretamente na esfera privada do acionista controlador. Lido ao pé da letra, milhares de operações de venda de sociedades empresárias gerariam responsabilidade do controlador, pois, muitas vezes, a motivação da venda do controle ou da operação societária é justamente a aposentadoria do controlador, sem ter uma sucessão dentro da própria companhia ou da sua família. Analisando friamente, isso poderia ser visto como uma vantagem indevida, embora restasse aos minoritários demonstrar se sofreram prejuízo. Sob este aspecto, há de se pensar na compatibilização da norma com os princípios gerais da Constituição, pois em direito societário, vige a regra básica que ninguém será obrigado a se associar ou manter-se associado (C.F. art. 5º, XX). Além disso, o acionista é titular de seus direitos patrimoniais, podendo deles livremente usar, gozar e dispor, não podendo ser-lhe negado o direito a alienar a sua participação societária controladora por motivações íntimas, sendo descabida a interferência legal nesse sentido. Portanto, fazemos uma leitura mais ampla do artigo 117, na parte acima reproduzida, justamente para enquadrar estes casos. O conceito de vantagem "indevida", se não for feita uma leitura constitucional do texto legal, pode ser alargado de maneira desarrazoada e levar a consequências graves e injustas.

De qualquer maneira, o fato é que as operações de M&A têm grandes complexidades e, por isso, trazem grandes responsabilidades aos que estão nela envolvidos. Por isso, entendemos ser relevante a temática escolhida para este estudo. Passa-se, então, à análise dos deveres e responsabilidades dos administradores da S.A. neste tipo de negociação.

### 5.2. A atuação dos administradores nas operações societárias

Os administradores desempenham o papel mais importante nas operações societárias. Apesar de não ser o administrador, na grande maioria das vezes, quem dá a palavra final da decisão, ele é quem pratica todos os atos de negociação e de busca de informações técnicas para a realização de uma operação de M&A. Por esta razão, tem grandes responsabilidades sobre o negócio, devendo atuar de acordo com os seus deveres fiduciários previstos na legislação.

A negociação de operação de M&A começa geralmente de diferentes formas. Algumas vezes, parte da decisão dos sócios/acionistas de vender o negócio como um todo por motivos pessoais, como aposentadoria do majoritário ou simplesmente a busca por "novos ares". Outras vezes, as operações de fusões, incorporações e incorporações de ações surgem de conversas até informais entre diretores de diferentes empresas que, discutindo despretensiosamente os números e características de seus respectivos empreendimentos empresariais, concluem que poderia haver sinergia entre duas sociedades empresariais e partir de então partem para conversas mais formais. O fato é que não existe uma regra ou lei que defina as formas e os efeitos desta fase pré-negocial, podendo ser chamada, como muito, de negociações preliminares, na linguagem jurídica. Não produzem, portanto, maiores efeitos, por carecer de verdadeira manifestação de vontade na forma exigida pelo direito. Por certo, que os únicos direitos e deveres que nascem nessa situação são aqueles decorrentes da boa-fé objetiva, mas, ainda assim, em ambiente empresarial, de natureza competitiva, onde os agentes são altamente profissionais esses deveres são mitigados. Cabe ao próprio administrador de empresas o dever de cuidado para não divulgar segredos de negócios antes da hora, não podendo exigir que seu concorrente não adote práticas com base em informações sem a obrigação do sigilo profissional e/ou contratual. Esta mitigação é muito bem defendida por Ricardo Lupion Garcia em sua recente obra originada de tese de doutorado defendida pelo autor. Em sua obra, Lupion defende que, nas relações entre empresários em iguais condições de poder de negociação, as partes não podem arguir prejuízo por falta de cumprimento do dever de auxiliar a contraparte a atingir seus objetivos, por força da boa-fé objetiva. Isso porque cada uma tem seu próprio dever de buscar informações, com base do dever de diligência, além de atuarem em sistema de concorrência, sendo vedada a adoção de condutas anticoncorrenciais.[203] Essa tese reforça ainda mais os estudos aqui desenvolvidos acerca dos deveres dos administradores, pois eles não podem buscar na conduta de seus concorrentes a justificativa para sua falha ao se informar.

Conforme estudado anteriormente, a fase preliminar é seguida de encontros, agora, formais, com assinatura dos primeiros documentos, especialmente para delimitar algumas responsabilidades e proteger informações sigilosas a fim de que se passe às fases de avaliações e negociação de valores do negócio. Antes mesmo das fases previstas na lei, faz-se a *due diligence* (já explicada no capítulo anterior), também sob a responsabilidade dos administradores. Ricardo Lupion Garcia também analisa a mitigação dos deveres de conduta com base na boa-fé objetiva contratual, pois se está, novamente, diante de situação em que cada administração das sociedades empresárias envolvidas deve atuar em atenção plena aos seus deveres fiduciários, especialmente o de se informar adequadamente.[204] Por óbvio que a uma parte deve ser leal ao prestar as informações requeridas pela outra, conforme o trecho esclarecedor da obra mencionada:

> Aqui o dever de informação impõe à parte vendedora "um padrão de conduta leal, correto e honesto" na revelação das informações preliminares ao procedimento de *due diligence*, isto é, a parte vendedora deve "informar-se para informar", com o limite sugerido por Rubén Stiglitz, ao comentar que o dever de informação a cargo de uma

---

[203] GARCIA, Ricardo Lupion. *Op. cit.*, p. 149 a 169.

[204] Idem, p. 169 e ss.

só das partes possui um limite, "pois quem alega ser vítima da desinformação deixa de sê-lo se tinha condições de conhecer".

Especificamente, nos casos de incorporações, fusões, cisões e incorporações de ações, o procedimento dessas operações é delimitado na lei, exigindo-se das companhias a elaboração dos documentos de protocolos (que podem até ser firmados diretamente pelos sócios, conforme a Lei Societária, art. 224) e apresentação em assembleia de justificação perante os acionistas. Como se nota, somente a fase decisória chega ao acionista, pois as fases anteriores são todas realizadas por decisões dos administradores da sociedade anônima (bem como em qualquer outro tipo sociedade empresarial que passe por uma reestruturação dessa natureza).

Lembra-se que o nível de atuação do administrador, a cada tomada de decisão, é pautado pelo ato regular de gestão, invocado também sob a doutrina da *business judgement rule*, devendo ser observados os procedimentos razoáveis esperados do administrador de empresas, podendo ser afastada a presunção de legitimidade dos atos por atuação em conflito de interesse ou violação da boa-fé. Essa situação é aplicável à atuação nas operações de *M&A*, pois são procedimentos altamente complexos e alvos de intensos estudos das diversas ciências relacionadas à atuação negocial. Os deveres dos administradores surgem, aqui, no sentido de atuação conforme alguns desses procedimentos considerados aceitáveis nas negociações dessa natureza. São os procedimentos que ditarão a solução dos casos concretos para apurar ou não a existência de responsabilidade do administrador, com o respectivo dever de indenizar os acionistas. Impõe-se conhecer melhor os procedimentos, as razões possíveis para realizar estas operações, a fim de se delimitar alguns padrões aceitáveis para o direito, como forma de não tornar o administrador da Sociedade Anônima alguém inatingível, mas também para não se criar um nível exagerado de responsabilidade com base em risco integral, pois o direito deve incentivar aqueles decisores arrojados.

### 5.3. Motivações estratégicas de operações societárias

Sociedades empresárias podem encontrar nas mais diversas motivações estratégicas as razões para unir forças, alienar estabelecimentos, alienar controle, participações minoritárias da companhia, etc. Análise estratégica é função tipicamente da administração da sociedade anônima, principalmente do Conselho de Administração, conforme artigo 142, I, da Lei nº 6.404/76.

As razões que motivam as sociedades empresárias a realizar operações de fusões e aquisições podem ser as mais diversificadas. Uma coisa é certa, o objetivo sempre será tornar a atividade empresária mais eficiente, portanto, a motivação, na grande maioria dos casos, será econômica.

Em alguns casos, o motivo pode ser outro, tal como, a aposentadoria do atual controlador, quando não há perspectiva de continuidade dos herdeiros em empresas familiares. Ainda em empresas familiares, o planejamento sucessório também pode ser a razão para entrar em operações de fusões e aquisições, buscando organizar a sequência dos negócios e os diferentes interesses dos sucessores.

As sociedades buscam, ainda, além dessas estratégias, muitas vezes as operações societárias a fim de se organizarem de forma que seja possível pagar a menor quantidade de impostos. Trata-se do que se chama de planejamento tributário. A matéria é sempre complexa, pois o planejamento tributário somente será legal se for entendido que não é caso de simulação dos fatos geradores.

Mas como já adiantado, o fator econômico da eficiência operacional é o grande motivador, principalmente em sociedades maiores.

Assim, faz-se importante estudar as lições dos economistas e dos estudiosos da área financeira sobre as motivações das operações de fusões e aquisições. Em artigo acadêmico, J. William Grava[205] explica as razões estratégicas das operações de fusões e aquisições que são: economias de escala e/ou escopo, concentração de poder de mercado, vencer ou erigir barreiras à entrada, reduzir a competição (redução de capacidade), substituição de pesquisa e desenvolvimento e diversificação.

O objetivo de atingir economias de escala ou de escopo tem como princípio a diluição de custos fixos. Quando o aumento da produção certo bem não aumenta determinado custo de produção, está-se diante de um caso de economia de escala. Já a economia de escopo, que tem o mesmo princípio de diluir custos fixos, ocorre quando é possível produzir produtos diferentes com a mesma estrutura, ou seja, determinado custo não se altera em razão da diversificação, provocando, dessa forma, um ganho.

A concentração de poder de mercado é às vezes confundida com a economia de escala. Aqui, o ganho em se tornar uma sociedade empresária maior decorre do poder de mercado no sentido de maior

---

[205] SADDI, Jairo (org.). *Fusões e Aquisições*: aspectos jurídicos e econômicos. São Paulo: IOB, 2002, p. 5 a 42.

poder de barganha. Vale dizer, poder negociar e até impor aos fornecedores ou consumidores valores sobre os produtos comprados ou produtos vendidos.

O terceiro motivo apontado na teoria econômica e financeira é o de vencer ou erigir barreiras de mercado. Entrar em novos mercados, muitas vezes, tem como caminho mais fácil a compra de um *player* por meio de uma operação de fusões e aquisições. Por outro lado, as sociedades empresárias podem usar a estratégia para dificultar ainda mais a entrada de outro agente no mercado.

Outro motivo muito buscado nessas operações é reduzir a competição. Esta estratégia é usada para solver o chamado "dilema do prisioneiro". Na teoria dos jogos, muito utilizada para explicar algumas situações econômicas, o chamado dilema do prisioneiro consiste na dificuldade de atuação pelo fato de dois agentes desconhecerem a estratégia do outro. As partes sabem que se não fizerem nada e o outro fizer, ficarão numa situação pior do que a atual. De outro lado, se os dois adotam determinada estratégia em comum nenhum terá vantagem. E por fim, uma terceira possibilidade, é adotando ambos outra estratégia, há um ganho mútuo (não tão elevado, porém benéfico para as duas partes). No mercado, isso ocorre quando existe capacidade ociosa. Se fornecedores de determinado produto praticam um preço maior do que o outro, perderá mercado, mas se diminuir o preço, não conseguirá pagar os custos de produção, e se ambos mantiverem os preços, o lucro é zero ou insatisfatório em razão de não existir grande demanda. Como solução a esse dilema, a alternativa pode ser a operação societária, diminuindo a capacidade ociosa.

A substituição de pesquisa e desenvolvimento, estratégia usada muitas vezes por indústrias farmacêuticas, consiste em adquirir pequenas empresas de alta tecnologia que desenvolvem novas técnicas, no lugar de se investir na pesquisa e desenvolvimento do novo produto.

Por fim, a última estratégia citada é a diversificação. Esta é muito questionada sobre a sua eficiência. Trata-se de adquirir novas sociedades empresárias em diversos setores econômicos diferentes a fim de diversificação de riscos. A teoria da diversificação foi explicada em clássico estudo de Harry Markowitz, chamado *Portfolio Selection*, no início da década de 1950.[206] Outro artigo da área de finanças questiona a eficiência dessa estratégia, dizendo que os benefícios da diversifi-

---

[206] MARKOWITZ, Harry. Portfolio Selection, in Journal of Finance vol 7 n° 1, p. 77-91, também disponível em <http://www.jstor.org/discover/10.2307/2975974?uid=3737664&uid=2&uid=4&sid=21101808477837>, acessado no dia 22 de fevereiro de 2013.

cação são mais eficientes se forem realizados diretamente pelos acionistas. Vale dizer, cabe aos compradores de ação no mercado aberto criar seu portfólio diversificado de ações, e não a sociedade realizar diversificação de atividade, contaminando-se com riscos de diferentes setores da economia.[207]

É importante conhecer pelo menos alguns desses aspectos, a fim de se compreender os procedimentos adotados por sociedades empresárias. Hoje, os profissionais da área jurídica que atuam em direito empresarial necessitam dessas contribuições desses outros conhecimentos científicos. Também, é importante se ater ao detalhe de que, muitas vezes, estas motivações financeiras e econômicas poderão (e deverão) ser consideradas ilegais ou antijurídicas pelo direito. Quando se verificar abusos, algo que ocorre pelo aumento do poder de mercado (monopólios e oligopólios), terá a sanção negativa do ordenamento jurídica por meio da atuação dos órgãos de regulação (CADE e CVM, principalmente).

### 5.4. As operações realizadas em *private equity* e *venture capital*

Os negócios de *Private Equity* e *Venture Capital* estão diretamente relacionados ao mercado de *M&A*. Estes são negócios que envolvem investidores profissionais, normalmente em busca de ganhos e lucros acima da média e a forma de atingir tal objetivo é por meio de participação em outras companhias e pela adoção de diferentes estratégias. Assim, é comum ver noticiado na imprensa especializada as aquisições por fundos de *private equity* e *venture capital*.[208]

Conforme já tivemos oportunidade de analisar em outra obra sobre estes investimentos em participações, também conhecido como investimentos de risco:

> O investimento de risco funciona da seguinte forma: o investidor disponibiliza um valor determinado (normalmente pela criação de um fundo) para aplicar em empreendimentos com a característica de ter uma expectativa de alto crescimento no médio e longo prazo. Contrata-se um gestor e administrador de fundos que fica encarregado

---

[207] SHARPE, William. Capital Asset Prices – With or without negative holdings, disponível em <http://www.jstor.org/discover/10.2307/2328833?uid=3737664&uid=2129&uid=2&uid=70&uid=4&sid=21101808477837>, acessado no dia 22 de fevereiro de 2013.

[208] Em notícia divulgada na revista eletrônica especializada "The Middle Market", foi informado que fundos de *private equity* investiram 454 bilhões de dólares no mercado global de *M&A*, demonstrando a importância desses agentes para o objeto deste estudo. – Matéria disponível em <http://digital.themiddlemarket.com/themiddlemarket/may_2014#article_id=422800>, acessada em 26 de abril de 2014.

de selecionar os empreendimentos que atendam as expectativas do investidor. Após escolhido o empreendimento, são estabelecidas as condições do investimento; realizado o investimento, os investidores entram na sociedade investida, ou seja, tornam-se sócios e, normalmente, através do administrador do fundo, participam na gestão operacional, controlando, normalmente a parte de gestão financeira da companhia investida. Ao final de alguns anos, o investidor usa mecanismos de desinvestimento, ou seja, retira o seu capital da sociedade e, se tudo correu dentro do esperado, com lucros que superam as taxas de retorno de investimentos de menor risco.[209]

Os diferentes termos que designam os investimentos de risco em participações societárias retratam a preferência do investidor pelo tipo de empreendimento a ser investido quanto à fase de desenvolvimento da sociedade empresarial a ser investida. Douglas Cumming e Sofia Johan ensinam nos seguintes termos:[210]

> Os termos *venture capital* e *private equity* diferem primeiramente no que diz respeito ao estágio de desenvolvimento da sociedade empresária em que eles investem. Venture capital se refere aos investimentos em empresas em *estágios mais iniciais (capital semente ou empresas start-ups)*, enquanto private equity é um termo mais abrangente que também englobam investimentos em fases mais avançadas do desenvolvimento, até mesmo aquisições e investimentos em recuperações de empresas.[211]

Destarte, a administração da sociedade anônima tem papel fundamental na decisão de buscar parceiros financeiros como os fundos de investimentos de *private equity* e *venture capital*. O procedimento para definições sobre as avaliações acerca do valor pago em contrapartida pela participação adquirida pelo investidor, a definição da estratégia de expansão empresarial, criações de planos de negócios, entre outras questões são trabalhadas de forma muito assemelhada aos negócios de fusões e aquisições ditos "comuns". Além do mais, a estratégia do investidor em participações em conjunto com a companhia investida pode ser a busca de futura operação com parceiros empresariais estratégicos, ou seja, a venda da companhia para um *player* maior do mercado. Assim, na decisão de admitir o sócio investidor de *private equity* ou *venture capital* os administradores devem adotar procedimentos adequados de informação ao definir este tipo de estra-

---

[209] REBELO, Nikolai Sosa. *A Sociedade Empresária e a Captação de Recursos de Private Equity e Venture Capital* – Estudo Interdisciplinar do Financiamento Empresarial. Porto Alegre: Buqui, 2013, p.72 e 73.

[210] CUMMING, Douglas J.; JOHAN, Sofia A. *Venture Capital and Private Equity contracting*. An International Perspective. San Diego: Academic Press/Elsevier, 2009, p. 5.

[211] Tradução livre. No original: "The terms *venture capital and private equity* differ primarily with respect to the stage of development of the entrepreneurial firm in wich they invest. Venture capital refers to investments in earlier-stage firms (seed or start-up firms), whereas private equity is a broader term that also encompasses later stage investments as well buyouts and turn around investments".

tégia, inclusive, se a estratégia final for a alienação do controle para outro agente do mercado.

### 5.5. As diferentes culturas das sociedades empresárias e a percepção dos trabalhadores

Outro importante aspecto que determina a falha de uma operação empresarial de fusões e aquisições é a cultura empresarial das companhias envolvidas. Muitas negociações falham após serem concretizadas por descuidarem deste importante aspecto que trata da forma e procedimentos internos adotados pelas pessoas que integram o corpo de trabalhadores das sociedades empresariais. Para Afsaneh Nahavandi e Ali R. Malekzadeh, a cultura de uma organização empresarial é mais que procedimentos, pois envolve as "crenças e as presunções compartilhadas pelos membros de uma organização".[212]

É comum que as diferentes entidades empresariais adotem diferentes *modus operandi* e que a mistura das personalidades jurídicas cause estranheza entre os colaboradores das sociedades empresárias envolvidas. As tão planejadas sinergias entre duas operações empresariais, buscadas em negociações de *M&A*, acabam não sendo atingidas. A razão, muitas vezes, se dá pela dificuldade de aculturação que pode decorrer de estilos diferentes entre os administradores das companhias unidas na operação societária, pelos diferentes sistemas de remuneração dos empregados e pela resistência dos funcionários contra mudanças na estrutura das empresas entre outras situações.[213] Segundo Berry, a tentativa de mistura de culturas empresariais enfrenta normalmente três fases:[214] contato, conflito e adaptação. Se atingida a fase de adaptação, pode-se dizer que as culturas empresariais foram finalmente compatibilizadas.

A forma de integração de culturas organizacionais depende também da estratégia empresarial e o tipo de sinergias objetivadas com a operação de *M&A*. Em companhias envolvidas em operações societárias de atividades empresariais relacionadas tendem a preferir uma integração mais efetiva entre as empresas, para atingir a sinergia

---

[212] NAHAVANDI, Afsaneh; MALEKZADEH, Ali R. Acculturation in Mergers and Acquisitions em *The Academy of Management Review*, vol. 13, n. 1, Jan., 1988 (p. 79-90), p. 80, disponível em <http://www.jstor.org/stable/258356>, acessado em 07 de Agosto de 2012.

[213] NAHAVANDI, Afsaneh; MAlekzadeh, Ali R. *Op. cit.*, p. 81.

[214] BERRY, J. W. Acculturation: A comparative analysis of alternative forms. In R. J. Samuda & S. L. Woods (Eds.), *Perspectives in immigrant and minority education* (pp. 66-77). Lanham (MD): University Press of America, 1983

planejada.²¹⁵ De outro lado, quando a aquisição de uma sociedade empresária por outra tem objetivo questões financeiras, sem necessidade de integração física das atividades, o nível de integração de culturas pode ser menor e até chegar ao ponto de manter as duas operações completamente separadas. Ainda, a decisão de integrar ou não culturas é influenciada pelo fato de a companhia já ser multicultural ou ter apenas uma cultura interna. Companhias com mais de uma cultura são mais propensas a respeitar e manter separada a cultura de outra companhia adquirida em operação de fusões e aquisições.²¹⁶ Em resumo, a forma de aculturação depende da inter-relação das atividades empresariais das duas companhias unidas por M&A, pois esse é o critério que será determinante para a necessidade de integração para obtenção dos ganhos de sinergias.

Outro ponto importante a respeito da relação das companhias envolvidas em M&A e seus trabalhadores trata das incertezas e dos medos em relação aos cargos dos trabalhadores. As promessas de integrações de duas operações empresariais vêm acompanhadas de estudos de reestruturação do corpo funcional das sociedades empresárias envolvidas. Possivelmente, a reestruturação envolverá a diminuição de pessoal, aproveitando a mesma estrutura para operar algo que seria duplicado se as companhias fossem simplesmente somadas uma a outra. Destarte, a condução equivocada da operação societária em relação ao tratamento dos trabalhadores pode levar a uma queda de produtividade da empresa, devendo ser do interesse dos acionistas que se adotem procedimentos internos durante a operação de M&A para que os resultados das companhias não sofram pela queda de produção pelos medos pessoais dos funcionários das empresas.²¹⁷

Dentro deste mesmo tema, Patricia Werhane defende que os trabalhadores devem ser incluídos até mesmo no processo decisório das operações de M&A, pois estas pessoas são tão afetadas como os acionistas, tendo direito ao trabalho e à informação a respeito do seu trabalho. Por esta razão, a autora defende não ser razoável o argumento a favor da sigilosidade dessas negociações comumente praticado pelos administradores.²¹⁸ Essa sugestão se inclui perfeitamente nas teorias institucionalistas anteriormente estudadas sobre o interesse social. Embora muito bem fundamentada esta tese, há de se concordar que

---

²¹⁵ NAHAVANDI, Afsaneh; MALEKZADEH, Ali R. Op. cit., p 84.

²¹⁶ Idem, p. 83.

²¹⁷ WERHANE, Patricia H. Two Ethical Issues in Mergers and Acquisitions, disponível em <http://link.springer.com/article/10.1007/BF00381996>, acessado em 30 de Julho de 2012, p. 5.

²¹⁸ Idem, p. 4.

as operações de *M&A* buscam a eficiência, sendo o sigilo fundamental para a conclusão do negócio. Os direitos dos trabalhadores merecem ser conduzidos com total atenção, mas cabe ao administrador e aos acionistas liderarem a condução das negociações, não se devendo burocratizar os procedimentos que já são demasiadamente complexos. Para isso, o sistema jurídico criou normas de responsabilização, como medida de freios e contrapesos à atuação dos acionistas e administradores.

### 5.6. A adoção de meios alternativos à solução de conflitos

As negociações de *M&A* são sempre realizadas com muito cuidado em relação à proteção de informações. O sigilo das reuniões entre administradores e sócios de duas ou mais companhias é tido como um dos elementos fundamentais das operações societárias aqui estudadas. Não é para menos, pois muitas informações que são trocadas ao longo desses encontros são verdadeiros segredos da atividade empresarial das sociedades empresárias envolvidas. São aspectos do *modus operandi* empresarial, podendo ser a forma de se relacionar com os seus clientes, procedimentos técnicos de produção, controles internos de produtividade etc. Normalmente são segredos negociais que envolvem combinação dessas características que levam a sociedade empresária a ter o resultado positivo, pagando os almejados dividendos aos seus sócios. O próprio direito brasileiro reconhece os elementos intangíveis da empresa, permitindo, por exemplo, a contabilização no ativo da "quantia efetivamente paga a título de aviamento de estabelecimento adquirido pelo empresário ou sociedade" (Código Civil, 1187, parágrafo único, inciso III).[219] E diante desses elementos tão peculiares à empresa é que se impõe prever meios alternativos de solução de conflitos que vierem a se desenvolver no decurso da negociação de *M&A*.

Certamente que sustentar a obrigatoriedade de adoção desses meios de resolução de conflitos é algo contrário ao princípio pétreo constitucional da inafastabilidade do Poder Judiciário, fixado no artigo 5º, inciso XXXV. De outro lado, sendo a utilização desses mecanismos algo padrão nas operações de *M&A* mais complexas, com

---

[219] Vale ressaltar, apenas, que normas de contabilidade estão descritas na Lei das S.As. e em diversas normas técnicas oriundas do Conselho Federal de Contabilidade, orientações do Comitê de Pronunciamentos Contábeis e, recentemente, as normas internacionais de contabilidade internalizadas pelas práticas brasileiras, sendo obrigatórias por força de lei nas companhias de capital aberto (Lei nº 6.404/76, art. 177, § 5º).

diversos segredos de negócios em jogo, por óbvio, que a solução judicial dos conflitos pode causar danos para as companhias envolvidas, em razão da publicidade dos processos judiciais. Assim, tendo em vista que essas modalidades de dirimir as divergências são protegidas contratualmente pela sigilosidade entre as partes e o próprio Julgador ou Mediador privado escolhido contratualmente, trata-se de padrão procedimental que pode ser incluído nos deveres de cuidado e diligência dos administradores das sociedades anônimas.

Destarte, existem dois métodos já bastante conhecidos no mercado internacional e que estão ganhando força no mercado jurídico brasileiro que são a mediação e a arbitragem. Advogados e consultores empresariais avaliam os custos e benefícios da utilização desses mecanismos ao caso concreto, pois normalmente os gastos diretos com as câmaras de mediação e arbitragem são mais elevados que as custas judiciais iniciais por exemplo.

O fator tempo de duração é elemento de peso no momento de optar por buscar soluções de conflitos fora do Judiciário. No direito brasileiro, Luciano Benetti Timm e Eduardo Jobim realizaram estudo de análise econômica para aferir os benefícios da arbitragem em questões societárias em comparação com a solução judicial. O tempo de duração do processo judicial nessa matéria é incompatível com a dinâmica empresarial, podendo demorar 2.730 dias para ter uma solução.[220] Nesse mesmo sentido, Keith N. Hylton, afirmando que os ganhos da arbitragem superam os seus custos e em maior medida do que a espera das soluções judiciais.[221]

Em comparação com a experiência em outros países, o Brasil demorou mais para utilizar os mecanismos alternativos. Falando da arbitragem, o marco legal veio em 1995, com a edição da Lei nº 9.307/95, possibilitando às partes escolherem os julgadores, o idioma, o local e a lei aplicável aos seus conflitos, reconhecendo-se a força de título executivo das sentenças arbitrais (Código de Processo Civil, art. 475-N, IV). Logo no início, por outro lado, a Lei enfrentou resistência do próprio Poder Judiciário que, aos poucos, acabou por reconhecer a legiti-

---

[220] TIMM, Luciano Benetti; JOBIM, Eduardo. A Arbitragem, os Contratos Empresariais e a Interpretação Econômica do Direito, *in Direito e Justiça*. Disponível em <http://revistaseletronicas.pucrs.br/ojs/index.php/fadir/article/viewFile/2910/2200>, acessado em 5 de julho de 2013, Porto Alegre: 2007, p. 87 (versão física).

[221] HYLTON, Keith N. *Arbitration*: Governance Benefits and Enforcement Costs (September 22, 2004). Boston Univ. School of Law Working Paper n. 04-09. Disponível em SSRN: <http://ssrn.com/abstract=594301 or http://dx.doi.org/10.2139/ssrn.594301>, acessado em 5 de julho de 2013, p. 5.

midade do uso da arbitragem sacramentado por decisão do Supremo Tribunal Federal:

> Juízo Arbitral: Constitucionalidade
>
> Concluído o julgamento de agravo regimental em sentença estrangeira em que se discutia incidentalmente a constitucionalidade da Lei 9.307/96 – Lei de Arbitragem (v. Informativos 71, 211, 221 e 226). O Tribunal, por maioria, declarou constitucional a Lei 9.307/96, por considerar que a manifestação de vontade da parte na cláusula compromissória no momento da celebração do contrato e a permissão dada ao juiz para que substitua a vontade da parte recalcitrante em firmar compromisso não ofendem o art. 5º, XXXV, da CF ("a lei não excluirá da apreciação do Poder Judiciário lesão ou ameaça a direito"). Vencidos os Ministros Sepúlveda Pertence, relator, Sydney Sanches, Néri da Silveira e Moreira Alves, que, ao tempo em que emprestavam validade constitucional ao compromisso arbitral quando as partes de uma lide atual renunciam à via judicial e escolhem a alternativa da arbitragem para a solução do litígio, entendiam inconstitucionais a prévia manifestação de vontade da parte na cláusula compromissória – dada a indeterminação de seu objeto – e a possibilidade de a outra parte, havendo resistência quanto à instituição da arbitragem, recorrer ao Poder Judiciário para compelir a parte recalcitrante a firmar o compromisso, e, conseqüentemente, declaravam, por violação ao princípio do livre acesso ao Poder Judiciário, a inconstitucionalidade dos seguintes dispositivos da Lei 9.307/96: 1) o parágrafo único do art. 6º; 2) o art. 7º e seus parágrafos; 3) no art. 41, as novas redações atribuídas ao art. 267, VII e art. 301, inciso IX do Código de Processo Civil; 4) e do art. 42. O Tribunal, por unanimidade, proveu o agravo regimental para homologar a sentença arbitral. SE 5.206-Espanha (AgRg), rel. Min. Sepúlveda Pertence, 12.12.2001.(SE-5206)[222]

O Superior Tribunal de Justiça, por sua vez, em recentes decisões, confirmou a obrigatoriedade do compromisso arbitral, afirmando ser vedado discutir o mérito da decisão, conforme os precedentes abaixo citados:

> HOMOLOGAÇÃO DE SENTENÇA ESTRANGEIRA ARBITRAL. CONTESTAÇÃO. PREENCHIMENTO DOS REQUISITOS. HOMOLOGAÇÃO DEFERIDA.
>
> 1. No caso, foram juntados os contratos, devidamente firmados pelas partes, contendo cláusula compromissória de arbitragem e elegendo o Tribunal Arbitral específico.
> 2. A sentença arbitral produz entre as partes e seus sucessores os mesmos efeitos da sentença judicial, constituindo, inclusive, título executivo judicial quando ostentar natureza condenatória.
> 3.- No procedimento arbitral a citação não ocorre por Carta Rogatória, pois as cortes arbitrais são órgãos eminentemente privados. Exige-se, no entanto, para a validade do ato realizado via postal, que haja prova inequívoca de recebimento da correspondência respectiva, o que verificado nos autos.
> 4. Observados os pressupostos indispensáveis ao deferimento do pleito previstos nos artigos 5º e 6º da Resolução nº 9/05 do STJ, é defeso no âmbito do procedimento

---

[222] Disponível em <http://www.stf.jus.br/arquivo/informativo/documento/informativo254.htm>, acessado em 5 de julho de 2013.

homologatório discutir o próprio mérito do título judicial estrangeiro e supervenientes alterações de estado de fato.
5. Homologação de sentença estrangeira deferida.
(SEC 6.760/EX, Rel. Ministro SIDNEI BENETI, CORTE ESPECIAL, julgado em 25/04/2013, DJe 22/05/2013)
EMENTA: Processo civil e consumidor. Recurso especial. Contratos interligados para construção de navio. Previsão de cláusula arbitral. Obrigatoriedade da solução de conflitos por tal via, acarretando a extinção sem julgamento de mérito de ação de reparação por perdas e danos. Alegada relação de consumo a invalidar esse dispositivo. Suposta impossibilidade de aplicação da Lei nº 9.307/96 a contratos firmados antes de sua vigência. Alegação de violação ao art. 535 do CPC inexistente.
- Não se reconhece violação ao art. 535 do CPC quando ausentes omissão, contradição ou obscuridade no acórdão.
- Aplica-se a Lei nº 9.307/96 aos contratos constituídos antes da sua vigência se, nestes, há previsão de cláusula compromissória anteriormente regida pelo CC/16 e pelo CPC.
- Não se conhece de recurso especial quando ausente o prequestionamento da matéria, e também na parte em que este se encontra deficientemente fundamentado.
Recurso especial não conhecido.
(REsp 653.733/RJ, Rel. Ministra NANCY ANDRIGHI, TERCEIRA TURMA, julgado em 03/08/2006, DJ 30/10/2006, p. 295)

Os doutrinadores brasileiros defendem também a arbitragem, vendo nela um exercício do direito processual subjetivo, sem que isso, por si só seja considerada violação da ordem pública. A escolha da parte em renunciar o direito processual judicializado integra o direito subjetivo da parte, "desde que seja uma renúncia específica e delimitada (a lides delimitadas)".[223]

Assim, superada a resistência inicial do Judiciário pátrio, a arbitragem brasileira passou a ser amplamente utilizada e a conquistar até mesmo reconhecimento internacional, ganhando respeito de organismos internacionais, como informou Gláucio Milício em artigo sobre o tema:[224]

> Para ilustrar essa produtividade aqui no país e lá fora, a seccional paulista da OAB convidou o presidente John Beechey e o secretário-geral Jason Fry, ambos da Corte Internacional de Arbitragem da Câmara do Comércio Internacional (CCI) de Paris, para participar do I Seminário Internacional de Mediação, que aconteceu em São Paulo na quinta e sexta-feiras (20 e 21/8).
> De acordo com os dois, o Brasil tem participação significativa na CCI, que é reconhecida como principal órgão mundial de arbitragem, uma espécie de OMC para disputas envolvendo empresas. Eles destacam que, só em 2007, foram registrados 35 disputas

---

[223] RANZOLIN, Ricardo. *Controle Judicial da arbitragem*. Rio de Janeiro: GZ Ed., 2011, p. 102.

[224] MILÍCIO, Gláucio. Arbitragem no Brasil já é reconhecida no exterior (reportagem), disponível em <http://www.conjur.com.br/2009-ago-23/arbitragem-brasil-avanca-reconhecida-exterior>, acessado em 5 de julho de 2013.

arbitrais envolvendo empresas brasileiras. A CCI foi concebida em 1919 para facilitar o comércio internacional e atualmente têm 1, 4 mil casos para analisar. Até hoje a Câmara Internacional já resolveu mais de 17 mil casos.

(...)

O presidente da CCI, John Beechey, destacou que se sente feliz e surpreso ao saber que o Brasil conta até com cursos de especialização em arbitragem nas universidades. USP, Faap, PUC-SP e FGV já oferecem a especialização. Beechey lamenta que na Europa não exista mais essa disciplina nas escolas de Direito. "A disseminação da arbitragem geográfica é realmente impressionante", disse ao acrescentar que está claro que o Brasil é um líder despontando na América Latina em relação à arbitragem.

O outro meio de solução de conflitos utilizado por importantes grupos empresariais é a mediação. A mediação tem uso em praticamente todas as relações jurídicas, sendo uma delas para resolução de conflitos entre grupos empresariais e para questões societárias.[225] O conceito é bastante distinto dos demais meios de solução de controvérsia, pois o mediador nada decide, cabendo às partes tomarem uma decisão.

Existem diferentes tipos de técnicas usadas pelos mediadores, inclusive correntes diferenciadas das formas de mediar um conflito, debatendo-se se o mediador deveria exercer algum tipo de controle no direcionamento das questões enfrentadas. Atualmente, muitas pessoas defendem a mediação transformativa, pois o ideal é que as próprias pessoas encontrem as soluções, devendo inclusive enfrentar as emoções e os aspectos subjetivos existentes na relação conflitiva. Sobre o papel da mediação (em especial a transformativa), Joseph P. Folger diferencia o papel da mediação e das outras formas de solucionar conflitos por meio de um terceiro com poderes decisórios:[226]

> La mediación, en cambio, tiene una contribución que hacer, diferente y propia, a la importante labor de la intervención en conflictos, la cual es distinta de las metas de los procesos adjudicadores y que descansa sobre una visión más optimista de la capacidad de cada una de las partes de dedicarse a sus propios problemas y de avanzar a la comprensión de las perspectivas de la otra. Los procesos adjudicadores, por definición, se erigen sobre la premisa que las partes, por sí mismas, no pueden adoptar decisiones adecuadas, legales y justas. Por esta razón, los adjudicadores necesitan resolver los conflictos por las partes.

---

[225] BRAGA NETO, Adolfo. A mediação de conflitos no contexto empresarial, in *Mediação de Conflitos* – Novo Paradigma de Acesso à Justiça (Paulo Borba Casella e Luciane Moessa de Souza – Coord.). Belo Horizonte: Forum, 2009, p. 131.

[226] FOLGER, Joseph P. *La Mediación Transformativa: La Preservación del Potencial Proprio de la Mediación en Escenarios de Disputas* – Traducido por Pedro Barría, Disponível em <http://www.cde.cl/wps/wcm/connect/45bd474f-4b36-41df-a14d-6cb686b3f669/07+Mediacion+transformativa+preservacion+del+potencial+propio_18.pdf?MOD=AJPERES>, acessado em 01 de maio de 2014, p. 41 (p. 7 do arquivo formato pdf).

O procedimento propicia às partes decidirem por si mesmas a solução do conflito com a intervenção do facilitador, que é o mediador por elas escolhido. Aqui não se delega a um terceiro o poder decisório como na arbitragem e no próprio Poder Judiciário. Na visão de Adolfo Braga Neto, o mediador facilita o diálogo entre duas ou mais sociedades empresárias, partindo da ideia de que o passado não tem como ser modificado, alterando o foco do debate para uma perspectiva de futuro, oferecendo "espaços de diálogo que evitam desgastes e desperdício de tempo com discussões estéreis".[227] Existe grande estímulo à criatividade das partes, pois como elas mesmas são as decisoras, não se têm as delimitações da lide do procedimento judicial ou arbitral. Obviamente que o foco é o conflito e a solução da controvérsia, mas as partes são livres para criação de soluções completamente novas, sem com isso se estabelecer discussões acerca de decisão *extra petita* ou *infra petita*.

Em qualquer das duas modalidades de solução de conflitos aqui estudadas, os árbitros ou mediadores devem observar certos princípios éticos devendo ser imparciais, independentes, competentes, diligentes e discretos. Assim, prescreve a própria Lei de arbitragem n°. 9.307/95, no artigo 13, § 6°, em relação ao árbitro, devendo ser aplicado também no caso da mediação. Inclusive, é recente o pronunciamento do Conselho Nacional de Justiça – CNJ – a respeito da mediação e conciliação judicial, reconhecendo princípios semelhantes aos citados na lei de arbitragem, conforme a resolução 125, Anexo III (Código de Ética de Conciliadores e Mediadores Judiciais):

> Art. 1º São princípios fundamentais que regem a atuação de conciliadores e mediadores judiciais: confidencialidade, decisão informada, competência, imparcialidade, independência e autonomia, respeito à ordem pública e às leis vigentes, empoderamento e validação.
>
> I – Confidencialidade – dever de manter sigilo sobre todas as informações obtidas na sessão, salvo autorização expressa das partes, violação à ordem pública ou às leis vigentes, não podendo ser testemunha do caso, nem atuar como advogado dos envolvidos, em qualquer hipótese;
>
> II – Decisão informada – dever de manter o jurisdicionado plenamente informado quanto aos seus direitos e ao contexto fático no qual está inserido;
>
> III – Competência – dever de possuir qualificação que o habilite à atuação judicial, com capacitação na forma desta Resolução, observada a reciclagem periódica obrigatória para formação continuada;
>
> IV – Imparcialidade – dever de agir com ausência de favoritismo, preferência ou preconceito, assegurando que valores e conceitos pessoais não interfiram no resultado do trabalho, compreendendo a realidade dos envolvidos no conflito e jamais aceitando qualquer espécie de favor ou presente;

---

[227] BRAGA NETO, Adolfo. *Op. cit.*, p. 132.

V – Independência e autonomia – dever de atuar com liberdade, sem sofrer qualquer pressão interna ou externa, sendo permitido recusar, suspender ou interromper a sessão se ausentes as condições necessárias para seu bom desenvolvimento, tampouco havendo dever de redigir acordo ilegal ou inexequível;
VI – Respeito à ordem pública e às leis vigentes – dever de velar para que eventual acordo entre os envolvidos não viole a ordem pública, nem contrarie as leis vigentes;
VII – Empoderamento – dever de estimular os interessados a aprenderem a melhor resolverem seus conflitos futuros em função da experiência de justiça vivenciada na autocomposição;
VIII – Validação – dever de estimular os interessados perceberem-se reciprocamente como serem humanos merecedores de atenção e respeito.

Desta forma, embora não seja possível estabelecer obrigatoriedade à adoção destes procedimentos de solução de conflitos em casos de M&A, deve ser levada em consideração ao analisar o dever de cuidado. Os administradores têm o dever procedimental de se informar também acerca destas questões antes de tomarem a decisão e serem protegidos pela presunção do ato regular de gestão/*business judgement rule*, analisando os possíveis efeitos negativos de um conflito judicializado pela divulgação da informação sigilosa. Somente eles poderão avaliar, no momento da negociação, se o custo-benefício da previsão dos métodos alternativos de solução de conflitos é benéfico para a sua operação de M&A.

### 5.7. Dever de obter o melhor resultado para os acionistas – aspectos dos deveres fiduciários em M&A

O dever de lealdade estudado no capítulo anterior tem como foco principal a lealdade à sociedade, sem ter necessariamente a preocupação de beneficiar diretamente ao acionista. Nas operações de fusões e aquisições, os deveres fiduciários do administrador em relação aos sócios da companhia ganham relevo, pois o administrador deverá buscar a valorização da posição dos acionistas na relação de negociação com a outra companhia envolvida. Da mesma maneira, os deveres de cuidado e os deveres de boa-fé também servem para proteger os acionistas da companhia, em busca da melhor negociação também para os acionistas. Importante não olvidar, porém, que esta conduta de fidelidade aos acionistas deve ser pautada pelo tratamento igualitário entre eles, não podendo o administrador beneficiar aquele que o elegeu ou o controlador em detrimento dos minoritários.

Esse aspecto nunca foi diretamente abordado desta forma nem pela doutrina nem pelos julgados da Comissão de Valores Mobiliários ou do Judiciário. Mas esta lição pode ser confirmada quando se analisam os deveres fiduciários dos administradores em negociações de coligadas e controladas, em que o *standard* de atuação é a tentativa de emular uma negociação real entre partes separadas e independentes. Em operações entre companhias e suas controladas, a própria Lei n° 6.404/76 exige requisitos adicionais no procedimento, a fim de garantir a justa relação de troca, protegendo, assim, os minoritários. Nesse aspecto, importante reproduzir o artigo 264 da Lei Societária:

> Art. 264. Na incorporação, pela controladora, de companhia controlada, a justificação, apresentada à assembleia-geral da controlada, deverá conter, além das informações previstas nos arts. 224 e 225, o cálculo das relações de substituição das ações dos acionistas não controladores da controlada com base no valor do patrimônio líquido das ações da controladora e da controlada, avaliados os dois patrimônios segundo os mesmos critérios e na mesma data, a preços de mercado, ou com base em outro critério aceito pela Comissão de Valores Mobiliários, no caso de companhias abertas. (Redação dada pela Lei n° 10.303, de 2001)
> § 1º A avaliação dos dois patrimônios será feita por 3 (três) peritos ou empresa especializada e, no caso de companhias abertas, por empresa especializada.(Redação dada pela Lei n° 10.303, de 2001)
> § 2º Para efeito da comparação referida neste artigo, as ações do capital da controlada de propriedade da controladora serão avaliadas, no patrimônio desta, em conformidade com o disposto no caput. (Redação dada pela Lei n° 10.303, de 2001)
> § 3º Se as relações de substituição das ações dos acionistas não controladores, previstas no protocolo da incorporação, forem menos vantajosas que as resultantes da comparação prevista neste artigo, os acionistas dissidentes da deliberação da assembléia-geral da controlada que aprovar a operação, observado o disposto nos arts. 137, II, e 230, poderão optar entre o valor de reembolso fixado nos termos do art. 45 e o valor do patrimônio líquido a preços de mercado. (Redação dada pela Lei nº 10.303, de 2001)
> § 4º Aplicam-se as normas previstas neste artigo à incorporação de controladora por sua controlada, à fusão de companhia controladora com a controlada, à incorporação de ações de companhia controlada ou controladora, à incorporação, fusão e incorporação de ações de sociedades sob controle comum. (Redação dada pela Lei nº 10.303, de 2001)
> § 5º O disposto neste artigo não se aplica no caso de as ações do capital da controlada terem sido adquiridas no pregão da bolsa de valores ou mediante oferta pública nos termos dos artigos 257 a 263.

Conforme lembra Daniel Kalansky, o regime do artigo 264 não afasta os deveres fiduciários, devendo os administradores buscar que "a relação de troca e demais condições do negócio observem condições estritamente comutativas".[228] Nesse sentido, o artigo 245 da Lei das S.As. é expresso ao dizer que:

> Art. 245. Os administradores não podem, em prejuízo da companhia, favorecer sociedade coligada, controladora ou controlada, cumprindo-lhes zelar para que as opera-

---

[228] KALANSKY, Daniel. *Op. cit.*, p. 122 e 123.

ções entre as sociedades, se houver, observem condições estritamente comutativas, ou com pagamento compensatório adequado; e respondem perante a companhia pelas perdas e danos resultantes de atos praticados com infração ao disposto neste artigo.

Nesse sentido, a CVM criou regras especiais para as operações de M&A entre companhias controladoras e controladas, inspirando-se em lições da doutrina estrangeira, focando no procedimento de negociação justa e independente. A autarquia emitiu parecer prevendo a necessidade da efetiva negociação e busca da melhor relação de troca para os acionistas da companhia (reforçando a tese aqui defendida, da mudança do foco do dever fiduciário para o acionista e não só ao interesse social). Conforme o Parecer de Orientação 35, a CVM prescreve que:

> Além disso, seguindo a experiência internacional acerca da interpretação dos deveres fiduciários dos administradores, a CVM recomenda que:
> i) um comitê especial independente seja constituído para negociar a operação e submeter suas recomendações ao Conselho de Administração, observando as orientações contidas no parágrafo anterior; ou
> ii) a operação seja condicionada à aprovação da maioria dos acionistas não-controladores, inclusive os titulares de ações sem direito a voto ou com voto restrito.
> Na formação do comitê especial independente acima referido, a CVM recomenda a adoção de uma das seguintes alternativas:
> i) comitê composto exclusivamente por administradores da companhia, em sua maioria independentes;
> ii) comitê composto por não-administradores da companhia, todos independentes e com notória capacidade técnica, desde que o comitê esteja previsto no estatuto, para os fins do art. 160 da Lei nº 6.404, de 1976; ou
> iii) comitê composto por: (a) um administrador escolhido pela maioria do Conselho de Administração; (b) um conselheiro eleito pelos acionistas não-controladores; e (c) um terceiro, administrador ou não, escolhido em conjunto pelos outros dois membros.
> A independência dos membros do comitê especial não pode ser determinada de antemão, devendo ser examinada a cada caso. De qualquer modo, a CVM presumirá a independência, salvo demonstração em contrário, de pessoas que atendam à definição de "conselheiro independente" prevista no Regulamento do Novo Mercado da Bolsa de Valores de São Paulo.

O já citado autor Daniel Kalansky adota posição crítica a este parecer da CVM. Afirma que a Autarquia extrapolou o princípio da legalidade ao prever exigências não contidas na Lei n° 6.404/76.[229] Além disso, entende ser o parecer contrário ao direito, pela impossibilidade de "'transferência' a um comitê especial independente das atribuições de negociação ou fiscalização intrínsecas às funções executivas da Diretoria ou às funções de supervisão e fiscalização do Conselho

---

[229] KALANSKY, Daniel. Op. cit., p. 119 a 122.

de Administração e do Conselho fiscal." e conclui reforçando que a solução desse problema se dá pela aplicação das normas do conflito de interesse.[230]

Sob o aspecto do conflito de interesses, previamente à edição da norma supramencionada, a CVM já havia editado o parecer de orientação n° 34. Ao interpretar a lei societária, a autarquia entendeu por dar parecer no sentido de que o controlador deveria ser impedido de votar nas operações de controladoras com controladas em situações especificadas no parecer. Kalansky apresenta o teor do referido ato da CVM assim:

> Basicamente, a CVM manifestou o entendimento de que, em operações de incorporação ou de incorporação de ações em que sejam atribuídos diferentes valores às ações da incorporada, conforme sua espécie, classes ou titularidade, sem se basear em critérios objetivos, os acionistas potencialmente beneficiados estariam previamente impedidos de votar na assembleia geral, de acordo com determinação do art. 115, § 1º, da Lei das S.A., que estabelece o impedimento de voto do acionista em deliberações que puderem beneficiá-lo de modo particular.[231]

Novamente, o autor não poupa críticas ao analisar o parecer 34/2006 da Autarquia, pois, embasado na doutrina mais respeitável em matéria societária, sustenta não ser caso de benefício particular.[232] Isso porque benefício particular é uma concessão extra a um determinado acionista ou administrador, que, nas palavras de Erasmo Valladão, "recebe mais do que dá".[233] Ao finalizar este tema, Kalansky questiona se há de se entender que o Parecer Orientação 35 revogou o de nº 34 ou ambos devem coexistir? Os dois atos são aparentemente incompatíveis entre si, mas o próprio autor faz referência, em nota de rodapé, à decisão do Colegiado da CVM no Processo CVM RJ 2011/4394, que parece compatibilizar os pareceres, no sentido de que se realizados os procedimentos do Parecer Orientação 35, não há o impedimento de voto do Parecer Orientação 34.[234] Contrário senso, se não adotados aqueles procedimentos, dever-se-á compreender que a CVM entende ser válida a operação se observado o impedimento de voto.

As críticas acima citadas são muito bem fundamentadas pelo Jurista. Sua excelente obra traz argumentos convincentes sobre os supostos equívocos interpretativos da agência reguladora do mercado, a

---

[230] KALANSKY, Daniel. *Op. cit.*, p. 126.

[231] *Idem*, p. 102.

[232] *Idem*, p. 107.

[233] FRANÇA, Erasmo Valladão Azevedo e Novaes. Ainda o conceito de benefício particular: anotações ao julgamento do processo CVM RJ-2009/5.811, *in Revista de Direito Mercantil (RDM)*, 149/319-320.

[234] KALANSKY, Daniel. *Op. cit.*, p. 130.

CVM. De outro lado, defender-se-á aqui, talvez não de forma integral, a posição da Autarquia, recorrendo ao direito comparado, de onde podemos extrair lições de interpretação perfeitamente compatíveis com o direito brasileiro.

Assim, à luz da teoria dos deveres fiduciários e da criação jurisprudencial norte-americana da *business judgement rule*, que reconhece deveres procedimentais para afastar responsabilidades dos administradores de boa-fé, entendemos pela possibilidade de reconhecer o procedimento recomendado pela CVM, sem com isso, pretender tornar o Parecer de Orientação 35/2008 em lei, pois nesse caso estar-se-ia diante de violação ao princípio da legalidade.

Como já bem perceberam os Juízes norte-americanos, a não adoção de determinada conduta não implica necessariamente a responsabilização dos administradores, devendo tão somente inverter o ônus da prova, afastando a presunção do ato regular de gestão. Neste caso, estará sob o enfoque do conflito de interesses, que deve ser analisado no caso concreto, portanto, conforme a teoria do conflito substancial, sem afastar o administrador da deliberação, merecendo maior veemência a crítica ao parecer de orientação 34 e à posição da CVM no recente caso Tractebel, citado anteriormente. Aliás, se o procedimento de implantação desse comitê especial for muito custoso para a operação almejada, é perfeitamente justificável a não adoção dessa forma de negociação.

Também não se pode dizer que o procedimento do parecer de orientação 35 cria a delegação de deveres dos administradores, algo impossível à luz da Lei nº 6.404/76. A contratação de profissionais externos e de diferentes expertises é comum nas negociações de *M&A*, inclusive com a atuação de advogados que participam de forma ativa nas negociações. O sistema complexo de atuação da sociedade anônima, principalmente as de maior porte, sempre envolveu delegação de atividades, cabendo, no entanto, a atuação final e decisiva ao administrador, seja o conselheiro ou o diretor, de acordo com suas competências. Assim, o parecer da CVM não exclui a competência da administração da companhia, mas recomenda uma espécie de "consultoria" externa e independente para atuar na fase de negociação nas operações societária entre controladoras e controladas. Da mesma forma, é comum a contratação das denominadas *fairness opinion,* bem como as consultorias profissionais para efetuar a avaliação da operação como formas de estabelecer o valor do negócio, sem ser tais práticas consideradas delegações das funções administrativas.

No direito americano, especialmente o direito jurisprudencial estadual de Delaware, as operações de fusões e aquisições de companhias controladas com suas controladoras se submetem ao chamado *entire fairness test*. O "teste de completa equidade (ou justiça)" tem dois aspectos: o valor justo e a negociação justa.[235] A doutrina do *entire fairness* busca incentivar que os controladores estabeleçam os meios de tornar a operação entre controladora e controlada em situação de verdadeira negociação, sendo o procedimento adequado para tal a utilização dos Conselhos independentes de negociação e a posterior aprovação da operação societária pela maioria dos minoritários. Não significa que as companhias são obrigadas a adotar tal ferramenta, porém, os juristas americanos resolvem a questão com normas sobre o ônus da prova. Neste aspecto, sem a adoção dos Conselhos independentes, o ônus da prova de que os valores atribuídos aos acionistas não controladores são justos recai sobre os controladores; de outro lado, com o uso dos Conselhos independentes, o ônus retorna aos minoritários, cabendo a estes desconstituir a presunção de valor justo e de negociação justa.[236]

Os doutrinadores americanos vão muito além da análise do aspecto procedimental. Eles avaliam qual seria o valor justo em uma operação societária dessa natureza em comparação com negociações entre companhias completamente separadas (sem controle comum). Em alguns artigos doutrinários, é possível encontrar posições que o valor justo da operação de controladora e controlada jamais poderá ser o mesmo que o de uma negociação de partes independentes. Enquanto de um lado, se tem a posição a favor de que o valor pago aos acionistas minoritários deve conter um prêmio, ou seja, valor superior ao valor de mercado das ações em razão das esperadas sinergias; outra posição existe para dizer que esse valor jamais será o mesmo da negociação entre companhias não relacionadas, pelo simples fato de que o seu controle não pode ser negociado no chamado "mercado pelo controle", por meio de buscas a propostas concorrentes. Neste caso, somente o controlador tem chances de adquirir a companhia controlada, uma vez que cabe a ele a decisão sobre a operação em votação assemblear. Contra a ideia da inclusão do valor dos ganhos sinergéticos, algumas Cortes americanas consideraram alto o nível de

---

[235] RESNICK, Brian M. Recent delaware decisions may prove to be "entirely unfair" to minority shareholders in parent merger with partially owned subsidiary, *in* 2003 Colum. Bus. L. Rev. 253 2003, disponível em <http://heinonline.org>, acessado em 30 de julho de 2012, p. 257.

[236] *Idem*, p. 258.

incerteza sobre a real ocorrência da sinergia, não podendo ser incluído no valor da propriedade acionária do minoritário.[237]

Segundo Leonard Chazen, as operações de M&A entre partes não relacionadas entre si tem em seu valor o aspecto do mercado. Vale dizer, o valor da companhia tem em seus componentes a possibilidade de buscar alternativas à alienação do controle ou à operação societária desejada, criando-se uma situação de concorrência de propostas.[238] Em conclusão, este doutrinador justifica o menor valor das ações do minoritário nas operações entre controladora e controlada em decorrência de inexistir a possibilidade de venda da companhia em concorrência de propostas, sendo neste último caso, o valor a maior em razão da mistura de venda de ações de controle e ações minoritárias.[239]

Toda a doutrina sobre operações de controladoras e suas controladas serve para demonstrar com mais força a teoria acerca de operações de companhias não relacionadas (sem relação de controle, coligação ou de grupo empresarial). Justamente, se se busca naquelas negociações a adoção de procedimentos a fim de aumentar o valor para os acionistas, no sentido de emular duas sociedades empresárias independentes, a causa está porque o padrão de conduta de dever do administrador da sociedade anônima se destina, obviamente, no sentido de obter o melhor valor para os seus acionistas. O procedimento para obtenção do melhor valor ou do valor justo para os acionistas também é relevante na análise destes casos.

Sobre este aspecto, voltando novamente a analisar as lições do direito americano, impõe-se mencionar o caso Smith contra Van Gorkom. Neste caso, a Suprema Corte de Delaware definiu a enorme importância do procedimento para reconhecer a aplicabilidade da presunção e da proteção outorgada pela *business judgment rule* aos administradores de sociedades anônimas. Este caso deixa claro como a comprovação do procedimento adequado é relevante para concluir a favor ou não das responsabilidades dos conselheiros e diretores. O procedimento razoável é determinante para demonstrar que os administradores buscaram todas as informações para a tomada de decisão.

Nesse precedente, a Corte julgou a favor dos acionistas minoritários que questionaram a operação societária realizada pelo CEO,

---

[237] CHAZEN, Leonard. Fairness from a Financial Point of View in Acquisitions of Public Companies: Is "Third-Party Sale Value" the Appropriate Standard? *in The Business Lawyer*; Vol. 36, July 1981, disponível em <http://heinonline.org>, acessado em 8 de Agosto de 2012. p. 1446.

[238] *Idem*, p. 1447.

[239] *Idem*, p. 1481.

mesmo tendo sido obtido valor com prêmio em relação ao mercado. A Corte entendeu que o Administrador Van Gorkom e o *Board of Directors* não se cercaram das informações adequadas, pois a avaliação para o valor da companhia era baseado na possibilidade de contratação de uma aquisição alavancada. Vale dizer, os administradores buscaram a informação de qual seria o valor de um "financiamento" ideal para ser pago com as receitas futuras da companhia. Eles não fizeram uma avaliação do valor intrínseco da companhia.

Outro aspecto que chamou a atenção da Corte de Delaware foi a precariedade da reunião do Conselho de Administração (*Board of Directors*). Os conselheiros se contentaram com a breve apresentação oral do Presidente Van Gorkom, sem nenhum documento de avaliação e se nenhuma tentativa de buscar outras ofertas para a companhia. A convocação da reunião sequer informou a finalidade do referido encontro e nem disponibilizou documentação sobre a temática a ser debatida.[240] Assim, o entendimento dos julgadores foi no sentido de que os administradores agiram com culpa grave, de forma absolutamente negligente.[241] Esse caso ganhou enorme destaque na comunidade jurídica e no mundo dos negócios, pois ninguém esperava uma decisão naquele sentido, em razão de o valor da negociação ter prêmio considerável em relação ao mercado. O julgamento, porém, adotou entendimento de que houve a quebra de dever fiduciário, pois a decisão negocial foi tomada "sem as informações adequadas, sem fazer as perguntas certas".[242]

A resposta do mercado ao caso Van Gorkom foi o aumento do uso das *fairness opinion* em operações de *M&A*. Isso ocorreu no ano subsequente a essa decisão, mas, segundo Helen M. Bowers, este dado somente foi constatado naquele ano, pois, no período seguinte a utilização voltou aos percentuais anteriormente verificados.[243] A interpretação imediata sobre o precedente Smith vs. Van Grokom era de que para escapar da responsabilidade, os administradores deveriam contratar consultoria externa sobre a adequação do valor. Isso

---

[240] MAYNARD, Therese H. *Mergers and acquisitions*: cases, materials, and problems. New York: Aspen Publishers, 2009, p.466.

[241] HAMILTON, Robert W.; FREER, Richard D. *Op. cit.*, posição 2343 (Edição Eletrônica Kinlde).

[242] STOUT, Lynn A. In Praise of Procedure: An Economic and Behavioral Defense of Smith v. Van Gorkom and the Business Judgment Rule *in University of California, Los Angeles School of Law Research Paper Series*, disponível em <http://papers.ssrn.com/sol3/papers.cfm?abstract_id=290938>, acessado em 07 de maio de 2014, p. 4.

[243] BOWERS, Helen M. Fairness Opinions and the Business Judgment Rule An empirical investigation of target firms' use of fairness opinions, *in Northwestern University Law Review*, Vol. 96, n. 2, Winter 2002. Disponível em SSRN: <http://ssrn.com/abstract=306141 ou http://dx.doi.org/10.2139/ssrn.306141>, acessado em 07 de maio de 2014, p. 13.

porque os Julgadores manifestaram que se o *Board* da Trans Union, naquele caso, tivesse consultado agentes capazes e independentes do ramo financeiro haveria claro indicativo de que a decisão seria adequadamente informada.[244] Contraditoriamente, alegam os doutrinadores americanos, a Corte afirmou que não estava a criar o dever legal de contratação da *fairness opinion*.[245]

Em realidade, pensamos que, de fato, a Corte de Delaware nesse caso trouxe grande contribuição para compreensão das responsabilidades dos administradores das companhias na operação de *M&A*. Não pareceu se estar criando a obrigatoriedade de contratação de consultoria externa ou de *fairness opinion* externa. De outro lado, restou esclarecido que não pode um administrador de empresas utilizar qualquer tipo de informação para tentar justificar suas ações. Ele tem o dever de buscar a melhor informação possível, ou seja, informar-se de acordo com a finalidade do ato a ser praticado. O caso da venda da Trans Union evidencia que, em verdade, o Presidente da Companhia e o Conselho de Administração usaram informações sobre valores referentes a uma negociação alavancada, ou seja, uma operação com instituição financeira e não avaliaram o valor da companhia propriamente dito. Também, o fato de os membros do *board* não terem *expertise* no ramo de avaliação financeira pesou na decisão. Caso tivesse algum profissional desta área, não haveria nenhum prejuízo em não contratar *fairness opinion* ou uma avaliação financeira externa.

O caso Van Gorkom contém lições perfeitamente compatíveis com o direito brasileiro, pois reconhece o aspecto procedimental do ato regular de gestão para avaliar a culpabilidade dos administradores das sociedades anônimas. A responsabilidade do administrador pela lei das S.As. se dá com base na culpa e, portanto, deve ser provada pelo autor em ação judicial. Nesse aspecto, haverá culpa se o administrador não se valer dos procedimentos disponíveis para se informar sobre o valor da negociação. Deve-se avaliar se uma sociedade anônima brasileira em operação de *M&A* necessita consultoria externa ou de contratação de *fairness opinion*, a fim de entender se o valor da negociação é adequado. Nesse sentido, no mercado brasileiro, o Instituto Brasileiro de Governança Corporativa, seguindo padrões internacionais, entende que:

> Existem situações nas quais, a juízo dos administradores e/ou por exigências dos acionistas ou participantes do mercado, é altamente recomendável que a adequabilidade dos termos de uma transação seja verificada e confirmada por meio de uma

---

[244] BOWERS, Helen M. *Op. ci. p.* 4 e 5.

[245] *Idem,* p. 6

opinião externa independente, imparcial, técnica e neutra (denominada no Exterior de Fairness Opinion).[246]

A mera utilização da *fairness opinion*, porém, não é suficiente. Artigos de autores americanos também constataram o problema de utilização da forma sem preocupação com a substância desses documentos. Muitas *fairness opinions* foram emitidas a favor de valores completamente inadequados. De acordo com Anil K. Makhija e Rajesh P. Narayanan, o debate em torno da *fairness opinion* ocorre em razão da crítica de alguns especialistas, no sentido de que consultores financeiros, de longo relacionamento com as companhias, são contratados para emitir este tipo de parecer, criando incentivo para dar opiniões favoráveis a valores injustos, servindo apenas como uma proteção legal e formal aos administradores, ao invés de proteger os acionistas. Já o contra-argumento diz que estes profissionais têm melhores condições de avaliar o valor da empresa negociada na operação de *M&A*, justamente pelo fato da relação prévia entre consultores financeiros e a companhia.[247] A consequência direta dessa situação foi o crescimento da insatisfação dos acionistas do mercado americano com a busca de seus direitos perante o Judiciário, com aumento de responsabilização dos administradores e até mesmo dos consultores financeiros, com base nas teorias da falsidade de informações, quebra de deveres fiduciários, fraudes e violação às leis do mercado de valores mobiliários etc.[248] (isso, no entanto, não diminuiu a contratação dos *advisors* financeiros).

Outro importante aspecto diz respeito às ofertas públicas de aquisição de ações. Esta é mais uma questão acerca do dever de lealdade do administrador perante o acionista diretamente, e não necessariamente à companhia, envolvendo os negócios de fusões e aquisições. Esse dever decorre de interpretação da CVM acerca dos deveres fiduciários, conforme o artigo 32-D da Instrução 361, que trata especificamente de OPAs para aquisição originária de controle acionário. Em companhias de capital disperso, o controle pode ser adquirido desta maneira, devendo o administrador da companhia fazer análise acerca da adequação da oferta e dar pareceres recomendando ou não a sua aceitação como maneira de orientar e informar a decisão dos acionis-

---

[246] Disponível em <http://www.ibgc.org.br/Download.aspx?Ref=CartaDiretriz&CodCarta=7>, acessado em 03 de maio de 2014.

[247] MAKHIJAS, Anil K.; NARAYANAN, Rajesh P. Fairness Opinions in Mergers and Acquisitions (October 2007). Fisher College of Business Working Paper n. 2007-03-018; Charles A. Dice Center Working Paper n. 2007-11. Disponível em SSRN: <http://ssrn.com/abstract=972138 ou http://dx.doi.org/10.2139/ssrn.972138>, acessado em 10 de maio de 2014, p. 4.

[248] BOWERS, Helen M. *Op. cit.*, p. 10.

tas. Isso pode ocorrer em companhias com controle disperso. No Brasil, ainda não existem tantas sociedades anônimas com pulverização extrema da propriedade acionária, mas já se têm notícias de companhias com controle minoritário.

### 5.8. O direito de retirada

O direito de retirada é forma de proteção legal ao acionista minoritário. Não se trata necessariamente de caso de responsabilidade do administrador da sociedade anônima, pois este remédio legal não busca reparação de danos causados pelo administrador ou controlador nas operações de M&A. Mesmo que uma operação de fusão, incorporação, cisão ou incorporação de ações seja feita exatamente conforme a lei, o acionista minoritário que não concordar pode exercer o direito de se retirar da sociedade.

Conforme previsão da Lei Societária, bem percebido pela doutrina, o direito de retirada na forma prevista na lei é essencial,[249] não sendo possível reduzi-lo por previsão estatutária:

> Art. 109. Nem o estatuto social nem a assembleia-geral poderão privar o acionista dos direitos de:
> (...)
> V – retirar-se da sociedade nos casos previstos nesta Lei.

Diz-se que esta medida visa a proteger os acionistas de mudanças substanciais na companhia investida. Tem caráter de proteção ao investidor que decide investir em ações das sociedades anônimas com base em suas particularidades, e, por isso, as alterações em suas características essenciais autorizam o acionista retirar-se da sociedade na forma e nos limites da Lei. Como ensina J. Kirkland Grant, na *common law* antiga, o direito societário previa que alterações substanciais exigiam deliberações unânimes dos sócios, tendo sido criado o instituto da retirada (denominado de *appraisal rights*) para facilitar e tornar mais práticas as decisões negociais, mas sem impor ao acionista investidor a assunção de riscos aos quais não quis se submeter.[250] Complementando a teoria, Eizirik ensina que, mesmo tendo nascido como proteção ao minoritário, trata-se, também, de proteção da maioria:

> Embora tenha nascido como um instrumento de proteção aos acionistas minoritários, face à prevalência do princípio majoritário e do poder quase irrestrito do acionista con-

---

[249] MUNIZ, Ian. *Op. cit.*, p. 300.

[250] GRANT, J. Kirkland. Appraisal Rights: Allowance for prejudgment interest, *in Boston College Industrial and Commercial Law Review* – vol. XVII, november 1975 number 1, disponível em <http://heinonline.org>, acessado em 7 de Agosto de 2012, p. 1 a 3.

trolador de formar a vontade social, o direito de recesso vem sendo considerado como mecanismo de proteção à maioria acionária e à própria sociedade, na medida em que constitui um expediente mediante o qual os conflitos entre os sócios podem ser canalizados e resolvidos no âmbito da própria companhia.[251]

De outro lado, o rol de situações de direito de recesso pode ser ampliado estatutariamente. Ainda, ao contrário do que ocorre nas demais formas societárias, o direito de recesso da S.A. não pode ser exercido ou arguido como "um direito de se despedir imotivadamente da sociedade, porquanto de acordo com a Lei das S.As., seu exercício está subordinado (a) a uma deliberação eficaz da assembleia geral sobre uma das matérias previstas em lei como suscetíveis de gerar esse direito, e (b) à inexistência de consentimento do acionista à modificação".[252] Conforme lembra Eizirik, os §§ 1º e 2º do art. 137 da Lei das S.As. criam o direito de recesso também para os acionistas com direito de voto restrito ou sem direito a voto.[253] Em comparação com a sociedade limitada, por exemplo, a Lei prevê a "dissolução parcial" imotivada, com liquidação das quotas a qualquer tempo, se a sociedade for por prazo indeterminado (Código Civil, art. 1.029).

Apesar da ampla teoria e da clareza da Lei nº 6.404/76 sobre os limites do direito de retirada nas sociedades anônimas, o Superior Tribunal de Justiça acolheu a tese de sócios dissidentes, a fim de autorizar a dissolução parcial de sociedade anônima, quando esta for de capital fechado e de caráter familiar. Neste sentido, explicou o Ministro Castro Filho, Relator dos Embargos de Divergência em REsp nº 111.294 – PR:

> Embora não se discuta que as sociedades anônimas se constituam sociedades de capital, intuito pecúnia e, próprio das grandes empresas, em que a pessoa dos sócios não têm papel preponderante, a realidade da economia brasileira revela a existência, em sua grande maioria, de sociedades anônimas de médio e pequeno porte, em regra de capital fechado, que concentram na pessoa de seus sócios um de seus elementos preponderantes.
> É o que se verifica com as sociedades ditas familiares, cujas ações circulam entre os seus membros, e que são, por isso, constituídas *intuito personae*, já que o fator dominante em sua formação é a afinidade e identificação pessoal entre os acionistas, marcadas pela confiança mútua. Em tais circunstâncias, muitas vezes, o que se tem, na prática, é uma sociedade limitada travestida de sociedade anônima, sendo, por conseguinte, equivocado querer generalizar as sociedades anônimas em um único grupo, com características rígidas e bem definidas.

---

[251] EIZIRIK, Nelson. *Op. cit.*, vol. II, p. 200.
[252] BOTREL, Sérgio. *Fusões e Aquisições*. São Paulo: 2014, p. 310.
[253] EIZIRIK, Nelson. *Op. cit.*, volume II, p. 214

Nessa linha de entendimento, observa Rubens Requião que, hodiernamente, "não se tem mais constrangimento em afirmar que a sociedade anônima fechada é constituída nitidamente com *intuitu personae*. Sua concepção não se prende exclusivamente à formação do capital desconsiderando a qualidade pessoal dos sócios. Em nosso país, com efeito, prevalece sociedade anônima constituída tendo em vista o caráter pessoal dos sócios, ou a sua qualidade de parentesco, e por isso chamada de sociedade anônima familiar." E a seguir conclui, "A affectio societatis surge nessas sociedades com toda nitidez, como em qualquer outra das sociedades de tipo personalista. Seus interesses estão, pois, regulados pelo contrato, o que explica a pouca ingerência da fiscalização de órgãos públicos em seus negócios ". (Curso de Direito Comercial, vol. II, 1982, Ed. Saraiva, 11ª ed., p. 28).
Em casos que tais, porquanto reconhecida a existência da affectio societatis como fator preponderante na constituição da empresa, não me parece possa essa circunstância ser desconsiderada por ocasião de sua dissolução. Do contrário, e de que é exemplo a hipótese em tela, a ruptura da affectio societatis representa verdadeiro impedimento a que a companhia continue a realizar o seu fim, com a obtenção de lucros e distribuição de dividendos, em consonância com o artigo 206, II, "b", da Lei nº 6.404/76, já que dificilmente pode prosperar uma sociedade em que a confiança, a harmonia, a fidelidade e o respeito mútuo entre os seus sócios tenham sido rompidos.
Não se desconhece que, em regra, a possibilidade de dissolução parcial, com a conseqüente apuração de haveres dos sócios dissidentes, é incompatível com esse tipo de sociedade, porque própria tal iniciativa das sociedades de pessoas e na sociedade por cotas. Todavia, na espécie, assim como asseverou o acórdão embargado, penso que a regra da dissolução total em nada aproveitaria aos valores sociais envolvidos, no que diz respeito à preservação de empregos, arrecadação de tributos e desenvolvimento econômico do país, razão pela qual sou a favor de que o rigorismo legislativo ceda lugar ao princípio da preservação da empresa, norteador, inclusive, da nova Lei de Falências – Lei nº 11.101/05 –, que substituiu o Decreto-lei nº 7.661/45, então vigente.
Destarte, na hipótese, diante das especificidades do caso concreto, tenho que a aplicação da dissolução parcial, com a retirada dos sócios dissidentes, após a apuração de seus haveres em função do valor real do ativo e passivo, é a solução que melhor concilia o interesse individual dos acionistas retirantes com o princípio da preservação da sociedade e sua utilidade social, para que não haja a necessidade de solução de continuidade da empresa, que poderá prosseguir com os sócios remanescentes.

Já na doutrina, Carlos Klein Zanini defende a dissolução parcial da companhia somente como forma de preservação da empresa, nos casos previstos na lei para a dissolução total.[254] Vale dizer, este autor se posiciona que somente deverá ser deferida a dissolução parcial da sociedade anônima em substituição à dissolução total, quando isto for possível.

Especificamente, no caso do direito de recesso quando ocorrer deliberações pela realização de operações societárias de fusões e aquisições, ao longo dos anos, o legislador brasileiro ora flexibilizava ora enrijecia a possibilidade de exercer este direito, a fim de atender po-

---

[254] ZANINI, Carlos Klein. *A dissolução...* op. cit., p. 281 a 283.

líticas públicas. Como ensina Eizirik, em 1989, a denominada "Lei Lobão" (nº 7.958) suprimiu o direito de retirada em casos de fusões, incorporações, cisões e deliberações acerca da participação em grupo de sociedades, sob justificativa de fortalecimento na economia nacional.[255] Em 1997, a Lei nº 9.457 limitou mais ainda o direito de recesso, sob o argumento de atender duas finalidades: "(i) favorecer os processos de concentração empresarial das companhias nacionais, para permitir-lhes competir com as multinacionais; e (ii) reduzir o custo, para o Governo, da privatização de empresas estatais concessionárias de serviços públicos, especialmente nos setores de telecomunicações e de distribuição de energia elétrica".[256] Até que em 2001, a Lei nº 10.303 estabeleceu os parâmetros atuais, os quais passamos a analisar.

A regra do direito de retirada na sociedade anônima tem alguns detalhes merecedores de atenção. Na Lei nº 6.404/76, essa proteção ao minoritário em operações de *M&A* ocorre pela aplicação dos artigos 137 com o artigo 136, VI e IX. No caso da incorporação de ações a regra encontra-se prevista no artigo 252, § 1º, dessa lei.

Em fusões, a norma que prevê o direito de recesso autoriza os acionistas de todas as companhias envolvidas a se retirar da sociedade anônima. De outro lado, ao tratar da incorporação, a combinação dos artigos 137 com 136, inciso VI, prescreve que o direito de recesso emerge somente para os minoritários da incorporada. Isso porque o artigo 136, VI, o qual prevê *quorum* especial de metade das ações com direito a voto, fala em deliberação sobre "... sua incorporação em outra". Para Nelson Eizirik, "A não inclusão do acionista dissidente da incorporadora como legitimado ao exercício desse direito constituiu um 'cochilo' do legislador, uma vez que ele pode ter sua situação patrimonial tão afetada como a do acionista da incorporada".[257] Importante mencionar ainda que em se tratando de incorporação de ações a Lei nº 6.404/76 não adotou este mesmo posicionamento, autorizando o exercício do direito de retirada dos acionistas dissidentes tanto da incorporada como da incorporadora. Alguns doutrinadores buscaram explicações para o tratamento diferenciado da lei em relação a estas duas operações (incorporação e incorporação de ações), até que um dos idealizadores da Lei nº 6.404/76 (Luiz Eduardo Bulhões Pedreira) manifestou-se no sentido de que foi um erro do legislador na revisão final do projeto de lei antes de ser aprovado, pois o tratamento

---

[255] EIZIRIK, Nelson. *Op. cit.*, vol. II, p 203 e 204.

[256] *Idem*, p. 204.

[257] *Idem*, p. 214.

deveria ser o mesmo nos dois institutos jurídicos.²⁵⁸ O fato é que, erro ou não, a Lei está assim redigida e deve ser observada. Apesar disso, filiamo-nos à ideia de Kalansky de que os motivos para o direito de retirada nessas duas formas de operações societárias são exatamente os mesmos, sendo o ideal que se estabelecesse o mesmo tratamento em ambos os casos. Nas palavras do autor:²⁵⁹

> Em nossa opinião, não faz sentido a lei societária exigir o direito de recesso na incorporação de ações e não o exigir na operação de incorporação de sociedade. Tanto em uma como em outra, não há direito de preferência no aumento de capital dos acionistas da incorporadora e ocorre modificação do seu quadro societário.
> (...)
> (...) equívoco ou não, o direito de recesso na incorporadora em operações de incorporação de ações é lei, e enquanto não revogada há de ser cumprida, a despeito de eventuais críticas que possam surgir quanto à adoção de uma interpretação sistemática da lei, no sentido de excluir referido direito de recesso para manter a compatibilidade com as normas referentes à incorporação de sociedade.

Ainda sobre a polêmica acerca do esquecimento do legislador, complementando o entendimento supra, ressalta-se que o princípio constitucional da legalidade do artigo 5º, II da C.F. prescreve que ninguém será obrigado a fazer ou não fazer algo se não por determinação de Lei. No caso (*a contrario sensu*), feita a Lei sobre o recesso nos casos de incorporação e incorporação de ações, então, cumpra-se tal qual o previsto.

O direito de recesso do acionista, nos casos previstos na Lei ou no estatuto social, é direito potestativo, independendo da aceitação da companhia ou dos demais acionistas. Assim, ele é exercido mediante "manifestação receptícia de declaração unilateral de vontade, sendo que para produzir seus efeitos precisa apenas chegar a seu destinatário, a companhia".²⁶⁰

Quanto ao valor do reembolso, a apuração deve ser feita nos termos do artigo 45 da Lei nº 6.404/76, *infra*:

> Art. 45. O reembolso é a operação pela qual, nos casos previstos em lei, a companhia paga aos
> § 1º O estatuto pode estabelecer normas para a determinação do valor de reembolso, que, entretanto, somente poderá ser inferior ao valor de patrimônio líquido constante do último balanço aprovado pela assembléia-geral, observado o disposto no § 2º, se estipulado com base no valor econômico da companhia, a ser apurado em avaliação (§§ 3º e 4º). (Redação dada pela Lei nº 9.457, de 1997)

---

²⁵⁸ KALANSKY, Daniel. *Op. cit.*, p. 39 e 40.

²⁵⁹ *Id. Ibidem.*

²⁶⁰ EIZIRIK, Nelson. *Op. cit.*, volume II, p. 232 e 233.

§ 2º Se a deliberação da assembléia-geral ocorrer mais de 60 (sessenta) dias depois da data do último balanço aprovado, será facultado ao acionista dissidente pedir, juntamente com o reembolso, levantamento de balanço especial em data que atenda àquele prazo.
Nesse caso, a companhia pagará imediatamente 80% (oitenta por cento) do valor de reembolso calculado com base no último balanço e, levantado o balanço especial, pagará o saldo no prazo de 120 (cento e vinte), dias a contar da data da deliberação da assembléia-geral.
§ 3º Se o estatuto determinar a avaliação da ação para efeito de reembolso, o valor será o determinado por três peritos ou empresa especializada, mediante laudo que satisfaça os requisitos do § 1º do art. 8º e com a responsabilidade prevista no § 6º do mesmo artigo. (Redação dada pela Lei nº 9.457, de 1997)
§ 4º Os peritos ou empresa especializada serão indicados em lista sêxtupla ou tríplice, respectivamente, pelo Conselho de Administração ou, se não houver, pela Diretoria, e escolhidos pela Assembléia-geral em deliberação tomada por maioria absoluta de votos, não se computando os votos em branco, cabendo a cada ação, independentemente de sua espécie ou classe, o direito a um voto. (Redação dada pela Lei nº 9.457, de 1997)
§ 5º O valor de reembolso poderá ser pago à conta de lucros ou reservas, exceto a legal, e nesse caso as ações reembolsadas ficarão em tesouraria. (Redação dada pela Lei nº 9.457, de 1997)
§ 6º Se, no prazo de cento e vinte dias, a contar da publicação da ata da assembléia, não forem substituídos os acionistas cujas ações tenham sido reembolsadas à conta do capital social, este considerar-se-á reduzido no montante correspondente, cumprindo aos órgãos da administração convocar a assembléia-geral, dentro de cinco dias, para tomar conhecimento daquela redução. (Redação dada pela Lei nº 9.457, de 1997)
§ 7º Se sobrevier a falência da sociedade, os acionistas dissidentes, credores pelo reembolso de suas ações, serão classificados como quirografários em quadro separado, e os rateios que lhes couberem serão imputados no pagamento dos créditos constituídos anteriormente à data da publicação da ata da assembléia. As quantias assim atribuídas aos créditos mais antigos não se deduzirão dos créditos dos ex-acionistas, que subsistirão integralmente para serem satisfeitos pelos bens da massa, depois de pagos os primeiros. (Incluído pela Lei nº 9.457, de 1997)
§ 8º Se, quando ocorrer a falência, já se houver efetuado, à conta do capital social, o reembolso dos ex-acionistas, estes não tiverem sido substituídos, e a massa não bastar para o pagamento dos créditos mais antigos, caberá ação revocatória para restituição do reembolso pago com redução do capital social, até a concorrência do que remanescer dessa parte do passivo. A restituição será havida, na mesma proporção, de todos os acionistas cujas ações tenham sido reembolsadas. (Incluído pela Lei nº 9.457, de 1997)

Evidentemente, o pagamento do direito de retirada implica verdadeiro custo para a companhia. O problema do custo do reembolso ao minoritário para a sociedade anônima é questão de debates doutrinários. Como alertou Ian Muniz, dependendo do caso, a dificuldade de pagamento ao minoritário pode inviabilizar a própria operação de M&A, sendo um empecilho para o "controlador de deliberar sobre operações de fusão, incorporação e cisão".[261] Por isso, há uma tendência geral nos sistemas jurídicos de diferentes países, em eliminar ou diminuir os casos legais ensejadores do direito de retirada, conforme mencionado por Rachel Sztajn, Arnold Wald, Alfredo Lamy Filho e Bulhões Pedreira, todos citados na obra de Ian Muniz.[262] Nesse sentido, o direito brasileiro adotou a exceção do mercado, ou seja, não há direito de retirada em operações de fusões e incorporações, em caso de companhias com ações negociadas em bolsa de valores que atendendo aos requisitos da dispersão e liquidez, conforme artigo 137, inciso II.

A doutrina americana também debate de forma intensa tal questão. Lá, onde o mercado acionário se destaca pela sua grande liquidez, é possível encontrar firmes criticas ao *appraisal right* como proteção do acionista minoritário. Angie Woo fez uma interessante análise teórica sobre a exceção de mercado, dizendo que o direito de retirada deve ser concedido sempre quando o controlador puder provocar transferências desproporcionais de riqueza, bem como, em caso de não existir um mercado acionário eficiente.[263]

Após o acionista dissidente declarar o exercício do direito de retirada, surge novamente o dever de atuação positiva do administrador da sociedade anônima. Isso porque a lei, de fato impõe aos administradores nova análise da situação econômico-financeira da companhia em razão dos deveres de reembolso dos acionistas dissidentes. Nesse sentido, cabe ao administrador convocar assembleia geral para reconsiderar a deliberação que deu origem ao direito do dissidente, se em sua análise, verificar riscos para a continuidade da companhia. Assim prescreve o § 3º do artigo 137 da Lei nº 6.404/76:

> Art. 137 (...)
> (...)
> § 3º Nos 10 (dez) dias subseqüentes ao término do prazo de que tratam os incisos IV e V do caput deste artigo, conforme o caso, contado da publicação da ata da assembléia-geral ou da assembléia especial que ratificar a deliberação, é facultado aos órgãos da administração convocar a assembléia-geral para ratificar ou reconsiderar a deliberação, se entenderem que o pagamento do preço do reembolso das ações aos acionistas dissidentes que exerceram o direito de retirada porá em risco a estabilidade financeira da empresa. (Redação dada pela Lei nº 10.303, de 2001)

---

[261] MUNIZ, Ian. *Op. cit.*, p. 301.

[262] Idem, p. 301 a 303.

[263] WOO, Angie. Appraisal Rights in Mergers Ofpublicly-held Delaware Corporations: Something Old, Something New, Something Borrowed, And Something B.L.U.E. *in 68 S. Cal. L. Rev.* 719 1994-1995, disponível em <http://heinonline.org>, acessado em 7 de Agosto de 2012, p. 742.

Por óbvio, a reconsideração da deliberação extingue o direito de retirada dos acionistas dissidentes. No objeto deste estudo, porém, a questão ganha em complexidade, pois as operações societárias envolvem duas ou mais sociedades anônimas, podendo a desistência de uma das companhias também gerar grandes responsabilidades econômicas pela não concretização do negócio já aprovado. Este aspecto também deverá entrar na equação, quando o administrador avaliar esta possibilidade.

Esta previsão legal não se aplica ao caso de alienação do controle acionário pela venda das ações do controlador, pois a proteção, nessa situação, ocorre pelo dever de oferta pública pelas ações dos acionistas minoritários com direito de voto no valor mínimo de 80% do valor pago por ação ao controlador, na forma do artigo 254-A da Lei nº 6.404/76. Também não se aplica ao contrato de trespasse, ou seja, à alienação de estabelecimento (unidade produtiva), sendo o remédio legal a responsabilização civil, caso se entenda ter sofrido danos ilícitos pelo ato do administrador e do controlador. Se a alienação do estabelecimento, porém, causar a modificação significativa do objeto social da companhia haverá direito de retirada do acionista dissidente (Lei das S.As., art. 137, combinado com 136, I).

### 5.9. A defesa contra tomadas de controle hostis

Este aspecto das operações de *Fusões e Aquisições* se tornou objeto de estudos mais detalhados entre os autores brasileiros recentemente. A doutrina especializada já conhecia algumas características das tomadas hostis de controle no mercado norte-americano e as defesas desenvolvidas pelos advogados das companhias daquele país. De outro lado, o tema despertou o interesse os juristas brasileiros neste momento, pois algumas sociedades anônimas brasileiras passaram a ter seu capital acionário disperso no mercado, sendo controladas por acionistas com participação minoritária, ou seja, com menos de 50% das ações com direito a voto.

Destarte, companhias sem a figura do acionista majoritário podem ter seu controle tomado por ofertas públicas realizadas diretamente aos acionistas no mercado acionário. As *hostile takeover bids*, como ficaram conhecidas nos Estados Unidos, eram direcionadas aos acionistas das companhias, sem passar por prévia negociação com os administradores sobre valores e condições de pagamento. No mercado norte-americano, a dispersão acionária é tanta, que nem mesmo acionistas minoritários tem participação societária relevante a ponto de controlar as companhias, deixando-as sob o comando efetivo e quase integral dos administradores. Por isso, a oferta pública de aquisição de ações é mecanismo de aquisição, sem necessidade de enfrentar a negociação prévia da companhia adquirida. Por isso, desenvolveram-se diferentes medidas defensivas, tais como os *shark repellents,* as *poison pills* e os *porcupine provisions.*

No ordenamento jurídico pátrio, as limitações legais impedem a criatividade utilizada noutros mercados. Assim, a medida defensiva da companhia brasileira contra as tomadas hostis de controle são uma espécie de amplificação do *tag along* legal do artigo 254-A da Lei das S.As. Vale dizer, o principal dispositivo de defesa da dispersão acionária no mercado brasileiro é a cláusula estatutária que impõe o dever de o adquirente realizar oferta pública de todas as ações da companhia, caso venha a adquirir um percentual das ações previsto no próprio estatuto da companhia. As companhias tentaram ainda criar cláusulas protetivas à própria cláusula defensiva. Vale dizer, tornou-se comum a prática de prever o mesmo dever de oferta pública para o acionista que votar pela exclusão da chamada *poison pill* brasileira. Tal previsão estatutária foi veementemente criticada por Modesto Carvalhosa.[264] Conforme explicado por Walter Douglas Stuber[265] e por Carlos Martins Neto,[266] em seguida a CVM criou o primeiro precedente oficial contrário à criação de cláusula pétrea, indicando a violação de diversos artigos da Lei nº 6.404/76, tais como os artigos 115, 121, 122, I e 129. No entanto, conforme nos manifestamos em outro estudo de direito comparado específico sobre o tema:

> A manifestação desta agência, no entanto, é bastante tímida, pois, na redação do Parecer de Orientação nº 36/2009, limita-se a dizer que, tendo em vista as contrariedades legais, "não aplicará penalidades, em processos administrativos sancionadores, aos acionistas que, nos termos da legislação em vigor, votarem pela supressão ou alteração da cláusula de proteção à dispersão acionária, ainda que não realizem a oferta pública prevista na disposição acessória".[267]

---

[264] CARVALHOSA, Modesto. As poison pills estatutárias na prática brasileira – alguns aspectos da sua legalidade, *in Direito Societário desafios atuais* – Rodrigo R. Monteiro de Castro e Leandro Santos de Aragão (Coord.). São Paulo: Quartier Latin, 2009, p. 29.

[265] STUBER, Walter Douglas. A posição da CVM em relação às poison pills das companhias abertas, *in Revista de Direito Bancário e do Mercado de Capitais*, v. 13, n. 47, São Paulo: Revista dos Tribunais, 2010, p. 411 a 418.

[266] MARTINS NETO. Carlos. Dispersão Acionária, Tomada Hostil de Controle e Poison Pills: Breves Reflexões, *in Revista Semestral de Direito Empresarial* – nº 5, Rio de Janeiro: Renovar, 2009. p. 63. p. 72

[267] REBELO, Nikolai Sosa; MARTINS, Matheus Luniere; SCOTTEN, Donald. As *poison pills* como instrumentos de proteção aos minoritários estudo crítico de direito comparado (Brasil e Estados Unidos), *in Revista Síntese Direito Empresarial*, v. 33, p. 203-240, 2013, p. 227.

Atualmente, constata-se que esta cláusula acessória não tem sido inserida nos estatutos das companhias brasileiras, mantendo-se as cláusulas protetivas da dispersão acionária, impondo o dever de OPA para o acionista que atingir determinado percentual.

No direito americano, onde surgiram e se difundiram diversas medidas de defesas, lembra-se que a *poison pill* é completamente distinta dessa forma de proteção adotada no Brasil. No início a *SEC – Securities Exchange Comission*, até considerava cláusulas desta natureza inseridas no conceito de *poison pills*.[268] Porém, conforme já mencionado antes, as pílulas de veneno americanas mais difundidas e que, efetivamente, se popularizaram sob esta denominação são aqueles valores mobiliários (*securities*) que permitem aos acionistas da companhia alvo adquirir ações da própria companhia ou mesmo da adquirente (*flip in* e *flip over*) por valores substancialmente inferiores aos de mercado, com o objetivo de diluir a aquisição do adquirente externo.

Interessante notar que, para fins deste estudo comparado, no direito dos Estados Unidos da América, a defesa da dispersão acionária por meio da *poison pill* é atribuição quase que exclusiva dos administradores. Essa é uma das quatro características da *poison pills* destacadas por Ryngaert:[269]

> As *poison pills* possuem quatro elementos salientes. Primeiro, tais defesas são geralmente adotadas sem ser aprovadas pelos acionistas. Segundo, elas causam um enorme aumento nos custos nas transações pelo controle acionário. De fato, são chamadas desta forma pois elas envenenam o adquirente que tenta realizar uma aquisição de controle. Terceiro, as pílulas podem ser resgatadas pela companhia emissora. Desta forma, os administradores defendem que a pílula não inviabilizam completamente as aquisições de controle, mas, tão somente, forçam o adquirente a negociar com a administração os termos da operação. Quarto, buscam evitar penalizar o adquirente, pois tornam possível o direito conferido pela *poison pill* na condição de a oferta ser concretizada, evitando o *free-rider problem*.

Destarte, dois aspectos devem ser destacados: primeiro, é possível promover a defesa da dispersão acionária por atuação dos administradores; segundo, o objetivo deve ser obrigar os ofertantes a negociarem com a administração.[270] Assim, por óbvio, emergem todos os deveres fiduciários dos administradores nessa situação. A defesa da companhia deve orientar-se sempre para atender os objetivos da

---

[268] COHEN, Martin M. *Poison pills* as a negotiating tool: seeking a cease-fire in the corporate takeover wars *in 1987 Colum. Bus. L. Rev.* 459, disponível em <http://www.westlaw.com>, acessado em 12 de agosto de 2012, p. 2.

[269] RYNGAERT, Michael. The effects of poison pill securities on shareholder wealth, *in Journal of Financial Economics* 20, p. 377-417: Elsevier, 1988 p. 380.

[270] THOMPSON JR., Samuel C. *Business Planning for Mergers and Acquisitions* – 3rd edition. Carolina Academic Press, 2008, p. 155.

companhia e dos acionistas, jamais como forma de os administradores se entrincheirarem no poder da sociedade anônima.

Diversos processos judiciais famosos na jurisprudência americana desenvolveram a teoria sobre a legalidade do uso da *poison pill* ou não. Muitos acionistas e juristas denunciaram a utilização abusiva da defesa pelos administradores como forma de perpetuação no poder.

Assim, o *Case Law* norte americano passou a estabelecer critérios de razoabilidade na utilização da *poison pill*, determinando que a resposta seja proporcional à ameaça. Um dos casos utilizados como paradigma para determinação da proporcionalidade da adoção da pílula é o precedente *Moran v. Household International, Inc.*[271] julgado na Suprema Corte de Delaware. Mas foi em *Unocal*[272] vs. *Mesa Petroleum* que a Suprema Corte de Delaware criou o famoso teste Unocal para aplicação da presunção da *business judgement rule* em matéria de defesa contra aquisição hostil, devendo ser questionado se: 1) a administração agiu, buscando informações sobre a oferta hostil, agindo respaldada em pareceres externos e percebeu a existência de ameaça para a companhia e seus acionistas; 2) adotou medida defensiva proporcional à ameaça. Em *Paramount v. Time,* inclusive, o Tribunal máximo de Delaware julgou válida a *poison pill* lançada pelos administradores da Time, sob o argumento de que, mesmo não sendo a maior oferta aos acionistas, a Time teria um ganho muito maior com a fusão com a companhia Warner do que sendo adquirida pela *Paramount*. Aqui, a justificativa foi estratégica e não com base na análise pura do valor das ofertas. Já o caso Unitrin,[273] acrescentou-se mais um elemento ao teste Unocal, no sentido de que também seja analisado se a medida defensiva não impede por completo a aquisição, ou seja, deve haver a possibilidade de reverter a defesa implementada, para não tornar a pílula coercitiva ou preclusiva.

Assim, outra característica importante nesse contexto de deveres fiduciários é a possibilidade de resgate da *poison pill*. Vale dizer, a emissão desse valor mobiliário que concede direitos condicionados aos acionistas (exceto ao ofertante) de adquirir novas ações pode ser resgatada pela companhia, por meio de ato dos administradores (*Board of Directors*), com o pagamento de valor predeterminado no próprio documento emitido.

A rica teoria do direito americano também repercutiu entre os pragmáticos daquele país. Os artigos americanos sempre prezaram

---

[271] *Moran v. Household Intern., Inc.*, Supreme Court of Delaware, 500 A.2d 1346, 19/11/1985.

[272] *Unocal Corporation v. Mesa Petroleum Co.*, Delaware Supreme Court, 493 A.2d 946, 1985.

[273] *Unitrin, Inc. v. American General Corp.*, Delaware Supreme Court, 1995 651 A.2d 1361.

pela aplicabilidade prática de suas teorias e, no caso das *poison pills*, é possível encontrar dezenas de estudos empíricos. Tais estudos passaram a examinar se a prática demonstrou o uso correto das pílulas de veneno e outras medidas defensivas ou se elas realmente são mais utilizadas de forma abusiva. Um estudo de Gary L. Caton e Jeremy Goh analisou a reação do mercado acionário ao uso da *poison pill* em comparação entre companhias de padrão mais elevado de governança corporativa com as de padrão menos elevado, concluindo que os investidores confiam mais na adoção dessas medidas no caso das primeiras do que quando adotadas pelo segundo grupo.[274] Já no artigo de Morris G. Danielson e Jonathan M. Karpoff, os autores estudaram o impacto da utilização das *poison pills* nos resultados operacionais da companhia, afirmando, em suas conclusões, que a adoção da defesa é relacionada a ganhos econômicos por melhorias no resultado operacional.[275]

O professor de Harvard Lucian Bebchuk (em artigo com outros autores, relatando um caso real submetido por ele ao Judiciário americano), defensor de altos padrões de governança corporativa, tem sustentado formas alternativas de diminuir o amplo poder dos administradores, para evitar que eles se "entrincheirem no poder". Este autor sugeriu que a adoção da pílula seja efetuada pelo Conselho de Administração em deliberação unânime e sua manutenção, depois de determinado período de tempo, submetida à assembleia geral.[276]

Já nas companhias brasileiras, o abuso tem ocorrido por parte dos controladores, muitas vezes até majoritários, que adotam a cláusula protetiva com claro propósito de entrincheirar-se no poder, evitando que outros acionistas tenham participação significativa no capital social da sociedade. Nesse sentido, ressalta-se a crítica de Carlos Klein Zanini:[277]

> Neste cenário, onde as companhias têm um acionista controlador ou grupo de controle e não existe o menor vestígio de pulverização do controle acionário, a adoção da

---

[274] CATON, Gary L.; GOH, Jeremy. Corporate Governance, Shareholder Rights, and Shareholder Rights Plans: Poison, Placebo, or Prescription? *In Journal of Financial and Quantitative Analysis* Vol. 43, n. 2, June 2008, p. 381-400.

[275] DANIELSON, Morris G.; KARPOFF, Jonathan M. Do pills poison operating performance? *In Journal of Corporate Finance 12*, Elsevier: 2006, p. 536 a 559.

[276] BEBCHUK, Lucian A.; EISENHOFER, Jay W.; GRANT, Stuart M.; BARRY, Michael J.; DELEEUW, P. Bradford. On the Validity of Poison Pill By-Laws (June 2006). Disponível em SSRN: <http://ssrn.com/abstract=928674> ou <http://dx.doi.org/10.2139/ssrn.928674>, acessado em 24 de maio de 2014.

[277] ZANINI, Carlos Klein. A *"Poison Pill Brasileira"*: desvirtuamento, antijuridicidade e ineficiência em temas de Direito Societário e Empresarial contemporâneos. Marcelo Vieira von Adamek (Coord.). São Paulo: 2011, p. 267.

*poison pill* brasileira configura uma discriminação na medida em que impede qualquer acionista, à exceção do atual controlador, de alcançar o percentual de participação no capital social, cujo alcance impõe a realização da oferta pública compulsória. Em outras palavras, somente o controlador atual passa a deter o privilégio de ostentar participação acionária percentual igual ou superior à estipulada na *poison pill* brasileira, sem que isso lhe imponha a necessidade de efetuar a oferta.

Outro problema da medida defensiva brasileira é a quase inexistente possibilidade de resgatar a "pílula". Como a proteção é estabelecida em estatuto social, sendo disparada automaticamente contra o acionista que atingir determinado percentual acionário, nenhuma atuação é exigida do administrador, ficando os acionistas não controladores amarrados nesta cláusula estatutária, muitas vezes imposta pelo controlador, seja ele majoritário ou minoritário.

Existem outras tantas medidas defensivas criadas principalmente no mercado americano. Outro exemplo de defesa, usada muitas vezes de forma conjunta à *poison pill* são os *staggered boards*. Este dispositivo prevê o escalonamento dos mandatos dos membros do *board of directors*. O efeito é dificultar a alteração da administração de imediato, caso a companhia venha a sofrer mudança de controle, deixando o negócio menos atrativo, pois somente após determinado período, é que o novo controlador finalmente conseguirá implantar a sua política administrativa e negocial. No direito brasileiro, o uso de *staggered board* é impossível, como bem afirma Nascimento,[278] pois qualquer membro da administração pode ser desempossado a qualquer momento e seus mandatos são unificados em no máximo 3 anos, por força do artigos 122, II, e 140 da Lei nº 6.404/76.

Outra defesa conhecida é chamada de *white knight*. Esta medida é perfeitamente compatível com o direito brasileiro, pois nada mais é do que a busca por uma oferta concorrente ao ofertante "hostil". Conforme ensina a doutrina americana, a tática é justificável à luz dos deveres fiduciários, uma vez que os administradores devem buscar o "melhor preço para os seus acionistas", conforme já decidido em diferentes casos na corte de Delaware.[279]

Em síntese, estas são as defesas mais conhecidas no direito brasileiro e estrangeiro. Como se vê, a adoção de algumas delas exige atuação dos administradores, devendo seguir as normas dos deveres fiduciários aqui estudados. Entendemos que o direito brasileiro deveria permitir somente medidas defensivas que possam ser avaliadas

---

[278] NASCIMENTO, João Pedro Barroso do. *Medidas Defensivas à Tomada de Controle de Companhias*. São Paulo: Quartier Latin, 2011, p. 166.

[279] OESTERLE, Dale A. *Op. cit.*, p. 278.

sob o aspecto dos deveres fiduciários, a fim de possibilitar a ampliação dos direitos dos acionistas minoritários. A tática defensiva usada atualmente no mercado acionário brasileiro tem sido usada em claro desvio de poder por parte dos controladores e não tem sofrido este controle, seja no Poder Judiciário, na Comissão de Valores Mobiliários ou pelas regras da BM&F Bovespa.

### 5.10. O cuidado com as atividades econômicas reguladas e com a interferência estatal

Estudar as atividades econômicas reguladas é estudar uma das mais complexas relações entre distintas áreas do sistema jurídico brasileiro.

Iniciando pelos serviços públicos delegados, existem normas em caráter geral (C.F., art. 22, XXVII),[280] sendo a Lei nº 8.987, de 1995, a principal legislação sobre o assunto, aplicando-se algumas regras da Lei nº 8.666 de 1993 sobre o procedimento licitatório prévio à outorga. Além disso, cada serviço público possui lei específica, por exemplo, o transporte rodoviário e aquaviário interestadual e internacional de passageiros ou de carga devem observar as regras previstas na Lei nº 10.233 de 2001, que cria a ANTT e a ANTAQ. O serviço de telecomunicações e de concessão de transmissão de energia elétrica também tem legislação específica. Enfim, não é um tema simples que tem seus problemas solucionados com as normas gerais, devido à quantidade de leis específicas. Mas o estudo, aqui, não aprofundará as questões próprias de cada serviço público, mas, sim, tratará das normas gerais aplicáveis a todas as concessões, pelo menos em tese.

Tal matéria impõe ter em mente que o regime do serviço público e o do serviço privado são diferentes, embora muitos confundam esses dois institutos jurídicos. O serviço privado, em tese, é um serviço de livre iniciativa que pode ser prestado por qualquer interessado, sem qualquer restrição (somente quanto ao controle da licitude). Já o serviço público deve observar princípios completamente diferentes, pois é de titularidade estatal, ou seja, da União, dos Estados, do Distrito Federal e dos Municípios, dependendo do âmbito de suas atribuições constitucionais.

---

[280] Art. 22. Compete privativamente à União legislar sobre: (...) XXVII – normas gerais de licitação e contratação, em todas as modalidades, para as administrações públicas diretas, autárquicas e fundacionais da União, Estados, Distrito Federal e Municípios, obedecido o disposto no art. 37, XXI, e para as empresas públicas e sociedades de economia mista, nos termos do art. 173, § 1º, III; (Redação dada pela Emenda Constitucional nº 19, de 1998)

O conceito de serviço público sofreu consideráveis mudanças ao longo dos anos. Existem conceitos mais amplos e outros mais restritos. Além disso, a doutrinadora Maria Sylvia Zanella Di Pietro constatou que o conceito de serviço muda também no espaço, pois a lei de cada país determinará qual serviço é ou não é público. Assim, analisando a complexidade do tema e a transição histórica de tal instituto jurídico, a autora propôs a seguinte definição:

> Daí a nossa definição de serviço público como toda atividade material que a lei atribui ao Estado para que a exerça diretamente ou por meio de seus delegados, com o objetivo de satisfazer concretamente às necessidades coletivas, sob regime jurídico total ou parcialmente público.[281]

Destarte, nota-se enorme diferença entre o regime jurídico do serviço público e o do serviço privado, pois são orientados por princípios completamente distintos. O serviço privado se rege pelos princípios da livre iniciativa, da livre concorrência, do estabelecimento dos preços pelo mercado – a "lei" da oferta e da demanda. Quando se tratar de serviço público, por outro lado, o Estado tem o dever de resguardar as necessidades coletivas, podendo prestar o serviço diretamente ou delegá-lo pelas formas previstas na Constituição Federal de 1988 (autorização, permissão ou concessão). Os princípios são completamente diferentes, por exemplo, os valores de tarifas, são controlados pelo Poder Público, não há a liberdade de estabelecer os preços, ainda que o serviço seja prestado por pessoa de direito privado por delegação. A contrapartida à ausência de liberdade de preços é garantida pelo princípio do equilíbrio econômico financeiro entre as receitas e os encargos do concessionário (Lei nº 8.987/95, art. 9º, §§ 2º e 4º; Lei nº 8.666/93, art. 65, inciso II, "d" e § 6º).

O serviço público é titularidade do Estado, assim, o particular somente pode prestar esse serviço mediante delegação. A Constituição de 1988, no artigo 175, passou a exigir sempre a licitação para as novas concessões e permissões de serviço público. Impõe-se, sempre que necessário uma nova delegação, a realização de um prévio procedimento administrativo de concorrência denominado de licitação. Incidem as regras previstas na Lei nº 8.987, de 1995, que é a lei das concessões; e, no que for compatível, incidem também as regras gerais da Lei das Licitações nº 8.666, de 1993.

A concessão e permissão de serviços públicos por meio de contrato administrativo, após licitação para escolha do concessionário ou permissionário, tem sido utilizada pela Administração Pública por razões econômicas. O Estado se mostrou ineficiente na prestação de

---

[281] DI PIETRO, Maria Sylvia Zanella. Direito Administrativo, São Paulo: Atlas, 1991, p. 80.

diversos serviços públicos e passou a delegá-los à iniciativa privada, que possui melhores condições de prestá-lo, em razão do maior poder financeiro para investimentos nessas atividades e da flexibilidade de sua gestão. São os casos, por exemplo, do transporte público, da transmissão e fornecimento de energia elétrica, da radiofusão, entre outros.

Em razão destas questões relativas ao direito público, os contratos de concessão não podem ser livremente cedidos. As alterações societárias em concessionárias também não são livremente permitidas, pois o interesse público exige maior controle nessas operações. Assim, a Lei nº 8.987/95, que trata das concessões, exige a prévia anuência do Poder Concedente em caso de alteração de controle societário das sociedades concessionárias e para a transferência da concessão. A transferência da concessão pode ser feita em negócio específico ou no contrato de trespasse (venda do estabelecimento ou de unidade produtiva, tal como ocorreu em alguns casos do setor aéreo). Eis o texto do artigo 27:

> Art. 27. A transferência de concessão ou do controle societário da concessionária sem prévia anuência do poder concedente implicará a caducidade da concessão.
> § 1º Para fins de obtenção da anuência de que trata o caput deste artigo, o pretendente deverá: (Renumerado do parágrafo único pela Lei nº 11.196, de 2005)
> I – atender às exigências de capacidade técnica, idoneidade financeira e regularidade jurídica e fiscal necessárias à assunção do serviço; e
> II – comprometer-se a cumprir todas as cláusulas do contrato em vigor.
> § 2º Nas condições estabelecidas no contrato de concessão, o poder concedente autorizará a assunção do controle da concessionária por seus financiadores para promover sua reestruturação financeira e assegurar a continuidade da prestação dos serviços. (Incluído pela Lei nº 11.196, de 2005)
> § 3º Na hipótese prevista no § 2º deste artigo, o poder concedente exigirá dos financiadores que atendam às exigências de regularidade jurídica e fiscal, podendo alterar ou dispensar os demais requisitos previstos no § 1º, inciso I deste artigo. (Incluído pela Lei nº 11.196, de 2005)
> § 4º A assunção do controle autorizada na forma do § 2º deste artigo não alterará as obrigações da concessionária e de seus controladores ante ao poder concedente. (Incluído pela Lei nº 11.196, de 2005)

A Lei nº 8.666/93, anterior à Lei das Concessões, também contém regras regulando a transferência de contratos administrativos. Nessa lei, o artigo 78 prevê a rescisão do contrato quando este for transferido sem que tal possibilidade tenha sido previamente prevista no edital de licitação e no próprio contrato administrativo. Diz o artigo:

> Art. 78. Constituem motivo para rescisão do contrato:
> (...)

VI – a subcontratação total ou parcial do seu objeto, a associação do contratado com outrem, a cessão ou transferência, total ou parcial, bem como a fusão, cisão ou incorporação, não admitidas no edital e no contrato;

Comentando esse artigo, o renomado jurista Marçal Justen Filho defende que essas transferências de contratos administrativos devem ser permitidas quando verificar-se a necessidade de continuidade do contrato, quando houver vantagem para o poder público. Segundo esse autor, o fundamento é o de que a licitação serve para escolher a proposta mais vantajosa e se a alteração da parte contratante mantiver as condições ou até melhorá-las, não há por que vedá-las.[282] Tal entendimento também se aplica nas concessões. Se for mantida a qualidade técnica e houver interesse na continuidade do contrato, não há vedação jurídica na transferência do contrato, seja por mudança do controle ou pela cessão de direitos.

O precedente da CVM citado no capítulo anterior, que debateu a aplicação ou não do *tag along* na transferência de controle acionário da TIM Participações, teve também a incidência de normas de direito público. A operação teve de ser submetida à ANATEL – Agência Nacional de Telecomunicações –, devido ao interesse público envolvido e por ser tratada no direito brasileiro como serviço regulado (executado parte em regime público e parte em regime privado). Conforme o Relatório da decisão do caso na CVM, diversas restrições e condições foram impostas a referida operação societária para evitar abusos decorrentes de concentração de mercado:

Apresentação da Operação à ANATEL
1.A Operação foi apresentada à Agência Nacional de Telecomunicações – ANATEL em 06.06.2007 (fls. 253-257 do Processo nº RJ2009/1956). Através do Ato nº 68.276, de 31.10.2007 (fls. 258-259 do Processo nº RJ2009/1956), a ANATEL anuiu "com a transferência de controle indireto da TELECOM ITÁLIA S.p.A.. (...)", condicionada à inserção de cláusulas nos instrumentos societários que contemplassem o seguinte:
"I. Vedação à TELEFÔNICA S.A., nas Assembleias Gerais de Acionistas, e aos membros indicados pela TELEFÔNICA S.A nos Conselhos de Administração, Diretoria ou órgão com atribuição equivalente, de participarem, votarem ou vetarem nas deliberações da TELCO S.p.A., da OLÍMPIA S.p.A., da TELECOM ITÁLIA S.p.A. ou de qualquer outra empresa controlada direta ou indiretamente pela TELECOM ITÁLIA S.p.A., matérias que tratem de assuntos relacionados à atuação dessas empresas na prestação de serviços de telecomunicações no mercado brasileiro;
Parágrafo único. A vedação tratada no inciso I deverá estar expressamente prevista em relação aos direitos das Ações Classe B, que são de propriedade exclusiva da TELEFÔNICA S.A.

---

[282] JUSTEN FILHO, Marçal. *Comentários à lei de licitações e contratos administrativos*. São Paulo: Dialética, 2009, p. 775.

II. Vedação de que a TELEFÔNICA S.A. indique membros para os Conselhos de Administração, Diretorias ou órgãos com atribuições equivalentes das empresas controladas direta ou indiretamente pela TELECOM ITÁLIA S.p.A., estabelecidas no Brasil, que atuam na prestação de serviços de telecomunicações no mercado brasileiro e de suas controladoras;
III. Proibição nas relações entre as empresas controladas pela TELEFÔNICA S.A. e TELECOM ITÁLIA S.p.A. que prestam serviços de telecomunicações no mercado brasileiro, quando estabelecidas em condições diversas daquelas previstas na regulamentação brasileira dos serviços de telecomunicações, quanto:
a) a operações significativas, passivas ou ativas, de financiamento, sob qualquer forma;
b) a prestação de garantia real, pessoal ou de qualquer espécie;
c) a transferência de bens em condições, termos ou valores distintos dos praticados no mercado;
d) a transferência de conhecimentos tecnológicos estratégicos;
e) a prestação de serviço de telecomunicações ou correlatos em condições favorecidas ou privilegiadas;
f) a acordo operacional que estipule condições favorecidas ou privilegiadas;
g) ao uso comum de recursos, sejam eles materiais, tecnológicos ou humanos;
h) a contratação em conjunto de bens ou serviços;
i) a assinatura de instrumento jurídico tendo por objeto transferência de ações entre as prestadoras ou cessão de direito de preferência relativamente à transferência recíproca de ações;
j) a adoção de marca ou de estratégia mercadológica ou publicitária comum.
IV. Manutenção, caso haja cisão da TELCO S.p.A., conforme previsto no item 1.2 ou item 11(6) do Acordo de Acionistas desta, de todas as condicionantes impostas à TELEFÔNICA S.A. em relação à TELECOM ITÁLIA S.p.A., e suas controladas e controladoras, bem como as proibições nas relações entre as empresas controladas pela TELEFÔNICA S.A. e TELECOM ITÁLIA S.p.A. que prestam serviços de telecomunicações no mercado brasileiro.
V. Submissão, no caso de o Acordo de Acionista da TELCO S.p.A. perder a validade, bem como no caso da fusão entre a TELCO S.p.A. e a OLÍMPIA S.p.A., de um novo instrumento jurídico formal, contendo as mesmas restrições e proibições acima citadas, para aprovação prévia da Anatel.
VI. Vedação do exercício de controle, direto ou indireto, pela TELEFÔNICA S.A., sobre qualquer empresa do Grupo TIM no Brasil, nos moldes determinados pela regulamentação específica vigente neste País, ainda que a TELEFÔNICA S.A. faça valer a opção de compra em caso de retirada unilateral provocada por outra empresa acionista.
VII. Determinação aos elaboradores das pautas de reuniões dos Conselhos de Administração da TELCO S.p.A., da OLÍMPIA S.p.A., da TELECOM ITÁLIA S.p.A. e da TELECOM ITÁLIA INTERNATIONAL NV e aos seus respectivos presidentes para que separarem os temas em pautas diversas, sendo, (i) uma suscetível à participação da TELEFÔNICA S.A., por meio dos Conselheiros que indicar e (ii) outra não suscetível à participação dos Conselheiros, indicados pela TELEFÔNICA S.A. Nas reuniões não suscetíveis à participação de Conselheiros indicados pela TELEFÔNICA S.A., os temas abordados necessariamente deverão dizer respeito matérias que tratem de assuntos relacionados à atuação das empresas controladas direta ou indiretamente pela TELECOM ITÁLIA S.p.A. na prestação de serviços de telecomunicações no mercado

brasileiro e temas diretamente relacionados, sendo estes últimos, necessariamente, ligados aos principais em aspectos de estratégia concorrencial, tal como orçamentos para campanhas de marketing e planos de investimento em desenvolvimentos de produtos, ativos (lato sensu), instrumentos, tudo isto em síntese, voltado ao desenvolvimento das atividades relacionados à atuação das empresas controladas direta ou indiretamente pela TELECOM ITÁLIA S.p.A. na prestação de serviços de telecomunicações no mercado brasileiro."

18.Adicionalmente, o Ato ANATEL nº 68.276/2007 determinou às empresas do Grupo TIM no Brasil (nomeadamente, no caso, a TIM Celular S.A. e TIM Nordeste S.A.) que (i) apresentassem à ANATEL, em até 30 dias após a publicação daquele Ato, dos instrumentos societários contemplando, inequivocamente, os condicionamentos estabelecidos, bem como as adequações decorrentes desses condicionamentos, sob pena da perda do efeito da anuência ora proposta; e (ii) encaminhassem, em até 30 dias contados da realização de reuniões dos Conselhos de Administração da Telco e da Olimpia, da Telecom Italia. ou de qualquer outra empresa controlada direta ou indiretamente pela Telecom Italia, cópia de pautas e atas das reuniões do Conselho de Administração (arts. 2º e 3º).

19.Em razão das condições impostas pela ANATEL, o Acordo de Acionistas e o Estatuto Social da Telco foram alterados para prever as restrições no Ato ANATEL nº 68.276/2007, conforme acima transcrito.

Existe ainda a categoria dos serviços privados de interesse público, ou de interesse nacional, que são de natureza jurídica privada, mas com forte regulamentação estatal. Apesar de não ser considerada atividade de titularidade de ente da administração pública, as pessoas jurídicas de direito privado que desenvolvem estas atividades devem estar submetias ao amplo controle estatal. São exemplos as atividades de natureza financeira, tais como, bancária, securitária, previdência privada etc.

O sistema regulatório busca sempre impor alguns limites à atividade financeira e bancária e acaba estimulando, de forma, indireta, a criatividade dos agentes privados, que inventam novos produtos para "escapar" da regulação.

A criatividade dos agentes de mercado, por muitas vezes, levou à assunção de riscos exagerados, provocando graves crises nesses sistemas controlados, alastrando-se aos demais setores da economia.

As crises, porém, não ocorrem somente em razão da atividade privada. A ausência ou a precariedade de regulação também são verificadas em momentos de crise. A soma desses dois fatores é que normalmente acaba gerando situações de altas apostas dos agentes de mercado. A crise instaurada a partir de 2008 é grande exemplo dessa situação.

O sistema bancário é o ambiente mais propício para a ocorrência de crises sistêmicas. O conceito de crise sistêmica é dado pelos economistas. Trata-se da crise instaurada a partir da quebra de um agente de mercado que se alastra pelos demais agentes do mesmo setor e, até mesmo, dos demais setores da economia. A crise sistêmica tem dois elementos característicos: 1. o choque inicial e 2. o sistema de propagação. Normalmente, essas crises provocam rupturas com um modelo de equilíbrio anterior, dirigindo-se a um novo ponto de equilíbrio. É o tamanho do choque inicial e o mecanismo de ajuste ao novo equilíbrio que determinam o impacto real na economia, na renda e no bem estar da população. Existe certo consenso de que o maior risco de crise sistêmica se encontra no setor bancário e financeiro. As demais atividades econômicas também podem ter suas crises "contagiosas", mas com menor probabilidade.

Todas essas características são suficientes para se ter um tratamento diferenciado dessas atividades, o que se relaciona com o objeto do presente estudo, no sentido de não poder ser praticado livremente a transferência de ativos, de controle societário, nem serem realizadas operações de fusões, incorporações ou qualquer outra operação sem conhecimento dos reguladores, personificados na maioria das vezes pelas Autarquias, conhecidas como agências reguladoras.

Outro tipo de controle estatal que as sociedades podem sofrer ao realizarem operações de *M&A* é aquele efetivado pelo CADE – Conselho Administrativo de Defesa Econômica –, que tem por objetivo evitar abusos decorrentes dos atos de concentração empresarial. Na linha do ensinamento de Luciano Sotero Santiago, o objetivo do controle das operações de *M&A* é a proteção da concorrência pela prevenção contra a "formação de estruturas tendentes à monopolização ou domínio de mercado por uma empresa dominante ou de uma formação oligopolizada".[283]

A análise realizada pelo CADE é extremamente complexa, envolvendo conceitos econômicos e estudo detalhado de cada tipo de mercado afetado pela operação, semelhante àquela feita pela ANATEL no caso da Tim – Participações, citado neste estudo (nesta situação, as operações podem sofrer um duplo controle, um pelo CADE e o outro pela Agência Reguladora específica de cada atividade). Embora existam vantagens econômicas inegáveis ao se realizar uma operação societária que aumenta o tamanho das sociedades empresárias, situações de dominação sobre um determinado mercado têm maiores riscos de abuso do poder econômico. Assim, a recente Lei nº 12.529/2011 (a nova Lei do CADE) prevê no artigo 88 os casos que devem ser

---

[283] SANTIAGO, Luciano Sotero. *Direito da Concorrência* – Doutrina e Jurisprudência. Salvador: Jus Podivm, 2008, p. 244 e 245.

submetidos ao controle de concentrações da Agência, bem como determina ainda que até a decisão final, não seja realizada nenhuma alteração prevista para a operação societária:

> Art. 88. Serão submetidos ao Cade pelas partes envolvidas na operação os atos de concentração econômica em que, cumulativamente:
> I – pelo menos um dos grupos envolvidos na operação tenha registrado, no último balanço, faturamento bruto anual ou volume de negócios total no País, no ano anterior à operação, equivalente ou superior a R$ 400.000.000,00 (quatrocentos milhões de reais); e
> II – pelo menos um outro grupo envolvido na operação tenha registrado, no último balanço, faturamento bruto anual ou volume de negócios total no País, no ano anterior à operação, equivalente ou superior a R$ 30.000.000,00 (trinta milhões de reais).
> § 1º Os valores mencionados nos incisos I e II do *caput* deste artigo poderão ser adequados, simultânea ou independentemente, por indicação do Plenário do Cade, por portaria interministerial dos Ministros de Estado da Fazenda e da Justiça.
> § 2º O controle dos atos de concentração de que trata o *caput* deste artigo será prévio e realizado em, no máximo, 240 (duzentos e quarenta) dias, a contar do protocolo de petição ou de sua emenda.
> § 3º Os atos que se subsumirem ao disposto no *caput* deste artigo não podem ser consumados antes de apreciados, nos termos deste artigo e do procedimento previsto no Capítulo II do Título VI desta Lei, sob pena de nulidade, sendo ainda imposta multa pecuniária, de valor não inferior a R$ 60.000,00 (sessenta mil reais) nem superior a R$ 60.000.000,00 (sessenta milhões de reais), a ser aplicada nos termos da regulamentação, sem prejuízo da abertura de processo administrativo, nos termos do art. 69 desta Lei.
> § 4º Até a decisão final sobre a operação, deverão ser preservadas as condições de concorrência entre as empresas envolvidas, sob pena de aplicação das sanções previstas no § 3º deste artigo.
> § 5º Serão proibidos os atos de concentração que impliquem eliminação da concorrência em parte substancial de mercado relevante, que possam criar ou reforçar uma posição dominante ou que possam resultar na dominação de mercado relevante de bens ou serviços, ressalvado o disposto no § 6º deste artigo.
> § 6º Os atos a que se refere o § 5º deste artigo poderão ser autorizados, desde que sejam observados os limites estritamente necessários para atingir os seguintes objetivos:
> I – cumulada ou alternativamente:
> a) aumentar a produtividade ou a competitividade;
> b) melhorar a qualidade de bens ou serviços; ou
> c) propiciar a eficiência e o desenvolvimento tecnológico ou econômico; e
> II – sejam repassados aos consumidores parte relevante dos benefícios decorrentes.
> § 7º É facultado ao Cade, no prazo de 1 (um) ano a contar da respectiva data de consumação, requerer a submissão dos atos de concentração que não se enquadrem no disposto neste artigo.
> § 8º As mudanças de controle acionário de companhias abertas e os registros de fusão, sem prejuízo da obrigação das partes envolvidas, devem ser comunicados ao

Cade pela Comissão de Valores Mobiliários – CVM e pelo Departamento Nacional do Registro do Comércio do Ministério do Desenvolvimento, Indústria e Comércio Exterior, respectivamente, no prazo de 5 (cinco) dias úteis para, se for o caso, ser examinados.
§ 9º O prazo mencionado no § 2º deste artigo somente poderá ser dilatado:
I – por até 60 (sessenta) dias, improrrogáveis, mediante requisição das partes envolvidas na operação; ou
II – por até 90 (noventa) dias, mediante decisão fundamentada do Tribunal, em que sejam especificados as razões para a extensão, o prazo da prorrogação, que será não renovável, e as providências cuja realização seja necessária para o julgamento do processo.

E o artigo 90 da mesma lei evidencia os tipos de operação que podem ser consideradas com caráter de concentração:

Art. 90. Para os efeitos do art. 88 desta Lei, realiza-se um ato de concentração quando:
I – 2 (duas) ou mais empresas anteriormente independentes se fundem;
II – 1 (uma) ou mais empresas adquirem, direta ou indiretamente, por compra ou permuta de ações, quotas, títulos ou valores mobiliários conversíveis em ações, ou ativos, tangíveis ou intangíveis, por via contratual ou por qualquer outro meio ou forma, o controle ou partes de uma ou outras empresas;
III – 1 (uma) ou mais empresas incorporam outra ou outras empresas; ou
IV – 2 (duas) ou mais empresas celebram contrato associativo, consórcio ou *joint venture*.

Roberto Domingos Taufick afirma que a nova Lei evoluiu em relação à antiga regulamentação, dizendo:[284]

O art. 88 traz um dos pilares do novo direito antitruste brasileiro. A participação de mercado sai dos critérios de submissão por ser deveras subjetiva e imprecisa. Em seu lugar, seguindo as linhas mestras do *Sherman Act*, os critérios de subsunção passam a ser (i) o exercício de atividade econômica (*commercial enterprise*); (ii) a dimensão mínima de, ao menos, dois envolvidos na operação (*size-of-person*);e (iii) a transferência de ativos (*transfer of assets*) (art. 90).

A submissão das operações ao controle do CADE é obrigação dos administradores das companhias. Qualquer infração à legislação de controle aos atos de concentração por violação dos deveres fiduciários dos administradores, também é causa de responsabilidade destes perante os acionistas. Da mesma forma, qualquer prejuízo decorrente da falha ao dever de se informar dos administradores em relação aos procedimentos regulatórios gera a sua responsabilização civil/societária perante os sócios da companhia.

---

[284] TAUFICK, Roberto Domingos. *Nova Lei Antitruste Brasileira – A Lei nº 12.529/2011 Comentada e a Análise Prévia no Direito da Concorrência*. Rio de Janeiro: Forense; São Paulo: Método, 2012, p. 415.

## 5.11. O mecanismo processual para responsabilização dos administradores

Por fim, impõe-se esclarecimento acerca dos mecanismos processuais para demandar pelos danos causados pela administração. Como se lê no artigo 159 da Lei nº 6.404/76, danos ao interesse social são considerados danos à companhia, sendo ela própria titular do direito de agir contra o administrador:

> Art. 159. Compete à companhia, mediante prévia deliberação da assembléia-geral, a ação de responsabilidade civil contra o administrador, pelos prejuízos causados ao seu patrimônio.
> § 1º A deliberação poderá ser tomada em assembléia-geral ordinária e, se prevista na ordem do dia, ou for conseqüência direta de assunto nela incluído, em assembléia-geral extraordinária.
> § 2º O administrador ou administradores contra os quais deva ser proposta ação ficarão impedidos e deverão ser substituídos na mesma assembléia.
> § 3º Qualquer acionista poderá promover a ação, se não for proposta no prazo de 3 (três) meses da deliberação da assembléia-geral.
> § 4º Se a assembléia deliberar não promover a ação, poderá ela ser proposta por acionistas que representem 5% (cinco por cento), pelo menos, do capital social.
> § 5º Os resultados da ação promovida por acionista deferem-se à companhia, mas esta deverá indenizá-lo, até o limite daqueles resultados, de todas as despesas em que tiver incorrido, inclusive correção monetária e juros dos dispêndios realizados.
> § 6º O juiz poderá reconhecer a exclusão da responsabilidade do administrador, se convencido de que este agiu de boa-fé e visando ao interesse da companhia.
> § 7º A ação prevista neste artigo não exclui a que couber ao acionista ou terceiro diretamente prejudicado por ato de administrador.

Conforme evidenciado na Lei, existe distinção entre os danos causados à companhia e os danos diretos causados ao acionista. Por certo que o agir culposo, em violação aos deveres fiduciários do administrador pode induzir a Assembleia Geral a aprovar operação societária, causando prejuízos à própria sociedade anônima. Assim, quanto à ação para recompor o patrimônio da companhia, nas palavras de Eizirik: "Está legitimada a movê-la a própria companhia, por si, quando é chamada ação social *ut universi*, ou por intermédio de seus acionistas, quando é denominada *ut singuli*".[285]

De outro lado, o § 7º do artigo 159 não exclui outras ações judiciais pelos danos causados diretamente aos acionistas ou a terceiros. Nelson Eizirik ensina que, neste caso, não se faz necessária deliberação da assembleia para propor a ação, alertando, porém, que os danos

---

[285] EIZIRIK, Nelson. *A Lei das S/A Comentada*, vol. II – Artigos 121 a 188. São Paulo: Quartier Latin, 2011, p. 409.

indiretos não podem ser cobrados por este tipo de processo judicial.[286] Modesto Carvalhosa ensina que existe grande dificuldade em distinguir a "ação social" da "ação individual", uma vez que ambas são pautadas no interesse social, mesmo que na ação individual se busque pretensão "estranha aos da coletividade societária".[287] Jorge Lobo diferencia a "ação *ut singuli*" prevista no § 4°, artigo 159 daquela denominada "ação individual", prevista no § 7° do mesmo artigo, "que, não obstante objetive a reparação de uma lesão ou de um prejuízo particular, pode interessar a mais de um acionista ou a todos de uma mesma classe".[288]

Sustenta-se aqui que especial atenção merece o acionista dissidente de sociedade anônima aberta, quando este não estiver amparado pelo direito de recesso, não podendo ser excluído o seu direito de ação se considerar que teve prejuízos patrimoniais, decorrentes da desvalorização de suas ações causadas por uma operação de M&A em violação aos deveres fiduciários. Negar-lhe o direito de ação sob a alegação de danos indiretos seria inconstitucional, tendo em vista o dispositivo do artigo 5°, inciso XXXV da Constituição Federal que diz: "a lei não excluirá da apreciação do Poder Judiciário lesão ou ameaça a direito".

Destarte, as ações cabíveis para responsabilização dos administradores por quebra dos deveres fiduciários são as ações sociais *ut universi*, *ut singuli* e a ação individual.

Ainda, é importante ressaltar que os arbitralistas admitem a possibilidade da arbitragem no ambiente societário. Assim, o próprio estatuto social pode prever solução dos litígios internos da sociedade anônima por meio de arbitragem. A Lei n° 6.404/76 contém a previsão sobre a arbitragem:

> Art. 109. Nem o estatuto social nem a assembléia-geral poderão privar o acionista dos direitos de:
> (...)
> § 3º O estatuto da sociedade pode estabelecer que as divergências entre os acionistas e a companhia, ou entre os acionistas controladores e os acionistas minoritários, poderão ser solucionadas mediante arbitragem, nos termos em que especificar.(Incluído pela Lei nº 10.303, de 2001).
> (...)
> Art. 129. As deliberações da assembléia-geral, ressalvadas as exceções previstas em lei, serão tomadas por maioria absoluta de votos, não se computando os votos em branco.
> (...)

---

[286] EIZIRIK, Nelson. *Op. cit.*, p. 416.
[287] CARVALHOSA, Modesto. *Op. cit.*, 3° volume, p. 383.
[288] LOBO, Jorge Joaquim. *Direito dos Acionistas*. Rio de Janeiro: Elsevier, 2011, p. 314.

§ 2º No caso de empate, se o estatuto não estabelecer procedimento de arbitragem e não contiver norma diversa, a assembléia será convocada, com intervalo mínimo de 2 (dois) meses, para votar a deliberação; se permanecer o empate e os acionistas não concordarem em cometer a decisão a um terceiro, caberá ao Poder Judiciário decidir, no interesse da companhia.

Para Pedro A. Batista Martins, não há duvidas de que a arbitragem é compatível nas relações entre os acionistas, devendo prevalecer, para efeito de inclusão da cláusula no estatuto social, o princípio majoritário, como regra essencial do direito societário.[289] Em complemento, ensina o autor em relação à arbitrabilidade e o direito de voto, nos seguintes termos:

> (...) é crível afirmar que o direito de voto nas S.A. insere-se nos campos da disponibilidade e da patrimonialidade?
> No meu entender, sim (...)
> (...)
> (...) a diferença finalística entre o exercício político do voto de índole nacional (no sentido de nação) e aquele instrumentalizado no seio das S.A. O voto cívico funda-se em interesses da pátria, eminentemente político-ideológico, enquanto o voto acionário é marcado por viés eminentemente econômico-financeiro, haja vista a vocação *intuitus pecuniae* de todas as S.A.
> A lei não autoriza a criação de S.A. que não tenha finalidade lucrativa. (...)
> (...)
> Destarte é de se admitir que o exercício do voto nas S.A. encerra proveito ou conveniência marcadamente econômica e, dessa forma, pelos efeitos materiais que dele resultam, traduz-se em direito patrimonial.
> Além de patrimonial, o voto é direito disponível. Já se foi o tempo em que o exercício desse direito cabia unicamente ao detentor da participação acionária. Não é mais conceituado como direito personalíssimo, fora do comércio e, desse modo, indisponível. Hoje os acionistas podem regular entre si o exercício do voto (v.g. via convenção de voto), observadas certas restrições que inibem a prática do tráfico desse direito, ainda hoje tipificado como crime no art. 177, § 2º, do CP.[290]

Nas relações societárias internas, as vantagens de se adotar a arbitragem são as mesmas percebidas em qualquer outro tipo de relação negocial. Especificamente em *fusões e aquisições*, é válido o exemplo trazido por Ricardo Ramalho Almeida e Guilherme Leporace:

> A instabilidade decorrente do longo tempo de duração de processos judiciais também pode causar perdas para a companhia e a generalidade de acionistas. Pense-se na hipótese de ação anulatória de deliberação assemblear que aprovou a fusão de companhia aberta com concorrente, resultando em nova companhia aberta sob o fundamento de que teria havido abuso do direito de voto e conflito de interesses por parte do acionista controlador. Mesmo se ajuizada por um acionista minoritário isolado, sem adesão

---

[289] MARTINS, Pedro A. Batista. Arbitragem no Direito Societário, *in Revista de Arbitragem e Mediação – RARB*, vol. 39. São Paulo: Revista dos Tribunais, 2013, p. 60.

[290] MARTINS, Pedro A. Batista. *Op. cit.*, p. 62 e 63.

dos demais, essa ação impactará, em maior ou menor grau, a precificação das ações da nova companhia – e, eventualmente, até mesmo, a sua liquidez – se, na visão do mercado, houver risco plausível, ainda que remoto, de procedência do pedido.[291]

Sustentamos, portanto, a viabilidade de aplicação do compromisso arbitral entre a companhia e os seus administradores, podendo migrar a discussão acerca dos deveres fiduciários dos administradores das sociedades anônimas para o âmbito da arbitragem. Assim, não seria surpresa se, em breve, vivenciarmos, na realidade jurídica brasileira, discussões sobre quebra de deveres fiduciários em processos arbitrais no lugar do enfrentamento perante o Poder Judiciário.

---

[291] ALMEIDA, Ricardo Ramalho; LEPORACE, Guilherme. Cláusulas compromissórias estatutárias: Análise sob a ótica da lógica econômica, política legislativa e alguns problemas práticos. *in Revista de Arbitragem e Mediação* – RARB, vol. 39. São Paulo: Revista dos Tribunais, 2013, p. 83.

# Conclusão

As operações de *M&A* são muito importantes para a economia brasileira e mundial. Esses negócios são, talvez, a maior fonte de circulação de riquezas. Agentes do mercado ineficientes desparecem ou são adquiridos por agentes mais eficientes. Por isso, o estudo desses institutos jurídicos desperta o interesse, em todo o mundo, de juristas, de economistas, de gestores públicos e privados, políticos etc. Nesta obra, delimitou-se o tema para analisar a operação do ponto de vista dos deveres dos administradores de sociedades anônimas nas operações de fusões e aquisições em questões societárias. Mas o próprio texto evidencia os diversos interesses envolvidos em tais transações econômicas.

Passando às conclusões específicas, é possível afirmar, com base na análise realizada, que existe um importante papel dos administradores de S.As. nas operações societárias. Possivelmente, o papel da administração seja, de fato, o mais relevante nesses verdadeiros processos societários. Muito embora a palavra final, conforme a Lei, na grande maioria dos negócios de *M&A*, seja outorgada aos acionistas, todo o desenvolvimento da operação é realizado no âmbito da administração, desde o início com as negociações preliminares, passando pelas fases das assinaturas dos documentos iniciais, pela *valuation*, pela *due diligence*, pela elaboração de demais contratos, dos protocolos, da justificação da operação, da contratação de assessores e de auxiliares, entre outras atividades.

Por isso, defendeu-se a utilização de critérios procedimentais para avaliar a conduta dos conselheiros e dos diretores das S.As., a fim de estabelecer-se os padrões que, se descumpridos, geram a sua responsabilização perante os acionistas, em especial, perante os minoritários. Isso porque, em companhias com controle majoritário, muito dificilmente a administração realiza todos os passos acima transcritos sem o conhecimento dos controladores e possivelmente sob a orientação destes acionistas, sendo pouco provável que o sócio majoritário sofra qualquer dano indenizável nestas situações.

Destarte, entendemos que o procedimento de tomada de decisões é o que existe de mais importante na análise dos deveres dos administradores em operações de fusões e aquisições. Embora muitos dos procedimentos negociais e outros aspectos abordados neste estudo não sejam passos exigidos pela lei como requisito de validade das operações societárias, desde os primeiros anos do curso de direito, aprendemos que os usos e costumes também são fontes do direito. Por isso, entendemos ser correta a comparação entre o que se pratica no mercado para obter as informações necessárias à tomada de decisão na operação de *M&A* e a análise do caso concreto a fim de prever responsabilização dos órgãos societários de administração das companhias. Os costumes sempre foram adotados como forma de interpretar relações comerciais, conforme o artigo 131 do Código Comercial, revogado pelo Código Civil em vigor, nos seguintes termos:

> Art. 131. Sendo necessário interpretar as cláusulas do contrato, a interpretação, além das regras sobreditas, será regulada sobre as seguintes bases:
> (...)
> 4 – o uso e prática geralmente observada no comércio nos casos da mesma natureza, e especialmente o costume do lugar onde o contrato deva ter execução, prevalecerá a qualquer inteligência em contrário que se pretenda dar às palavras;

Muito semelhante é a forma de interpretar contratos comerciais no Mercado Europeu, estabelecendo-se a forma de interpretar o significado dos termos contratados da mesma maneira efetuada pelo mercado em negócios da mesma natureza,[292] reforçando a conclusão aqui defendida sobre a força do costume ao estabelecer o padrão de diligência dos administradores em *M&A*. Por esta razão, os capítulos da obra descreveram os passos comumente seguidos e conhecidos pelos agentes do mercado, que incluímos como fonte do direito para estabelecer os procedimentos adequados de obtenção de informações para a tomada de decisões. O "Ato Regular de Gestão", citado na Lei, para excluir a responsabilidade do administrador, somente pode ser conhecido na prática se olharmos para os costumes e os padrões de outros administradores e da teoria da administração de empresas. Por fim, isso corrobora o fato de as obrigações analisadas serem de meio e não de resultado. Logo, o fator determinante para responsabilização é a demonstração de que o procedimento foi adequado.

---

[292] The Principles of European Contract Law – Parts I and II revised 1998 (Parts I and II revised 1998, Part III 2002) Chapter 5 – Interpretation. Disponível em <http://www.jus.uio.no/lm/eu.contract.principles.parts.1.to.3.2002/5.102.html>, acessado em 13 de maio de 2014.

# Bibliografia

ABRAHAM, Marcus (org.). *Manual de Auditoria Jurídica – Legal Due Diligence*: uma visão multidisciplinar no Direito Empresarial Brasileiro. São Paulo: Quariter Latin 2008.

ADAMEK, Marcelo Vieira Von. *Responsabilidade civil dos administradores de S/A* (e as ações correlatas). São Paulo: Saraiva, 2009.

—— (Coord.). *Temas de Direito Societário e Empresarial Contemporâneos – Liber Amicorum* Prof. Dr. Erasmo Valladão Azevedo e Novaes França. São Paulo: Malheiros, 2011.

ALMEIDA, Ricardo Ramalho; LEPORACE, Guilherme. Cláusulas compromissórias estatutárias: Análise sob a ótica da lógica econômica, política legislativa e alguns problemas práticos. in *Revista de Arbitragem e Mediação* – RARB, vol 39, São Paulo: Revista dos Tribunais, 2013, p. 67 a 95.

ASCARELLI, Tullio. *Iniciação ao estudo do direito mercantil*. Sorocaba: Minelli, 2007

——. *Problemas das Sociedades Anônimas e Direito Comparado*. São Paulo: Saraiva, 1969.

BEBCHUK, Lucian A.; EISENHOFER, Jay W.; GRANT, Stuart M.; BARRY, Michael J.; DELEEUW, P. Bradford. On the Validity of Poison Pill By-Laws (June 2006). Disponível em SSRN: <http://ssrn.com/abstract=928674 ou http://dx.doi.org/10.2139/ssrn.928674>, acessado em 24 de maio de 2014.

BERRY, J. W. Acculturation: A comparative analysis of alternative forms. In R. J. Samuda & S. L. Woods (Eds.). *Perspectives in immigrant and minority education* (p. 66-77). Lanham (MD): University Press of America, 1983.

BOITEAUX, Fernando Netto. *Responsabilidade civil do acionista controlador e da sociedade controladora*. Rio de Janeiro: Forense, 1988.

BORBA, José Edvaldo Tavares. *Direito Societário*. Rio de Janeiro: Renovar, 2010.

BOTREL, Sérgio. *Fusões e Aquisições*. São Paulo: 2014.

BOWERS, Helen M. Fairness Opinions and the Business Judgment Rule An empirical investigation of target firms' use of fairness opinions, in *Northwestern University Law Review*, vol. 96, n. 2, Winter 2002. Disponível em SSRN: <http://ssrn.com/abstract=306141> ou <http://dx.doi.org/10.2139/ssrn.306141>, acessado em 07 de maio de 2014.

BRAGA NETO, Adolfo. *A mediação de conflitos no contexto empresarial in Mediação de Conflitos – Novo Paradigma de Acesso à Justiça*. Paulo Borba Casella e Luciane Moessa de Souza (Coords.). Belo Horizonte: Forum, 2009, p. 131 a 145.

BULGARELLI, Waldírio. *Fusões, incorporações e cisões de sociedades*. São Paulo: Atlas, 2000.

CALIENDO, Paulo. *Comentários aos artigos 113 ao 118 do Código Tributário Nacional em Comentários ao Código Tributário Nacional*. Marcelo Magalhães Peixoto e Rodrigo Santos Masset Lacombe (Coords.). São Paulo: MP Editora, 2005.

CASTRO, Rodrigo R. Monteiro; ARAGÃO, Leandro Santos de (Coords.). *Direito Societário – Desafios Atuais*. São Paulo: Quartier Latin, 2009.

CARVALHOSA, Modesto. *Comentários à lei de sociedades anônimas*: Lei nº 6.404, de 15 de dezembro de 1976, com as modificações das Leis nº 9.457, de 5 de maio de 1997 e 10.303, de 31 de outubro de 2001. São Paulo: Saraiva, 2002.

CATON, Gary L.; GOH, Jeremy. Corporate Governance, Shareholder Rights, and Shareholder Rights Plans: Poison, Placebo, or Prescription? *In Journal of Financial and Quantitative Analysis*, vol. 43, n. 2, June 2008, p. 381–400.

CAVALIERI FILHO, Sérgio. *Programa de responsabilidade civil*. 5ª ed. São Paulo: Malheiros, 2004.

CHAZEN, Leonard. Fairness from a Financial Point of View in Acquisitions of Public Companies: Is "Third-Party Sale Value" the Appropriate Standard? *in The Business Lawyer; Vol. 36, July 1981*, disponível em <http://heinonline.org>, acessado em 8 de Agosto de 2012.

COELHO, Fábio Ulhoa. *Curso de Direito Comercial*, vol. 2: Direito da Empresa. São Paulo, 2007.

COHEN, Martin M. *Poison Pills* as a Negotiating Tool: Seeking a Cease-fire in the Corporate Takeover Wars in 1987 Colum. *Bus. L. Rev.* 459, disponível em <http://www.westlaw.com>, acessado em 12 de agosto de 2012.

COMPARATO, Fábio Konder. *O poder de controle na sociedade anônima*. Rio de Janeiro: Forense, 1983.

——. *O poder de controle na sociedade anônima*. 4ª ed. (com revisão e notas de Calixto Salomão Filho). Rio de Janeiro: Forense, 2005.

——. Controle Conjunto, Abuso no Exercício do Voto Acionário, *in Direito Empresarial, Estudos e Pareceres*. São Paulo: Saraiva, 1990.

COOPER, John F.; PODGOR, Ellen S. *Overview of United States Law*. Newark e An Francisco: Lexis Nexis, 2009.

CUMMING, Douglas J.; JOHAN, Sofia A. *Venture Capital and Private Equity contracting. An International Perspective*. San Diego: Academic Press/Elsevier, 2009.

DANIELSON, Morris G.; KARPOFF, Jonathan M. Do pills poison operating performance? *In Journal of Corporate Finance 12*, Elsevier: 2006, p. 536 a 559.

DINIZ, Maria Helena. *Curso de Direito Civil Brasileiro – 3. Teoria das Obrigações Contratuais e Extracontratuais*. São Paulo: Saraiva, 2007.

DI PIETRO, Maria Sylvia Zanella. *Direito Administrativo*. São Paulo: Atlas, 1991.

EIZIRIK, Nelson. *A Lei das S/A Comentada*, vol.e II – Artigos 121 a 188. São Paulo: Quartier Latin, 2011.

——. *A Lei das S/A Comentada*, volu. III – Artigos 189 a 300. São Paulo: Quartier Latin, 2011.

FERREIRA, Waldemar. *Tratado de Direito Comercial*, 4º vol. – O Estatuto da sociedade por ações. São Paulo: Saraiva, 1961.

FOLGER, Joseph P. La Mediación Transformativa: La Preservación del Potencial Proprio de la Mediación en Escenarios de Disputas – Traducido por Pedro Barría, Disponível em <http://www.cde.cl/wps/wcm/connect/45bd474f-4b36-41df-a14d-6cb686b3f669/07+Mediacion+transformativa+preservacion+del+potencial+propio_18.pdf?MOD=AJPERES>, acessado em 01 de maio de 2014, p. 41 (p. 7 do arquivo formato pdf.).

FOX, Merritt B. Required Disclosure and Corporate Governance, 62 *Law and Contemporary Problems* 113-128 (Summer 1999). Disponível em <http://scholarship.law.duke.edu/lcp/vol62/iss3/4>, acessado em 2 de junho de 2013.

FRANÇA, Erasmo Valladão Azevedo e Novaes. *Conflito de Interesses nas Assembléias de S.A.* São Paulo: Malheiros, 1993.

——. Lineamento da Reforma do Direito Societário Italiano em Matéria de Invalidade das Deliberações Assembleares, *in Revista de Direito Mercantil, Industrial, Econômico e Financeiro*, n. 134. São Paulo: Malheiros, 2004, p. 25 a 47.

——. A Administração das Sociedades Anônimas, *in Direito Societário Contemporâneo I* – Erasmo Valladão Azevedo e Novaes França (Coord.). São Paulo: Quartier Latin, 2009.

——. Ainda o conceito de benefício particular: anotações ao julgamento do processo CVM RJ--2009/5.811, *in Revista de Direito Mercantil (RDM)*, 149/319-320.

FRANKEL, Tamar. Corporate Directors' Duty of Care: The American Law Institute's Project on Corporate Governance, *in The George Washington Law Review*, vol. 52:705, Disponível em <http://heinonline.org>, acessado em 30 de Julho de 2012.

FRÉ, G. *L'organo amministrativo nelle società anonima*. Roma, 1938.

GALGANO, Francesco. *La Società per Azioni*. Padova: Cedam, 1984.

GARCIA, Ricardo Lupion. *Boa-fé objetiva nos contratos empresariais*: contornos dogmáticos dos deveres de conduta. Porto Alegre: Livraria do Advogado, 2011.

GARRIGUES, Joaquim. *Problemas Atuais das Sociedades Anônimas*. Tradução, prefácio e notas do Prof. Roberto da Costa Caruso MacDonald. Porto Alegre: Sergio Fabris, 1982.

GRANT, J. Kirkland. Appraisal Rights: Allowance For Prejudgment Interest, *in Boston College Industrial and Commercial Law Review* – vol. XVII, november 1975, number 1, disponível em <http://heinonline.org>, acessado em 7 de Agosto de 2012.

GORGA, Erica. Changing the Paradigm of Stock Ownership: From Concentrated Towards Dispersed Ownership? Evidence from Brazil and Consequences for Emerging Countries, Disponível em <http://papers.ssrn.com/sol3/papers.cfm?abstract_id=1121037>, consultado em 24 de fevereiro de 2013.

HAMILTON, Robert W.; FREER, Richard D. *The Law of Corporations – in a nut shell* (Kindle Edition – e-Book). St. Paul: West, 2011.

HANSMANN, Henry; KRAAKMAM, Reinier; *et al. The anatomy of Corporate Law: A comparative And Functional Aproach*, New York: OUP Oxford, Kindle Edition (e-Book), 2009.

——; ——. The Essential Role of Organizational Law, *in The Yale Law Journal*, vol. 110, 2000, disponível em <http://www.yalelawjournal.org/pdf/110-3/hansmann-kraakman%20final.pdf>.

HORSEYTHE, Henry Ridgely. Duty of Care Component of the Delaware Business Judgment Rule, *in Delaware Journal of Corporate Law*, disponível em <http://heinonline.org>, acessado em 30 de julho de 2012.

JAEGER, Pier Giusto. *L'Interesse sociale*. Milano: Giuffrè, 1972.

JENSEN, Michael C.; MECKLING, William H. *Theory of the Firm*: Managerial Behavior, Agency Costs and Ownership Structure, Disponível em: <http://papers.ssrn.com/sol3/papers.cfm?abstract_id=94043>, acessado em 17 de junho de 2013.

JUSTEN FILHO, Marçal. *Comentários à lei de licitações e contratos administrativos*. São Paulo: Dialética, 2009.

KALANSKI, Daniel. *Incorporação de ações*: estudo de casos e precedentes. São Paulo: Saraiva, 2012.

KLEIN, William A. *et al. Business Associations – Cases and Materials on Agency, Partnerships, and Corporations*. New York: Thomsom Reuters/Foundation Press, 2009.

——. *et al. Business Associations – Cases and Materials on Agency, Partnerships, and Corporations 2010 Suplement*. New York: Thomsom Reuters/Foundation Press, 2010.

——. *et al. Business Associations – Agency, Partnerships, and Corporations 2011 Statutes and Rules*. New York: Thomsom Reuters/Foundation Press, 2011.

LARENZ, Karl. *Derecho Civil – Parte General*, tradução para o espanhol de Miguel Izquierdo e Macías-Picavea. Madrid: Editoriales de Derecho Reunidas, 1978

LOBO, Jorge Joaquim. *Direito dos Acionistas*. Rio de Janeiro: Elsevier, 2011.

MACEY, Jonathan R. An economic analysis of the various rationales for making shareholders the exclusive beneficiaries of corporate fiduciary duties, 21 Stetson L. Rev. 23 1991-1992, disponível em <http://heinonline.org>, acessado em 30 de julho de 2012.

MAKHIJAS, Anil K.; NARAYANAN, Rajesh P. Fairness Opinions in Mergers and Acquisitions (October 2007). Fisher College of Business Working Paper No. 2007-03-018; Charles A. Dice Center Working Paper n. 2007-11. Disponível em SSRN: <http://ssrn.com/abstract=972138 ou http://dx.doi.org/10.2139/ssrn.972138>, acessado em 10 de maio de 2014.

MANCUSO, Anthony. *LLC or Corporation?* How to Choose the Right Form for your Business, Berkeley (Kindle Edition – e-Book): Nolo, 2008.

MARKOWITZ, Harry. Portfolio Selection, in Journal of Finance vol 7 nº 1, p. 77-91, também disponível em <http://www.jstor.org/discover/10.2307/2975974?uid=3737664&uid=2&uid=4&sid=21101808477837>, acessado no dia 22 de fevereiro de 2013.

MARRONI, Roberto Medaglia. Operatividade do Princípio da Boa-fé Objetiva na Obrigação Tributária, *in Revista Síntese Direito Empresarial*, nº 16, São Paulo: Síntese, 2010.

MARTINS, Matheus Luniere; REBELO, Nikolai Sosa; SCOTTEN, Donald. As *Poison Pills* como instrumentos de proteção aos minoritários – Estudo Crítico de Direito Comparado, *in Revista Síntese Direito Empresarial.* Ano 6, n. 33, São Paulo: Síntese, 2013.

MARTINS, Pedro A. Batista. Arbitragem no Direito Societário, *in Revista de Arbitragem e Mediação – RARB,* vol 39. São Paulo: Revista dos Tribunais, 2013, p. 55 a 65.

MAYNARD, Therese H. *Mergers and acquisitions*: cases, materials, and problems, New York: Aspen Publishers 2009.

MENDONÇA, J. X. Carvalho de. *Tratado de Direito Comercial Brasileiro* – Volume IV, Livro II – Dos comerciantes e seus auxiliares – Parte III Das sociedades Comerciais. São Paulo: Livraria Freitas Bastos, 1959.

MILÍCIO, Gláucio. Arbitragem no Brasil já é reconhecida no exterior (reportagem), disponível em <http://www.conjur.com.br/2009-ago-23/arbitragem-brasil-avanca-reconhecida-exterior>, acessado em 5 de julho de 2013.

MIRANDA, Francisco Cavalcanti Pontes de. *Tratado de Direito Privado.* Tomo I, Rio de Janeiro: Borsoi, 1954

MÜLLER, Sérgio José Dulac. *Direitos Essenciais dos Acionistas – Interpretação Sistemática da Proteção aos Minoritários.* Porto Alegre: Livraria do Advogado, 2003.

MUNIZ, Ian. *Fusões e Aquisições – Aspectos Fiscais e Societários.* São Paulo: Quartier Latin, 2011.

NASCIMENTO, João Pedro Barroso do. *Medidas Defensivas à Tomada de Controle de Companhias.* São Paulo: Quartier Latin, 2011.

NAHAVANDI, Afsaneh; MALEKZADEH, Ali R. Acculturation in Mergers and Acquisitions, *in The Academy of Management Review,* Vol. 13, n. 1, Jan., 1988 (pp. 79-90), disponível em <http://www.jstor.org/stable/258356>, acessado em 07 de Agosto de 2012.

NERILO, Lucíola Fabrete Lopes. *O Direito Empresarial Superando o Arcaico Sistema dos Atos de Comércio,* Disponível em <http://www.jurisdoctor.adv.br/revista/rev-01/art14-01.htm>, acessado em 19 de junho de 2013.

NEVES, Vanessa Ramalhete Santos. *Responsabilidade dos Administradores de Sociedades Anônimas.* Rio de Janeiro: Lumen Juris, 2002.

OESTERLE, Dale A. *Mergers and Acquisitions in a Nutshell.* St. Paul: Thomson/West, 2006.

OLIVA, Marcio Zuba de. *Insider Trading no Brasil: breves considerações.* Disponível em <http://www.migalhas.com.br/dePeso/16,MI112841,81042-O+Insider+Trading+no+Brasil+breves+consideracoes>, acessado em 3 de junho de 2013.

OLIVEIRA, César Augusto de. *Ônus da prova,* disponível em <http://www.abdpc.org.br/abdpc/artigos/C%C3%A9sar%20Augusto%20de%20Oliveira-formatado.pdf>, acessado em 10 de maio de 2014.

PARENTE, Flávia. *O Dever de Diligência dos Administradores de Sociedades Anônimas.* Rio de Janeiro: Renovar, 2005.

PARENTE, Norma. *Aspectos Jurídicos do "insider trading".* Disponível em <http://www.cvm.gov.br/port/public/publ/publ_600.asp>, acessado em 03 de junho de 2013.

REBELO, Darci Norte. *O não-dito e o encoberto na Súmula 382 do STJ*, disponível em <http://www.oab.org.br/editora/revista/Revista_06/anexos/O_nao_dito_e_o_encoberto.pdf>, acessado em 12 de junho de 2013.

REBELO, Nikolai Sosa. *A Sociedade Empresária e a Captação de Recursos de Private Equity e Venture Capital – Estudo Interdisciplinar do Financiamento Empresarial*. Porto Alegre: Buqui, 2013.

——; MARTINS, Matheus Luniere; SCOTTEN, Donald. As *Poison Pills* como Instrumentos de Proteção aos Minoritários: estudo crítico de direito comparado (Brasil e Estados Unidos). *Revista Síntese Direito Empresarial*, v. 33, p. 203-240, 2013

RANZOLIN, Ricardo. *Controle Judicial da arbitragem*. Rio de Janeiro: GZ, 2011.

REED, Stanley Foster et al. *The Art of M&A – Mergers and Acquisitions Buyout Guide*. New York: McGraw-Hill, 2007.

RESNICK, Brian M. Recent Delaware Decisions May Prove To Be "Entirely Unfair" To Minority Shareholders in Parent Merger With Partially Owned Subsidiary, *in 2003 Colum. Bus. L. Rev.* 253 2003, disponível em <http://heinonline.org>, acessado em 30 de julho de 2012.

REQUIÃO, Rubens. *Curso de Direto Comercial*, 1º vol. São Paulo: Saraiva, 2005.

——. Curso de Direto Comercial, 2º vol. São Paulo: Saraiva, 2005.

RIBEIRO, Renato Ventura. *Dever de Diligência dos Administradores de Sociedades*. São Paulo: Quartier Latin: 2006.

RIZZARDO, Arnaldo. *Responsabilidade Civil: Lei nº 10.406, de 10.01.2002*. Rio de Janeiro: Forense, 2005.

ROCK, Edward; KAHAN, Marcel. *How to prevent hard cases from making bad law*, disponível eletronicamente em <http://papers.ssrn.com/sol3/papers.cfm?abstract_id=1254648>, consultado em 23 de outubro de 2011.

ROSSI, Luiz Egydio Malamud. *Manual de private equity e venture capital*: passos para a atração de investidores e alocação de recursos. São Paulo: Atlas, 2010.

RYNGAERT, Michael The effects of poison pill securities on shareholder wealth, in *Journal of Financial Economics* 20, p. 377-417: Elsevier, 1988.

SADDI, Jairo (Org.). *Fusões e Aquisições: Aspectos Jurídicos e Econômicos,* São Paulo: IOB, 2002.

SALOMÃO FILHO, Calixto. *O Novo Direito Societário*. São Paulo: Malheiros, 2011.

SANTIAGO, Luciano Sotero. *Direito da Concorrência – Doutrina e Jurisprudência*. Salvador: Jus Podivm, 2008.

SCISINIO, Alaôr Eduardo. *As Maiorias Acionárias e o Abuso do Direito*. Rio de Janeiro: Forense, 1998.

SCOTTEN, Donald M.; JELSMA, Phillip L. A First Look at What May Be California's New Limited Liability Company Act, *in Business Law News – The State Bar of California – Issue 1 – 2009*, disponível em <http://www.sublimedesignsmedia.com/images/original/bln.pdf>, acessado em 29 de maio de 2013.

SILVA, Alexandre Couto. *Responsabilidade dos Administradores de S/A – Business Judgement Rule*. Rio de Janeiro: Elsevier, 2007.

SILVA, Michael César. Repercussões Jurídicas da Doença Preexistente no Contrato de Seguro de Vida, *in Revista Síntese Direito Empresarial,* nº 22, São Paulo: Síntese, 2011.

SHARPE, William. Capital Asset Prices – With or without negative holdings, disponível em <http://www.jstor.org/discover/10.2307/2328833?uid=3737664&uid=2129&uid=2&uid=70&uid=4&sid=21101808477837>, acessado no dia 22 de fevereiro de 2013.

STOUT, Lynn A. *In Praise of Procedure*: An Economic and Behavioral Defense of Smith v. Van Gorkom and the Business Judgment Rule in University of California, Los Angeles School of Law Research Paper Series, disponível em <http://papers.ssrn.com/sol3/papers.cfm?abstract_id=290938>, acessado em 07 de maio de 2014.

STUBER, Walter Douglas. A posição da CVM em relação às *poison pills* das companhias abertas, *in Revista de Direito Bancário e do Mercado de Capitais*, v. 13, n. 47, São Paulo: Revista dos Tribunais, 2010.

TAUFICK, Roberto Domingos. *Nova Lei Antitruste Brasileira – A Lei 12.529/2011 Comentada e a Análise Prévia no Direito da Concorrência*. Rio de Janeiro: Forense; São Paulo: Método, 2012.

TEDESCHI, Sérgio Henrique. *Contrato de Trespasse de Estabelecimento Empresarial e sua Efetividade Social*. Curitiba: Juruá, 2010.

TEIXEIRA, Egberto Lacerda; GUERREIRO, José Alexandre Tavares. *Das sociedades anônimas no direito brasileiro*. São Paulo: José Bushatsky, 1979, p. 653 e 654..

TIMM, Luciano Benetti (Org.). *Direito e Economia*. Porto Alegre: Livraria do Advogado, 2008.

THOMPSON JR., Samuel C. *Business Planning for Mergers and Acquisitions*. 3rd edition. Carolina Academic Press, 2008.

TOKARS, Fábio Leandro. *Estabelecimento Empresarial*. São Paulo: LTR, 2006

VENOSA, Sílvio de Salvo. *Direito Civil*, vol. IV, 6ª ed. São Paulo: Atlas, 2006.

VILLANUEVA, Pedro A. Labariega. Os Administradores das Sociedades Anônimas. "Os Executivos": Verdadeiros Capitães das Empresas. Traduzido por Nikolai Sosa Rebelo, *in Revista Síntese de Direito Empresarial*, n. 22, São Paulo: Síntese, p. 98–113, set./out., 2011.

VIVANTE. *Trattato di diritto commerciale*. Milão: F. Vallardi, 1924.

WARDE JR., Walfrido Jorge (Coord.). Fusões, Incorporações e aquisições – aspectos societários, contratuais e regulatórios, *in Fusão, Cisão, Incorporação e Temas Correlatos*. São Paulo: Quartier Latin, 2009,

WERHANE, Patricia H. *Two Ethical Issues in Mergers and Acquisitions*, disponível em <http://link.springer.com/article/10.1007/BF00381996>, acessado em 30 de Julho de 2012.

WOO, Angie. Appraisal Rights in Mergers Ofpublicly-held Delaware Corporations: Something Old, Something New, Something Borrowed, And Something B.L.U.E., *in 68 S. Cal. L. Rev.* 719 1994-1995, disponível em <http://heinonline.org>, acessado em 7 de Agosto de 2012.

XAVIER, José Tadeu Neves. O estabelecimento empresarial no direito brasileiro, *in Revista Síntese Direito Empresarial*, nº. 25, São Paulo: Síntese, 2012.

ZANINI, Carlos Klein. *A dissolução judicial da sociedade anônima*. Rio de Janeiro: Forense, 2005.

——. A *poison pill* brasileira: desvirtuamento, antijuridicidade e ineficiência publicado em Temas de Direito Societário e Empresarial Contemporâneos. Marcelo VieiraVon Adamek (Coord.). São Paulo: Malheiros, 2011.